# PARECERES
## DE DIREITO PÚBLICO

ALEXANDRE DE MORAES

# PARECERES DE DIREITO PÚBLICO

SÃO PAULO
EDITORA ATLAS S.A. – 2015

© 2015 by Editora Atlas S.A.

Capa: Leonardo Hermano
Composição: Set-up Time Artes Gráficas

Dados Internacionais de Catalogação na Publicação (CIP)
(Câmara Brasileira do Livro, SP, Brasil)

Moraes, Alexandre de
Pareceres de direito público / Alexandre de Moraes. –
São Paulo: Atlas, 2015.

Bibliografia.
ISBN 978-85-97-00002-3

1. Direito público   2. Direito público – Pareceres – Brasil   3. Pareceres jurídicos – Brasil   I. Título.

15-04039
CDU-34(81)(094.98)

Índice para catálogo sistemático:

1. Direito público : Pareceres : Brasil    34(81)(094.98)

TODOS OS DIREITOS RESERVADOS – É proibida a reprodução total ou parcial, de qualquer forma ou por qualquer meio. A violação dos direitos de autor (Lei nº 9.610/98) é crime estabelecido pelo artigo 184 do Código Penal.

Depósito legal na Biblioteca Nacional conforme Lei nº 10.994, de 14 de dezembro de 2004.

Impresso no Brasil/*Printed in Brazil*

Editora Atlas S.A.
Rua Conselheiro Nébias, 1384
Campos Elísios
01203 904  São Paulo  SP
011  3357  9144
atlas.com.br

# Sumário

1 Autonomia do Ministério Público e regulamentação de estágio, 1

2 Autonomia dos Tribunais para definição de critérios de desempate para fins de promoção na carreira dos magistrados, 23

3 Competência administrativa para editar plano nacional de capacitação judicial de magistrados e servidores do Poder Judiciário, 43

4 Competência disciplinar do Conselho Nacional de Justiça, 51

5 Competência legislativa para legislar sobre bombeiros voluntários, 61

6 Disciplina Constitucional na aquisição de terras brasileiras por estrangeiros, 71

7 Irretroatividade de inelegibilidade legal do art. 1º, inciso I, letra *l*, da LC nº 64/1990 (Lei da Ficha Limpa), 91

8 Limitações Constitucionais para cargos em comissão de livre provimento, 97

9 Possibilidade de Constituição de Eireli em cooperativas de transporte público coletivo, 111

10 Princípio do juiz natural e mandado de busca e apreensão na sede do poder legislativo estadual, 125

11 Requisitos para nomeação de conselheiro do tribunal de contas, 139

12 Sistema remuneratório e teto salarial do funcionalismo público. Servidor da ativa e proventos de aposentadoria ou pensão por morte, 153

13 Supremo Tribunal Federal e prerrogativa de foro (AP 470), 163

14 Titular de mandato eletivo e suplência do Senado Federal, 187

# Autonomia do Ministério Público e regulamentação de estágio

# 1

O presente estudo foi apresentado na forma de *Parecer Jurídico* para análise de importante questão de relevância institucional para o Ministério Público Brasileiro.

A Procuradoria Geral de Justiça nos consulta sobre a aplicabilidade da Lei nº 11.788/2008 (Lei Nacional do Estágio) à Instituição, em virtude dos arts. 61, § 1º, II, *d*; 127 e 128, § 5º, da Constituição da República Federativa do Brasil; bem como dos Princípios Constitucionais da Autonomia e Autogoverno do Ministério Público, do Princípio Federativo e da Distribuição Constitucional de Competências Legislativas.

Solicita-nos, ainda, a análise da plena manutenção da vigência e eficácia dos arts. 8º, V, e 37, parágrafo único, da Lei Federal nº 8.625/1993 e da Lei Complementar Estadual Paulista nº 1.083/2008; em virtude da edição pelo Colendo CONSELHO NACIONAL DO MINISTÉRIO PÚBLICO da Resolução CNMP nº 42/2009 e alterações.

A PROCURADORIA GERAL DE JUSTIÇA DO MINISTÉRIO PÚBLICO DO ESTADO DE SÃO PAULO, por fim, apresentou-nos os seguintes quesitos a serem analisados:

QUESITO 1 – Levando em conta a legislação de regência, é possível diferenciar o estágio estudantil, de que cuida a Lei Federal nº 11.788/2008, e o estágio do Ministério Público, de que cuidam a Lei Federal nº 8.623/1993 e as diversas leis complementares estaduais de organização do Ministério Público?

QUESITO 2 – Considerando que a Constituição reservou a uma lei específica dispor sobre normas gerais para a organização do Ministério Público dos Estados (art. 61, § 1º, II, *d*) e ainda reservou à lei complementar de cada Estado a disciplina sobre a organização do Ministério Público local (art. 128, § 5º), poderia uma lei ordinária que não se refere, especificamente, à organização do Ministério Público dispor sobre os órgãos desta instituição, bem como sobre os serviços de estágio do Ministério Público, desconsiderando a legislação de regência considerado o estagiário do MP?

QUESITO 3 – A Lei Federal nº 8.625/1993, que cuida do estágio do Ministério Público, deve ser considerada uma lei especial, e a Lei Federal nº 11.788/2008, que cuida do estágio estudantil, é lei geral? Se assim for, a lei que cria normas gerais revoga a lei especial?

QUESITO 4 – Em sua atividade regulamentar, que é desprovida de normatividade abstrata, cabe ao Conselho Nacional do Ministério Público assemelhar o estágio no Ministério Público, de que cuidam a Lei Federal nº 8.625/1993 e as diversas leis complementares dos Estados, às regras do estágio apenas estudantil, de que cuida a Lei Federal nº 11.788/2008?

QUESITO 5 – Pode a lei ordinária, que não seja aquela especificamente prevista no art. 61, § 1º, II, *d*, da Constituição, dispor sobre a organização, as atribuições e o estatuto de cada Ministério Público, seja dos Estados, seja da União (CF, art. 128, § 5º), inclusive no tocante aos seus estagiários?

QUESITO 6 – Pode o CNMP impor, por meio de atos normativos regulamentares, o descumprimento de dispositivos de leis complementares de organização do Ministério Público, negando-lhes vigência e eficácia, sem que tenha havido prévia declaração de inconstitucionalidade?

QUESITO 7 – A Resolução CNMP nº 42/2009, com as alterações posteriores, pode obstar o cumprimento de leis complementares de organização do Ministério Público, federais ou estaduais, naquilo em que estas disponham diversamente a respeito do estágio do MP?

QUESITO 8 – A imposição ao Ministério Público da União ou dos Estados de formalização de convênios com instituições públicas e privadas de ensino, como pré-requisito para a admissão do estagiário, configura violação à isonomia e à acessibilidade de todos, mediante concurso, ao exercício de atividades no âmbito da instituição ministerial, bem como as obrigações impostas pela Lei nº 11.788/2008 à Instituição de Ensino, em especial de avaliação e de fiscalização da parte concedente (art. 7º), ferem a autonomia administrativa e de autogoverno constitucionalmente previstas ao Ministério Público?

 1. O art. 127, § 2º, da Constituição Federal prevê AUTONOMIAS funcional e ADMINISTRATIVA ao MINISTÉRIO PÚBLICO, enquanto o art. 3º da Lei Orgânica Nacional ampliou esta autonomia, prevendo também a financeira, podendo, inclusive, observado o disposto no art. 169 da Constituição Republicana, propor ao Poder Legislativo A CRIAÇÃO E EXTINÇÃO DE SEUS CARGOS E SERVIÇOS AUXILIARES, PROVENDO-OS POR CONCURSO PÚBLICO DE PROVAS OU DE PROVAS E TÍTULOS, A POLÍTICA REMUNERATÓRIA E OS PLANOS DE CARREIRA; sendo que SOMENTE A LEI DISPORÁ SOBRE SUA ORGANIZAÇÃO E FUNCIONAMENTO (Redação dada pela Emenda Constitucional nº 19, promulgada em 4-6-1998), consagrando a RESERVA ESPECÍFICA DE LEI.

 2. As autonomias administrativa e financeira vêm especificadas no art. 3º da Lei Orgânica Nacional do Ministério Público, permitindo-lhe, entre outras funções, PRATICAR ATOS PRÓPRIOS DA GESTÃO, tais como:

> "Praticar atos e decidir sobre a situação funcional e administrativa do pessoal, ativo e inativo, da carreira e dos serviços auxiliares, organizados em quadros próprios; propor ao Poder Legislativo a criação e a extinção de seus cargos, bem como a fixação e o reajuste dos vencimentos de seus membros; propor ao Poder Legislativo a criação e a extinção dos cargos de seus serviços auxiliares, bem como a fixação e o reajuste dos vencimentos de seus servidores; prover os cargos iniciais da carreira e dos serviços auxiliares, inclusive, como a própria legislação define, de seus ESTAGIÁRIOS (nos termos dos arts. 8º, V, e 37, parágrafo único, da Lei Federal nº 8.625/1993)."

3. Explica FÁBIO KONDER COMPARATO que

"a Constituição afinal dotou o Ministério Público das prerrogativas de AUTONOMIA funcional e ADMINISTRATIVA (art. 127, § 2º). Que significa isso? Autonomia, ensinou JOÃO MENDES JÚNIOR em seu estilo ático, 'significa direção própria daquilo que é próprio'. E acrescentou: 'somente por extensão, puramente metafórica, é que se costuma atribuir a autonomia a quem, por ação própria, dirige aquilo que não lhe é próprio'. SAMPAIO DÓRIA enfatiza que, 'Retire-se da autonomia a ideia de autodeterminação ou governo próprio e competência própria, mas que lhe fixam, e nada mais lhe sobrará. São os seus dois elementos essenciais e irredutíveis: as raias invioláveis em que lhe circunscrevem a ação, e o poder de agir livremente dentro dessas raias.'" (*Direito Público*: estudos e pareceres. São Paulo: Saraiva, 1996. p. 70).

4. Ora, essa AUTONOMIA ADMINISTRATIVA DO MINISTÉRIO PÚBLICO – como direção própria daquilo que lhe é próprio – traduz-se, no plano financeiro, pela prerrogativa desse órgão público de elaborar sua proposta orçamentária, dentro dos limites estabelecidos na Lei de Diretrizes Orçamentárias (CF, art. 127, § 3º), e NO PLANO ADMINISTRATIVO INSTITUCIONAL A CONCESSÃO AO PROCURADOR-GERAL DA REPÚBLICA e aos PROCURADORES-GERAIS DE JUSTIÇA de INICIATIVA DE LEI SOBRE A ORGANIZAÇÃO, ATRIBUIÇÃO E ESTATUTOS, respectivamente, dos MINISTÉRIOS PÚBLICOS DA UNIÃO E DOS ESTADOS.

5. O novo *status* constitucional de independência, autonomia e imprescindibilidade ao Estado Democrático de Direito, conferido ao Ministério Público em 1988, foi reforçado, portanto, PELA CONCESSÃO DE INICIATIVA PARA DEFLAGRAR O PROCESSO LEGISLATIVO, podendo, inclusive, PROPOR A CRIAÇÃO E A EXTINÇÃO DOS CARGOS DA INSTITUIÇÃO E DE SEUS SERVIÇOS AUXILIARES, com provimento obrigatório por concurso público de provas e provas e títulos, para a iniciativa das respectivas leis complementares (CF, arts. 127, § 2º, e 128, § 5º).

6. No campo da distribuição constitucional sobre a matéria, a Constituição Federal previu, em relação à UNIÃO, hipótese de iniciativa legislativa concorrente para apresentação de projeto de lei federal que disporá sobre as normas de organização do Ministério Público da União, do Distrito Federal e dos Territórios (CF, art. 61, § 1º, II, *d*, e art. 128, § 5º).

7. Assim, apesar do art. 61 prever as hipóteses de iniciativa privativa do Presidente da República, o próprio texto constitucional ressalvou no § 5º do art. 128 a possibilidade de concorrência do Procurador-Geral da República.

8. A previsão de iniciativa concorrente do Presidente da República, em face do novo posicionamento constitucional e ampliação da independência do *Parquet,* sofreu importantes ressalvas e críticas por parte do Min. SEPÚLVEDA PERTENCE, ao afirmar:

"Testemunho eloquente desse esforço de composição entre o futuro projetado e o passado renitente, é a esdrúxula concorrência de iniciativa entre o Procurador-Geral e o Presidente da República para a lei complementar de organização do Ministério Público da União (CF, arts. 129, § 5º, e 61, § 1º, II, *d*)" (*RTJ* 147/126).

9. Essa dicotomia, em relação à iniciativa para apresentação do projeto de lei complementar de organização do MINISTÉRIO PÚBLICO DA UNIÃO, já foi interpretada pelo

SUPREMO TRIBUNAL FEDERAL, onde se apontou que o legislador constituinte estabeleceu uma concorrência entre o Presidente da República (CF, art. 61, § 1º, II, *d*) e o Procurador-Geral da República (CF, art. 129, § 5º).

10. Porém, em relação à CRIAÇÃO DE CARGOS, matéria essencialmente relacionada à AUTONOMIA ADMINISTRATIVA DA INSTITUIÇÃO, como salientado pelo MINISTRO SEPÚLVEDA PERTENCE,

> "a iniciativa da criação por lei de cargos do Ministério Público é predicado explícito da sua autonomia (CF, art. 127, § 2º) e, por isso, iniludivelmente privativa dos seus próprios órgãos diretivos, em particular, do seu chefe" (Voto do Rel. Min. SEPÚLVEDA PERTENCE no MS 21.239; *RTJ* 147/12).

11. DIVERSAMENTE, porém, no tocante aos Estados-membros, INEXISTE a citada dicotomia apresentada pelo SUPREMO TRIBUNAL FEDERAL em relação à UNIÃO, pois FACULTA-SE COM EXCLUSIVIDADE AOS PROCURADORES-GERAIS DE JUSTIÇA DE CADA ESTADO-MEMBRO A INICIATIVA PARA LEI COMPLEMENTAR QUE ESTABELECERÁ A ORGANIZAÇÃO, AS ATRIBUIÇÕES E O ESTATUTO DE CADA MINISTÉRIO PÚBLICO (CF, art. 128, § 5º), inclusive em relação a seus serviços auxiliares, como no caso ocorreu nos já citados arts. 8º, V, e 37, parágrafo único, da Lei Federal nº 8.625/1993 e na Lei Complementar Estadual nº 704/2003, e, especificamente em relação ao objeto do presente estudo, na edição da Lei Complementar Estadual nº 1.083/2008, onde se regulamentaram seleção, investidura, vedações e dispensa dos estagiários do *Parquet* Paulista.

12. A AUTONOMIA ADMINISTRATIVA DOS MINISTÉRIOS PÚBLICOS ESTADUAIS e a EXCLUSIVA INICIATIVA DE LEI CONFERIDA AOS SEUS RESPECTIVOS PROCURADORES-GERAIS DE JUSTIÇA são TAXATIVAS e EXPRESSAMENTE previstas pela Constituição Federal e reconhecidas por nossa CORTE SUPREMA, não se admitindo limitações impostas pelo legislador ordinário ou mesmo por atos normativos infralegais, como na hipótese pela Resolução CNMP nº 42/2009.

13. Ao estabelecer, expressamente, a EXCLUSIVIDADE DE ENCAMINHAMENTO DE PROJETO DE LEI COMPLEMENTAR ESTADUAL ÀS RESPECTIVAS ASSEMBLEIAS LEGISLATIVAS SOMENTE AO PROCURADOR GERAL DE JUSTIÇA para, inclusive – e o que, na presente hipótese está em análise – criação e organização dos serviços auxiliares de estagiários do MINISTÉRIO PÚBLICO, com previsão da forma de seleção, investidura, exercício, vedações e dispensa, a CARTA MAGNA EXIGIU ABSOLUTO RESPEITO AO PRINCÍPIO DA RESERVA LEGAL, e autorizou igualmente, com base na TEORIA DOS PODERES IMPLÍCITOS, que referida Lei Complementar Estadual – repita-se, de INICIATIVA EXCLUSIVA DO PROCURADOR GERAL DE JUSTIÇA – disciplinasse seu Estatuto, como forma de garantia de sua AUTONOMIA ADMINISTRATIVA, sempre, por óbvio, respeitado o PRINCÍPIO DA RESERVA LEGAL, pois necessária a aprovação legislativa, para garantir, como salientado por EDWAD CORWIN, ao analisar a citada TEORIA DOS PODERES IMPLÍCITOS em relação à Constituição norte-americana, conceder maior liberdade para o jogo de forças políticas-institucionais (*El poder ejecutivo*. Buenos Aires: Editorial Bibliográfica Argentina, 1959. p. 42 ss.).

14. Na presente hipótese, absolutamente pertinente o PARALELO entre a aplicação da TEORIA DOS PODERES IMPLÍCITOS criada nos Estados Unidos da América para que o Chefe do Poder Executivo concretizasse fielmente suas competências e atribuições

constitucionais e a aplicação da TEORIA DOS PODERES IMPLÍCITOS no Brasil, para que o Chefe do Ministério Público possa cumprir fielmente sua prerrogativa constitucional – INICIATIVA EXCLUSIVA DE LEI (CF, art. 128, § 5º) – em defesa da AUTONOMIA ADMINISTRATIVA CONSTITUCIONALMENTE CONSAGRADA AO MINISTÉRIO PÚBLICO, pois ambos podem, na regulamentação de suas atribuições constitucionais e legais, exercitar o poder originário de fontes não enumeradas, contanto que não proibidas pelo texto constitucional, desde que sejam INSTRUMENTOS NECESSÁRIOS PARA ATINGIR SUAS OBRIGAÇÕES CONSTITUCIONAIS, como no caso brasileiro, ENCAMINHAR AO PODER LEGISLATIVO ESTADUAL PROJETO DE LEI COMPLEMENTAR COM A MELHOR FORMA DE ORGANIZAÇÃO DOS SERVIÇOS AUXILIARES DO MINISTÉRIO PÚBLICO, definindo-os, disciplinando-os e regulamentando-os, para análise e decisão final do PODER LEGISLATIVO ESTADUAL (RESERVA ESPECÍFICA DE LEI), como ocorreu, primeiramente com a edição da Lei Complementar Estadual nº 734/1993, com a complementação da Lei Complementar Estadual nº 1.083/2008.

15. Uma breve análise do surgimento da TEORIA DOS PODERES IMPLÍCITOS demonstra sua inteira aplicação na hipótese tratada na presente consulta.

16. A criação da citada teoria teve início na interpretação do art. II, § 1º, da Constituição Norte-Americana, ao prever que o "Poder Executivo deve ser investido no Presidente dos Estados Unidos da América".

17. A Convenção Constitucional norte-americana estipulou genericamente que a competência mais importante do Presidente da República é sua responsabilidade de impor a lei, assim como a Constituição da República Federativa do Brasil de 1988 determinou ao MINISTÉRIO PÚBLICO sua essencialidade e permanência à função jurisdicional, com a incumbência da defesa da ordem jurídica, do regime democrático e dos interesses sociais e individuais indisponíveis (CF, art. 127, *caput*), para isso, consagrando sua AUTONOMIA ADMINISTRATIVA, com AUTOGESTÃO, GOVERNO PRÓPRIO e INICIATIVA DE LEI PARA SUA ORGANIZAÇÃO, ATRIBUIÇÕES E ESTATUTO.

18. Na hipótese norte-americana, a própria Constituição de 1787 previu ao Chefe do Executivo a obrigação de "cuidar para que as leis sejam fielmente executadas", delegando ao Presidente a responsabilidade de forçar o cumprimento das leis dos Estados Unidos (LEARNED, Henry. *The president's cabinet:* studies in the origin, formation and structure of an american institution. New Haven: Yale University Press, 1912. p. 380).

19. Para tanto, na história do presidencialismo, o Congresso Nacional americano vem, historicamente, como apontado por THOMAS COOLEY, adicionando atribuições por meio de medidas que capacitam o Chefe do Executivo a agir rápida e vigorosamente (*The general principles of constitutional law in the United States of America*. 3. ed. Boston: Little, Brown and Company, 1898. p. 121).

20. Essa autoridade do Presidente como chefe oficial de imposição das leis dos Estados Unidos foi ainda mais efetivada por decisões da CORTE SUPREMA, que apesar de apontar a ausência de lei específica que autorizasse o Presidente a nomear o Procurador-Geral, como garantidor maior da aplicação da lei, entendeu que esse poder era decorrente da função presidencial de exigir e garantir o fiel cumprimento da legislação norte-americana (FINCHER, Ernest Barksdale. *The president of the United States*. New York: Abelard-Schuman, 1955. p. 72 ss.), pois, como ressaltado por Wilson Woodrow,

"no aspecto Constitucional de executivo legal não se pode supor isolado o Presidente. Não pode ele executar leis. A execução quotidiana delas há de competir aos diversos departamentos executivos e ao numeroso corpo de funcionários federais espalhados em todo o país, no que diz respeito aos deveres estritamente executivos do seu cargo, pode-se dizer o Presidente administra a presidência conjuntamente com os membros do gabinete, como o presidente de uma comissão" (*O presidente dos Estados Unidos*. Rio de Janeiro: Jacintho Ribeiro dos Santos, 1917. p. 23).

21. Após isso, com base na análise da decisão da Corte Suprema americana no caso *Myers v. Estados Unidos* (US 272 – 52, 118), envolvendo o Diretor dos Correios de Oregon (1926), a enumeração do artigo II foi interpretada com a finalidade de trazer um novo caminho para uma completa revolução no sistema presidencial americano, ao possibilitar a conversão do governo nacional, de governo de atribuições taxativas, em governo de atribuições genericamente previstas no texto constitucional, estabelecendo o Poder Executivo como essencial no governo e conferindo ao Presidente da República poderes mais amplos, para concretizar e efetivar a organização de seus departamentos e distribuição das importantes tarefas executivas.

22. No Brasil, para garantir ao MINISTÉRIO PÚBLICO a integralidade do exercício de suas funções constitucionais com ampla efetividade, o SUPREMO TRIBUNAL FEDERAL, adotando esse mesmo posicionamento, afirmou que:

"O fato de a Constituição Federal cometer determinadas atribuições ao Procurador-Geral da República não implica que outras não possam ser-lhe conferidas por lei. Essa foi a orientação fixada pela maioria do Tribunal, ao julgar improcedente pedido formulado em ação direta na qual se pretendia a declaração de inconstitucionalidade do art. 48, II e parágrafo único, da Lei Complementar 75/93 – Lei Orgânica do MPU, que estabelece incumbir ao Procurador-Geral da República a propositura, perante o STJ, da ação penal, nas hipóteses que elenca o art. 105, I, *a*, da CF, e autoriza a delegação dessa competência ao Subprocurador-Geral da República. Entendeu-se que a norma impugnada decorreria do art. 128, § 5º, da CF (STF – Pleno – ADI 2913/DF, Rel. orig. Min. CARLOS VELLOSO, red. p/ o acórdão Min. CÁRMEN LÚCIA, 20-5-2009. *Informativo STF*, nº 547).

23. Entre essas atribuições, decorrentes claramente de sua AUTONOMIA ADMINISTRATIVA, a Lei Federal nº 8.625/1993, ao tratar das NORMAS GERAIS para a Organização dos Ministérios Públicos do Estados, definiu como "órgãos auxiliares" do Ministério Público (art. 8º, V) os "estagiários" e possibilitou a cada Lei Complementar Estadual (Lei Orgânica dos Ministérios Públicos Estaduais) que disciplinassem a "seleção, investidura, vedações e dispensa dos estagiários" (art. 37, parágrafo único).

24. De igual maneira, a EXPRESSA PREVISÃO CONSTITUCIONAL BRASILEIRA para que o PROCURADOR-GERAL DE JUSTIÇA encaminhasse PROJETO DE LEI COMPLEMENTAR À RESPECTIVA ASSEMBLEIA LEGISLATIVA PARA DISCIPLINAR O ESTATUTO DO MINISTÉRIO PÚBLICO, portanto, incluiu nesse rol a DISCIPLINA DE SEUS SERVIÇOS AUXILIARES, revelando-se como verdadeira competência genérica de poderes implícitos – *inherent powers* – referentes ao AUTOGOVERNO DO MINISTÉRIO PÚBLICO, apenas sujeita às proibições e aos limites estruturais da Constituição, em especial aos princípios da Administração Pública previstos no *caput* do art. 37 de seu texto (conferir

nesse sentido: COELHO, Inocêncio Mártires. O Ministério Público na organização constitucional brasileira. *Revista de Informação Legislativa*, Brasília: Senado Federal, ano 21, nº 84, p. 167, out./dez. 1984; BURLE FILHO, José Emmanuel; MASCARENHAS FILHO, Geraldo. Ministério Público e Constituição – organização básica do Ministério Público controle. *Justitia – Órgão do Ministério Público de São Paulo*, nº 131, p. 109; TOMÉ, Lauro Nelson Fornari. A independência do Ministério Público como garantia da ordem jurídica. *Justitia – Órgão do Ministério Público de São Paulo*, nº 80, p. 9; ALMEIDA, José Gildo; GRINBERG, Rosana; NORONHA, Itamar Dia; PEREIRA NETO, Ildelfonso. Ministério Público na Constituição Federal: organização básica, impedimentos, garantias e competências constitucionais do Ministério Público. *Justitia – Órgão do Ministério Público de São Paulo*, nº 131, p. 124).

25. Não foi outro o entendimento do SUPREMO TRIBUNAL FEDERAL:

> "Dentre as garantias objetivas, ou de índole constitucional, asseguradas pela nova Constituição ao Ministério Público, está aquela que consagra o PRINCÍPIO DO AUTOGOVERNO DESSA INSTITUIÇÃO, cuja realidade, em nosso sistema de direito positivo, deriva, essencialmente, da alta missão institucional que vincula o *Parquet*, de modo absolutamente incondicional, à tutela da ordem jurídica, à defesa do regime democrático e à proteção dos interesses sociais e individuais indisponíveis" (Voto do Min. CELSO DE MELLO, no MS nº 21.239; *RTJ* 147/162).

26. O poder de propor ao Poder Legislativo Estadual (RESERVA ESPECÍFICA DE LEI COMPLEMENTAR) a regulamentação dos serviços auxiliares do MINISTÉRIO PÚBLICO, inclusive no tocante a seleção, investidura, atribuições, vedações e dispensa de estagiários, deriva diretamente da previsão constitucional de sua AUTONOMIA ADMINISTRATIVA, de seu poder de AUTOGOVERNO e da INICIATIVA EXCLUSIVA DE LEI COMPLEMENTAR, que lhe garante a autoridade executiva, tão enfatizada pela doutrina constitucional norte-americana em relação ao Poder Executivo, no exercício de suas funções administrativas (FINCHER, Ernest Barksdale. *The president of the United States*. New York: Abelard-Schuman, 1955. p. 87); tendo sido expressamente autorizado pela Lei Orgânica Nacional dos Ministérios Públicos dos Estados (Lei Federal nº 8.625/1993).

27. Dessa forma, aplica-se INTEGRALMENTE ao MINISTÉRIO PÚBLICO a Teoria dos Poderes Implícitos – *inherent powers* –, pela qual, no exercício de sua missão constitucional enumerada (INICIATIVA EXCLUSIVA DE LEI COMPLEMENTAR), o órgão ministerial deve propor ao Poder Legislativo Estadual a DISCIPLINA e REGULAMENTAÇÃO de todos os seus serviços auxiliares, com as respectivas funções necessárias para o exercício de sua AUTONOMIA ADMINISTRATIVA e de AUTOGOVERNO, desde que não expressamente não vedadas constitucionalmente (cf. o paralelismo na CORTE SUPREMA AMERICANA – *Myers v. Estados Unidos* – US 272 – 52, 118), consagrando-se, dessa forma, o reconhecimento de competências executivas genéricas e implícitas que possibilitem o exercício de sua missão constitucional, apenas sujeitas às proibições e aos limites estruturais da Constituição Federal; que, no caso brasileiro em questão, depende ÚNICA e EXCLUSIVAMENTE de APROVAÇÃO LEGISLATIVA (PRINCÍPIO DA RESERVA LEGAL ESPECÍFICA), conforme ocorreu, no Estado de São Paulo, com a aprovação das Leis Complementares nºs 734/1993 e 1.083/2008.

28. Não é possível TRANSFERIR OU COMPARTILHAR A INICIATIVA EXCLUSIVA DE LEI COMPLEMENTAR ESTADUAL, constitucionalmente prevista somente ao Procurador-Geral de Justiça, ao CONSELHO NACIONAL DO MINISTÉRIO PÚBLICO, pois como advertido no célebre caso *Marbury v. Madison* (1 Cranch 137 – 1803), pelo *CHIEF JUSTICE* MARSHALL,

> "a Constituição é um chefe superior, do Direito, imutável por meios ordinários, ou estará num mesmo nível com as leis ordinárias e, como as outras, poderá ser alterada quando o Legislativo quiser", e que, "certamente, todos os que têm fundado Constituições escritas contemplam-nas como formadoras do Direito fundamental e supremo da Nação, consequentemente, abraçam a teoria de que cada governo deve aceitar que uma lei ordinária em conflito com a Constituição é inoperante".

29. Da mesma forma, será "inoperante em conflito com a Constituição Federal", para utilizar a expressão de MARSHALL, ATO ADMINISTRATIVO do CONSELHO NACIONAL DO MINISTÉRIO PÚBLICO, por mais relevantes que sejam suas funções – e certamente o são – que AFASTE A EXPRESSA PREVISÃO DO ART. 128, § 5º, da Constituição da República Federativa do Brasil, que SOMENTE CONCEDEU INICIATIVA DE LEI COMPLEMENTAR PARA DISCIPLINAR A ORGANIZAÇÃO, ATRIBUIÇÕES E ESTATUTOS DOS MINISTÉRIOS PÚBLICOS ESTADUAIS AOS RESPECTIVOS PROCURADORES GERAIS DE JUSTIÇA.

30. Conforme decidido pelo SUPREMO TRIBUNAL FEDERAL, o art. 128, § 5º, da Constituição Federal estabelece RESERVA ESPECÍFICA DE LEI COMPLEMENTAR PARA DISCIPLINAR NORMAS REFERENTES AOS MINISTÉRIOS PÚBLICOS ESTADUAIS, DETERMINANDO, IGUALMENTE, A INICIATIVA PRIVATIVA DO PROCURADOR-GERAL DE JUSTIÇA PARA A APRESENTAÇÃO DO PROJETO DE LEI (STF – Pleno – ADI 2436-1/PE – Rel. Min. MOREIRA ALVES, *DJ*, 13-6-2001).

31. Nesse mesmo sentido, reafirmou nossa CORTE SUPREMA, como PRINCÍPIO COROLÁRIO À AUTONOMIA ADMINISTRATIVA do Ministério Público, A RESERVA ESPECÍFICA DE LEI PARA DISCIPLINAR SEUS SERVIÇOS AUXILIARES:

> "O Tribunal suspendeu a eficácia do § 4º do art. 21 e dos §§ 9º e 10º do art. 26, da referida Lei Complementar (Ministério Público do Espírito Santo), que atribuíam ao Procurador-Geral e ao Colegiado de Procuradores de Justiça o poder de criarem, por simples ato normativo secundário, Promotorias e Procuradorias de Justiça. Entendeu-se juridicamente relevante a tese de inconstitucionalidade por ofensa aos artigos 127, § 2º – que faculta ao Ministério Público propor ao Poder Legislativo a criação e extinção de seus cargos e serviços auxiliares –, e 128, § 5º – que reserva à lei complementar a organização, as atribuições e o estatuto de cada Ministério Público –, todos da CF" (STF – Pleno – ADI nº 1.757/ES – Medida cautelar – Rel. Min. ILMAR GALVÃO, decisão: 19-2-1998. *Informativo STF*, nº 100).

32. Competindo-lhe, ainda, como afirmado pelo SUPREMO TRIBUNAL FEDERAL, somente por meio de Lei Complementar, de iniciativa exclusiva do Procurador-Geral de Justiça:

"propor a criação de seus cargos, cabendo igualmente a proposição dos vencimentos correspondentes a esses cargos" (STF – Pleno – ADI nº 153-1/MG – Rel. Min. NÉRI DA SILVEIRA, *Diário da Justiça*, Seção I, 21-9-2001, p. 41).

33. Quisesse ter alterado o referido dispositivo e permitido ao CONSELHO NACIONAL DO MINISTÉRIO PÚBLICO INICIATIVA CONCORRENTE DE LEI, seja em relação ao MINISTÉRIO PÚBLICO DA UNIÃO (CF, art. 61, § 1º, II, *d*), seja em relação aos MINISTÉRIOS PÚBLICOS ESTADUAIS (CF, art. 128, § 5º), a Emenda Constitucional nº 45/2004 deveria tê-lo feito EXPRESSAMENTE, e NÃO O FEZ!!!

34. A EC nº 45/2004 concedeu ao CONSELHO NACIONAL DO MINISTÉRIO PÚBLICO a elevada função de realizar o controle da atuação administrativa e financeira do Ministério Público e do cumprimento dos deveres funcionais de seus membros, estabelecendo constitucionalmente suas atribuições.

35. Dessa forma, compete, nos termos constitucionais (CF, art. 130-A), ao CONSELHO NACIONAL DO MINISTÉRIO PÚBLICO:

"zelar pela autonomia funcional e administrativa do Ministério Público, podendo expedir atos regulamentares, no âmbito de sua competência, ou recomendar providências; zelar pela observância do art. 37 (entre eles, o PRINCÍPIO DA LEGALIDADE e seu corolário, PRINCÍPIO DA RESERVA LEGAL, há hipótese analisada no presente estudo, consubstanciado no art. 128, § 5º, da CF) e apreciar, de ofício ou mediante provocação, a legalidade dos atos administrativos praticados por membros ou órgãos do Ministério Público da União e dos Estados, podendo desconstituí-los, revê-los ou fixar prazo para que se adotem as providências necessárias ao exato cumprimento da lei, sem prejuízo da competência dos Tribunais de Contas; receber e conhecer das reclamações contra membros ou órgãos do Ministério Público da União ou dos Estados, inclusive contra seus serviços auxiliares, sem prejuízo da competência disciplinar e correicional da instituição, podendo avocar processos disciplinares em curso, determinar a remoção, a disponibilidade ou a aposentadoria com subsídios ou proventos proporcionais ao tempo de serviço e aplicar outras sanções administrativas, assegurada ampla defesa; rever, de ofício ou mediante provocação, os processos disciplinares de membros do Ministério Público da União ou dos Estados julgados há menos de um ano; elaborar relatório anual, propondo as providências que julgar necessárias sobre a situação do Ministério Público no País e as atividades do Conselho, o qual deve integrar a mensagem prevista no art. 84, XI".

36. REPITA-SE, EM MOMENTO ALGUM A EMENDA CONSTITUCIONAL Nº 45/2004 – ao incorporar em seu texto o art. 130-A – SUBSTITUIU, EXCLUIU, TRANSFERIU OU COMPARTILHOU A INICIATIVA EXCLUSIVA DE LEI COMPLEMENTAR PERTENCENTE UNICAMENTE AOS PROCURADORES-GERAIS DE JUSTIÇA, EM ÂMBITO ESTADUAL.

37. Em verdade, a EC nº 45/2004 estabeleceu, no art. 130-A, o CONSELHO NACIONAL DO MINISTÉRIO PÚBLICO com a finalidade de FORTALECER AS AUTONOMIAS DOS MINISTÉRIOS PÚBLICOS EM DEFESA DA SOCIEDADE, estabelecendo que seu funcionamento deva observar todas as garantias e funções institucionais e dos membros do *Parquet*, impedindo a ingerência dos demais poderes de Estado em seu funcionamento, pois a CARTA MAGNA caracterizou a Instituição como órgão autônomo e independente,

e destinou-a ao exercício de importante missão de verdadeiro fiscal da perpetuidade da federação, da Separação dos Poderes, da legalidade e moralidade pública, do regime democrático e dos direitos e garantias individuais.

38. O desrespeito a essa consagração constitucional ao Ministério Público, seja por órgãos externos, seja por órgãos internos, à própria Instituição como um todo nacionalmente, como no caso o CONSELHO NACIONAL DO MINISTÉRIO PÚBLICO, caracterizará a DEFORMAÇÃO DA VONTADE SOBERANA DO PODER CONSTITUINTE, e, consequentemente, A EROSÃO DA PRÓPRIA CONSCIÊNCIA CONSTITUCIONAL.

39. A atuação constitucional do CONSELHO NACIONAL DO MINISTÉRIO PÚBLICO, portanto, direciona-se para duas importantes missões: o controle da atuação administrativa e financeira do Ministério Público e o controle do cumprimento dos deveres funcionais de seus membros.

40. Em ambos os casos, a EC nº 45/2004 buscou estabelecer a possibilidade de efetivo controle administrativo centralizado de legalidade sobre a atuação dos diversos Ministérios Públicos, sem prejuízo de suas respectivas AUTONOMIAS ADMINISTRATIVAS E AUTOGOVERNO, bem como dos controles administrativos de cada Procuradoria Geral, nem tampouco excluindo a possibilidade de controle jurisdicional.

41. Ressalte-se, porém, que no exercício da FUNÇÃO DE CONTROLE DA ATUAÇÃO ADMINISTRATIVA E FINANCEIRA DO MINISTÉRIO PÚBLICO, inclusive com a possibilidade de desconstituição ou revisão dos atos administrativos praticados pelos membros ou órgãos ministeriais, o Conselho Nacional do Ministério Público, EM RESPEITO À PRÓPRIA AUTONOMIA ADMINISTRATIVA E FINANCEIRA CONSTITUCIONALMENTE ASSEGURADA AOS MINISTÉRIOS PÚBLICOS, o CONSELHO NACIONAL DO MINISTÉRIO PÚBLICO somente poderá analisar a LEGALIDADE DO ATO, e não seu mérito – na hipótese de atos administrativos discricionários –, que deve ser entendido como juízo de conveniência e oportunidade do administrador, no caso, os membros ou órgãos administrativos do Ministério Público, que poderão, entre as hipóteses legais e moralmente admissíveis, escolher aquela que entenderem como a melhor para o interesse público (VEDEL, Georges. *Droit administratif*. Paris: Presses Universitaries de France, 1973. p. 318; FAGUNDES, M. Seabra. *O controle dos atos administrativos pelo Poder Judiciário*. São Paulo: Saraiva, 1984. p. 131).

42. Em relação aos atos administrativos vinculados, em face de a lei determinar todos os seus elementos, o controle será pleno, pois inexiste vontade subjetiva da administração dos membros ou órgãos dos Ministérios Públicos.

43. Em relação, porém, aos atos administrativos discricionários, torna-se importante a definição dos contornos e amplitude da aplicabilidade do art. 130-A, § 2º, I e II, em relação ao exercício do art. 128, § 5º, ambos da Constituição Federal, uma vez que foi o próprio TEXTO MAGNO quem concedeu ao Procurador-Geral de Justiça maior liberdade ao autorizá-lo – EXCLUSIVAMENTE – o poder de iniciativa de lei complementar para estabelecer a organização, as atribuições e o estatuto de cada Ministério Público, observados os princípios e preceitos estabelecidos na própria CARTA DA REPÚBLICA; e, submetido ao PRINCÍPIO DA RESERVA LEGAL, na hipótese, com a necessidade de edição de Lei Complementar Estadual específica.

44. Portanto, SERÁ DEFESO ao CONSELHO NACIONAL DO MINISTÉRIO PÚBLICO apreciar o mérito do Projeto de Lei Complementar encaminhado à Assembleia Legislativa, cabendo-lhe unicamente e *a posteriori* – desde que, obviamente, aprovada a Lei pelo Poder

Legislativo Estadual –, examinar a aplicação concreta do referido diploma legal SOB O ASPECTO DE SUA LEGALIDADE E MORALIDADE, isto é, se foi praticado conforme ou contrariamente ao ordenamento jurídico.

45. Caso contrário, estaria o CNMP exercendo funções semelhantes às do CONSELHO CONSTITUCIONAL FRANCÊS, ou seja, estaria realizando prévio controle concentrado de constitucionalidade, o que não lhe é permitido pela Constituição Republicana.

46. Não é, portanto, essa a função constitucional do CONSELHO NACIONAL DO MINISTÉRIO PÚBLICO, devendo, consequentemente, ser afastada qualquer interpretação que possa gerar aparente contradição entre os arts. 130-A e 128, § 5º, da CARTA MAGNA.

47. A INTERPRETAÇÃO DA CARTA MAGNA deve evitar contradições entre princípios, preceitos e regras estabelecidos em seu texto (Método da Unidade da Constituição), pois, como salienta CANOTILHO, o intérprete deve:

> "considerar a Constituição na sua globalidade e procurar harmonizar os espaços de tensão existentes entre as normas constitucionais a concretizar" (*Direito constitucional e teoria da Constituição*. 2. ed. Coimbra: Almedina, 1998).

48. A CORTE SUPREMA deverá, portanto, aplicar a INTERDEPENDÊNCIA e COMPLEMENTARIDADE das normas constitucionais, que não deverão, como nos lembra GARCIA DE ENTERRIA, ser interpretadas isoladamente, sob pena de desrespeito à vontade do legislador constituinte (*Reflexiones sobre la ley e los princípios generales del derecho*. Madri: Civitas, 1996. p. 30), sendo impositiva e primordial a análise semântica do texto Magno, garantindo, em sua plenitude, O EXERCÍCIO DA INICIATIVA EXCLUSIVA DE LEI COMPLEMENTAR DO PROCURADOR GERAL DE JUSTIÇA (CF, art. 128, § 5º), e a possibilidade da realização de CONTROLE ADMINISTRATIVO DO CONSELHO NACIONAL DO MINISTÉRIO PÚBLICO, *a posteriori,* nas hipóteses em que os respectivos Órgãos de Direção do *Parquet*, eventualmente, desrespeitarem a aplicação da legislação devidamente aprovada pela Assembleia Legislativa.

49. Esta solução tem como fundamento básico o art. 128, § 5º, da CF, que prevê COMO ALICERCE DA AUTONOMIA ADMINISTRATIVA e PODER DE AUTOGOVERNO DO MINISTÉRIO PÚBLICO a INICIATIVA EXCLUSIVA DE LEI DO CHEFE DO *PARQUET*.

50. Esse é o mesmo entendimento pacificado pelo SUPREMO TRIBUNAL FEDERAL em relação ao aparente conflito das competências constitucionais do CONSELHO NACIONAL DE JUSTIÇA e a AUTONOMIA E AUTOGOVERNO DOS TRIBUNAIS:

> "levando em conta as atribuições conferidas ao Conselho – controle da atividade administrativa e financeira do Judiciário e controle ético-disciplinar de seus membros – assentou-se que a primeira não atinge o autogoverno do Judiciário, visto que, da totalidade das competências privativas dos tribunais (CF, art. 96), nenhuma lhes foi usurpada" (STF – Pleno – ADI nº 3.367/DF – Rel. Min. CÉSAR PELUSO, decisão: 13-4-2005. *Informativo STF* nº 383).

51. Na hipótese em questão, a regulamentação dos serviços auxiliares de estagiários do Ministério Público do Estado de São Paulo observou rigorosamente o art. 128, § 5º, da Constituição Federal e o PRINCÍPIO DA RESERVA LEGAL, e, em respeito aos arts. 8º, V, e 37, parágrafo único, da Lei Federal nº 8.625/1993, sido editada a Lei Complementar

Estadual nº 734/1993, e, posterior e especificamente para o presente assunto, a Lei Complementar Estadual nº 1.083/2008, de iniciativa do Procurador-Geral de Justiça, nos termos constitucionais, inexistindo, portanto, qualquer ilegalidade ou arbitrariedade a ser analisada abstratamente pelo CONSELHO NACIONAL DO MINISTÉRIO PÚBLICO.

52. Eventuais inconstitucionalidades das Leis Complementares Estaduais nºs 734/1993 ou 1.083/2008, se existirem, deverão ser analisadas no campo próprio e pelos corretos mecanismos existentes em nossa JURISDIÇÃO CONSTITUCIONAL, disciplinada no Texto Maior, que, em momento algum, em seu art. 130-A, estendeu ao CONSELHO NACIONAL DO MINISTÉRIO PÚBLICO, cuja natureza é de Órgão Administrativo, competência para declaração de inconstitucionalidade.

53. Logicamente, o fato da Constituição Federal, em seu art. 128, § 5º, conceder certa liberdade aos Estados-membros – por meio de edição de Leis Complementares pelas respectivas Assembleias Legislativas, de iniciativa exclusiva dos Procuradores Gerais de Justiça – NÃO AUTORIZA, NEM TAMPOUCO TOLERA a possibilidade do conteúdo de Lei Complementar estadual ignorar os limites constitucionais previamente fixados, pois, obviamente, não existe nenhum ato administrativo ou legislativo absolutamente discricionário, uma vez que tal fato converter-se-ia em arbitrariedade, não tolerada em um verdadeiro ESTADO CONSTITUCIONAL, como bem salientado por KARL LARENZ (*Derecho justo: fundamentos de ética jurídica*. Tradução de Luis Diez-Picazo. Madri: Civitas, 1985. p. 154).

54. Assim, a edição de Lei Complementar estadual de organização do Ministério Público que, eventualmente, atente contra os princípios e preceitos da Constituição Federal, permitirá ao PROCURADOR-GERAL DA REPÚBLICA – Presidente do Conselho Nacional do Ministério Público e um dos colegitimados para o ingresso de ações diretas de inconstitucionalidade (CF, art. 103, inciso IV) – impugná-la perante o SUPREMO TRIBUNAL FEDERAL, pleiteando sua nulidade, tanto em relação à sua edição (caso haja vício de iniciativa), quanto em virtude de seu conteúdo, pois ambos estão vinculados ao IMPÉRIO CONSTITUCIONAL, pois, como muito bem ressaltado por JACQUES CHEVALLIER, "o objetivo do Estado de Direito é limitar o poder do Estado pelo Direito" (*L'etat de droit*. Paris: Montchrestien, 1992. p. 12).

55. NÃO FOI, porém, O QUE OCORREU NA PRESENTE HIPÓTESE, onde houve flagrante desrespeito, por parte do CONSELHO NACIONAL DO MINISTÉRIO PÚBLICO, ao PRINCÍPIO DA LEGALIDADE, e, consequentemente, ao ESTADO DE DIREITO, que existirá somente onde houver a SUPREMACIA DA LEGALIDADE (ZANOBINI, Guido. Op. cit. p. 19 ss; FORSTHOFF, Ernest. *Tratado de derecho administrativo*. Madri: Instituto de Estudios Políticos, 1958. t. 3, p. 119 ss.), ou, para o direito inglês, a *The Rule of Law*, para o direito francês, o *État Legal*, para o direito alemão, o *Rechtsstaat*, ou, ainda, a *always under law*, do direito norte-americano.

56. A decisão do COLENDO CONSELHO NACIONAL DO MINISTÉRIO PÚBLICO AFASTOU INTEGRALMENTE A APLICAÇÃO DOS ARTS. 8º, V, e 37, PARÁGRAFO ÚNICO, DA LEI FEDERAL Nº 8.625/1993 e da LEI COMPLEMENTAR ESTADUAL Nº 1.083/2008, determinando a aplicação da Lei Federal nº 11.788/2008, que NÃO FAZ PARTE DO ARCABOUÇO JURÍDICO INSTITUCIONAL REGENTE DO MINISTÉRIO PÚBLICO, em total dissonância com os arts. 127 e 128, § 5º, da Constituição Federal.

57. A decisão do COLENDO CONSELHO NACIONAL DO MINISTÉRIO PÚBLICO – DIRETAMENTE, mesmo que negando em sede de embargos de declaração – acabou por

declarar CONCENTRADAMENTE INCONSTITUCIONAIS os citados arts. 8, V, e 37, parágrafo único, da Lei Federal nº 8.625/1993 e a integralidade da Lei Complementar Estadual nº 1.083/2008, em FLAGRANTE USURPAÇÃO DE COMPETÊNCIA CONSTITUCIONAL DO SUPREMO TRIBUNAL FEDERAL.

58. Ressalte-se, novamente, que, em verdade, o CONSELHO NACIONAL DO MINISTÉRIO PÚBLICO, sem possuir JURISDIÇÃO CONSTITUCIONAL, acabou por exercitar COMPETÊNCIA EXCLUSIVA DO SUPREMO TRIBUNAL FEDERAL, ao DECLARAR CONCENTRADAMENTE A INCONSTITUCIONALIDADE DE DISPOSITIVOS DE LEI FEDERAL E A INTEGRALIDADE DE LEI COMPLEMENTAR ESTADUAL, como bem se verifica na EMENTA da decisão proferida no Procedimento de Controle Administrativo nº 64/2010-91, onde, sob a "suposta alegação de conflito aparente de normas", ignorou a existência dos arts. 127 e 128, § 5º, da Constituição Federal e dos arts. 8º, V, e 37, parágrafo único, da Lei Federal nº 8.626/1993 – como se não estivessem em vigor –, para então afastar a vigência e eficácia da Lei Complementar Estadual nº 1.082/2008.

59. Em situação absolutamente análoga à presente hipótese, o CONSELHO NACIONAL DE JUSTIÇA reconheceu sua incompetência para declarar a inconstitucionalidade de legislação estadual, por não possuir JURISDIÇÃO CONSTITUCIONAL, afirmando no PCA (Procedimento de Controle Administrativo) nº 199/2006, relatado pelo Ilustre CONSELHEIRO MARCUS FAVER:

> "EMENTA: Procedimento de controle administrativo Estado do Acre. Lei Complementar nº 161/06. Autorização dada ao Tribunal de Justiça para, por resolução, fixar a competência de varas e juizados especiais. Alegação de Inconstitucionalidade. Não cabe ao Conselho Nacional de Justiça, órgão de natureza administrativa fazer análise da constitucionalidade de leis estaduais. Não conhecimento do pedido".

60. Em outras palavras, até o presente momento, NÃO EXISTE NENHUM PRONUNCIAMENTO DO SUPREMO TRIBUNAL FEDERAL DECLARANDO A INCONSTITUCIONALIDADE, nem tampouco qualquer provocação a respeito pelo Procurador-Geral da República (PRESIDENTE DO CONSELHO NACIONAL DO MINISTÉRIO PÚBLICO) dos arts. 8º, V, e 37, parágrafo único, da Lei Federal nº 8.626/1993, ou mesmo da Lei Complementar Estadual nº 1.082/2008; ambas editadas com substrato nos arts. 127 e 128, § 5º, da Constituição Federal.

61. Ao decidir dessa forma, NÃO HÁ COMO NEGAR que o CONSELHO NACIONAL DO MINISTÉRIO PÚBLICO extrapolou os limites de suas atribuições constitucionais, declarando a inconstitucionalidade – mesmo que não tenha assumido expressamente – dos citados dispositivos legais federais e estaduais por DECISÃO ADMINISTRATIVA e determinou a aplicação de legislação diversa ao arcabouço jurídico da INSTITUIÇÃO MINISTÉRIO PÚBLICO, desrespeitando frontalmente sua AUTONOMIA ADMINISTRATIVA, seu AUTOGOVERNO e o PRINCÍPIO DA RESERVA LEGAL, estabelecidos pelos arts. 127 e 128, § 5º, da Carta Magna.

62. Não bastasse essa incompreensível usurpação da função do SUPREMO TRIBUNAL FEDERAL, ao exercer abstratamente o CONTROLE DE CONSTITUCIONALIDADE DE LEI COMPLEMENTAR ESTADUAL, a decisão do CONSELHO NACIONAL DO MINISTÉRIO PÚBLICO desrespeitou frontalmente o PRINCÍPIO FEDERATIVO e a DISTRIBUIÇÃO CONSTITUCIONAL DE COMPETÊNCIAS, usurpando competência legislativa expressamente

fixada aos Estados-membros, nos termos do já citado art. 128, § 5º, da Constituição da República Federativa do Brasil.

63. O FEDERALISMO e suas regras de distribuição de competências legislativas são um dos grandes alicerces da consagração da fórmula *Estado de Direito*, que, conforme salientado por PABLO LUCAS VERDÚ, "ainda exerce particular fascinação sobre os juristas".

64. Essa fórmula aponta a necessidade do Direito ser respeitoso com as liberdades individuais tuteladas pelo Poder Público, cuja importância é ressaltada tanto por JORGE MIRANDA (*Manual de direito constitucional*. 4. ed. Coimbra: Coimbra Editora, 1990. t. 1, p. 13-14), quanto por CANOTILHO (*Direito constitucional e teoria da Constituição*. Coimbra: Almedina, 2008. p. 87).

65. A história do FEDERALISMO inicia-se com a Constituição norte-americana de 1787; e a análise de suas características, bem como do desenvolvimento de seus institutos, vem sendo realizada desde os escritos de JAY, MADISON e HAMILTON, nos *artigos federalistas*, publicados sob o codinome *Publius*, durante os anos de 1787-1788, até os dias de hoje, e mostra que se trata de um sistema baseado principalmente na consagração da divisão constitucional de competências, para manutenção de autonomia dos Estados-membros (COOLEY, Thomas McIntyre. *The general principles of constitutional law in the United States of America*. 3. ed. Boston: Little, Brown and Company, 1898. p. 52; ROBINSON, Donald L. *To the best of my ability*: the presidency and the constitution. New York: W. W. Norton & Company, 1987. p. 18-19).

66. Em 1887, em seu centenário, o estadista inglês WILLIAM GLADSTONE, um dos maiores primeiros-ministros ingleses, afirmou que a Constituição dos Estados Unidos "era a mais maravilhosa obra jamais concebida num momento dado pelo cérebro e o propósito do homem". É importante salientar, dentro dessa perspectiva da *"mais maravilhosa obra jamais concebida"*, que a questão do FEDERALISMO e do equilíbrio entre o Poder Central e os Poderes Regionais foi das mais discutidas durante a Convenção norte-americana.

67. A manutenção do equilíbrio Democrático e Republicano, no âmbito do Regime Federalista, depende do bom entendimento, definição, fixação de funções, deveres e responsabilidades entre os diversos Órgãos Constitucionais, bem como da fiel observância da distribuição de competências, característica do Pacto Federativo entre União, Estados-membros e Municípios, consagrado constitucionalmente no Brasil, desde a primeira Constituição Republicana, em 1891.

68. A luta pela concretização democrática na América Latina, e, especialmente no Brasil, que seguiu os modelos federalista e presidencialista norte-americanos, tem gerado grandes debates sobre as difíceis escolhas sobre os modelos institucionais a serem implantados, os poderes e funções dos Órgãos e Instituições, os controles e a fiscalização; bem como a divisão de competências legislativas, administrativas e tributárias entre União, Estados e Municípios.

69. LUCA LEVI lembra que

> "a federação constitui, portanto, a realização mais alta dos princípios do constitucionalismo. Com efeito, a ideia do Estado de direito, o Estado que submete todos os poderes à lei constitucional, parece que pode encontrar sua plena realização somente quando, na fase de uma distribuição substancial das competências, o Executivo e o Judiciário assumem as características e as funções que têm no

Estado Federal" (BOBBIO, Norberto; MATTEUCCI, Nicola; PASQUINO, Gianfranco (Coord.). *Dicionário de política*. v. I, p. 482. Conferir, ainda: DUVERGER, Maurice. *Droit constitutionnel et institutions politiques*. Paris: Presses Universitaires de France, 1955. p. 265).

70. A Federação, portanto, nasceu adotando a necessidade de um poder central com competências suficientes para manter a união e coesão do próprio País, garantindo-lhe, como afirmado por HAMILTON, a oportunidade máxima para a consecução da paz e liberdade contra o facciosismo e a insurreição (*The Federalist papers*, nº IX) e permitindo à União realizar seu papel aglutinador dos diversos Estados membros e de equilíbrio no exercício das diversas funções constitucionais delegadas aos três poderes de Estado.

71. Como bem descreve MICHEL J. MALBIN, "a intenção dos elaboradores da Carta Constitucional Americana foi justamente estimular e incentivar a diversidade, transcendendo as facções e trabalhando pelo bem comum" (*A ordem constitucional americana*. Rio de Janeiro: Forense Universitária, 1987. p. 144), consagrando, ainda, a pluralidade de centros locais de poder, com autonomia de autogoverno e autoadministração, coordenados pelo poder central, CUJAS COMPETÊNCIAS SERIAM INDICADAS EXPRESSAMENTE PELA CONSTITUIÇÃO FEDERAL, para que se reforçasse a ideia de preservação da liberdade na elaboração do federalismo, como salientado por ALEXIS DE TOCQUEVILLE, ao comentar a formação da nação americana (*Democracia na América*: leis e costumes. São Paulo: Martins Fontes, 1988. p. 37 ss.), que serviu de modelo à nossa Primeira Constituição Republicana em 1891.

72. Durante a evolução do federalismo – e, especialmente, em relação à DISTRIBUIÇÃO DE COMPETÊNCIAS –, tanto nos Estados Unidos, quanto no Brasil, passou-se da ideia de dois campos de poder mutuamente exclusivos e reciprocamente limitadores, pela qual os Estados e a União teriam suas áreas exclusivas de autoridade (BERNARD SCHWARTZ. *O federalismo norte-americano*. Rio de Janeiro: Forense Universitária, 1984. p. 26-27), para um novo modelo federal (conferir, nesse sentido, diversas decisões da CORTE SUPREMA AMERICANA: *Shechter, Sunshine v. Adkins, Junta Nacional de Relações trabalhistas v. Jones & Lauglin Steel Corp*, ambas de 1940, *Kirschbaum v. Walling* (1946), *Martino v. Michigan Window Cleaning Co.* (1946), *Mabee v. White Plains Pub. Co.* (1946), entre outras), baseado, principalmente, na COOPERAÇÃO, como salientado por KARL LOEWENSTEIN (*Teoria de la constitución*. Barcelona: Ariel, 1962. p. 362).

73. A evolução do federalismo e o fortalecimento das competências legislativas do Congresso Nacional caminharam conjuntamente, como concorda BERNARD SCHWARTZ, ao analisar o fortalecimento do Governo Nacional, ensinando ser o atual federalismo americano, como também o brasileiro, caracterizado pelo predomínio da autoridade federal, para a edição de NORMAS GERAIS, conforme estabelecido no art. 61, § 1º, II, da Constituição Federal (*O federalismo norte-americano*. Rio de Janeiro: Forense Universitária, 1984. p. 74).

74. A Constituição de 1988 manteve a tradição republicana, adotando o *federalismo*, forma de Estado que gravita em torno do princípio da autonomia e da participação política e pressupõe a consagração de certas regras constitucionais, tendentes não somente à sua configuração, mas também à sua manutenção e indissolubilidade, como destacado por GERALDO ATALIBA (*República e constituição*. São Paulo: Revista dos Tribunais, 1985.

p. 10), e, entre elas, a tradicional divisão de competências legislativas entre União, Estados/Distrito Federal e Municípios.

75. HÁ, PORTANTO, UMA CERTEZA NOS REGIMES FEDERALISTAS, qual seja, a autonomia das entidades federativas, que pressupõe repartição, em maior ou menor escala, de competências legislativas, administrativas e tributárias sendo, pois, um dos pontos caracterizadores e asseguradores do convívio no Estado Federal (BADIA, Juan Fernando. *El estado unitário:* el federal y el estado reginal. Madri: Tecnos, 1978. p. 77).

76. Essa decisão está consubstanciada nos arts. 1º e 18 da Constituição de 1988 (conferir, a respeito: FERREIRA FILHO, Manoel Gonçalves. O Estado federal brasileiro na Constituição de 1988. *Revista de Direito Administrativo,* nº 179, p. 1; HORTA, Raul Machado. Tendências atuais da federação brasileira. *Cadernos de direito constitucional e ciência política,* nº 16, p. 17; e, do mesmo autor: Estruturação da federação. *Revista de Direito Público,* nº 81, p. 53; VELLOSO, Carlos Mário. Estado federal e estados federados na Constituição brasileira de 1988: do equilíbrio federativo. *Revista de Direito Administrativo,* nº 187, p. 1; MARINHO, Josaphat. Rui Barbosa e a federação. *Revista de Informação Legislativa,* nº 130, p. 40; FAGUNDES, Seabra. Novas perspectivas do federalismo brasileiro. *Revista de Direito Administrativo,* nº 99, p. 1).

77. NÃO FOI OUTRA A IDEIA DA CONSTITUIÇÃO DA REPÚBLICA FEDERATIVA DO BRASIL DE 1988 EM RELAÇÃO AOS MINISTÉRIOS PÚBLICOS ESTADUAIS, ao estabelecer a divisão de sua disciplina Institucional entre a União e os Estados membros (STF – Agravo de Instrumento nº 168.964-1/040 – Rel. NÉRI DA SILVEIRA, *Diário da Justiça,* Seção I, 29 maio 1996, p. 18.352).

78. No art. 61, § 1º, inciso II, *d,* o texto constitucional previu a edição pelo Congresso Nacional de Lei Orgânica dos Ministérios Públicos Estaduais, para disciplinar NORMAS GERAIS PARA A ORGANIZAÇÃO DO MINISTÉRIO PÚBLICO DOS ESTADOS, tendo, porém, permitido no art. 128, § 5º, de seu texto, que cada um dos Estados-membros, por meio de suas respectivas Assembleias Legislativas, editassem suas Leis Complementares estaduais, cuja iniciativa foi facultada com EXCLUSIVIDADE ao Procurador-Geral de Justiça, o estabelecimento de sua ORGANIZAÇÃO, AS ATRIBUIÇÕES E O ESTATUTO DE CADA MINISTÉRIO PÚBLICO, observando-se, obviamente, os princípios e preceitos constitucionais.

79. Em relação aos MINISTÉRIOS PÚBLICOS ESTADUAIS, portanto, a própria Constituição Federal estabeleceu as matérias próprias de cada um dos entes federativos (União e Estados membros), a partir do princípio geral que norteia a repartição de competência entre os entes componentes do Estado Federal, ou seja, do PRINCÍPIO DA PREDOMINÂNCIA DO INTERESSE.

80. Assim, pelo princípio da PREDOMINÂNCIA DO INTERESSE, à União caberão matérias e questões de predominância do interesse geral de padronização de TODOS OS MINISTÉRIOS PÚBLICOS (como, por exemplo, a previsão dos Órgãos da Administração Superior da Instituição), ao passo que as competências dos Estados-membros referem-se às matérias de predominante interesse regional de CADA UM DOS MINISTÉRIOS PÚBLICOS ESTADUAIS, em especial, quanto sua organização, atribuições específicas e Estatuto, e SERVIÇOS AUXILIARES, entre eles a disciplina sobre seus estagiários, prevendo, inclusive – conforme já salientado – que, no § 2º do art. 127, TEXTUALMENTE:

"Art. 127, § 2º ao Ministério Público é assegurada autonomia funcional e administrativa, podendo, observado o disposto no artigo 169, propor ao Poder Legislativo a criação e extinção de seu cargos e serviços auxiliares, provendo-os por concurso público de provas ou de provas e títulos, a política remuneratória e os planos de carreira; a lei disporá sobre sua organização e funcionamento".

81. A Constituição da República Federativa do Brasil, portanto, em relação aos Ministérios Públicos Estaduais, estabeleceu esse PAPEL AGLUTINADOR DA UNIÃO, como referido por HAMILTON, ao prever a edição de LEI FEDERAL (CF, art. 61, § 1º, II, *d* – Lei Federal nº 8.626/1993) para estabelecer NORMAS GERAIS aplicáveis a todos os Ministérios Públicos dos Estados membros, sem, porém, esquecer de ESTIMULAR e INCENTIVAR A DIVERSIDADE que deve existir em um Estado Federal, como nos foi lembrado por MICHEL J. MALBIN, para garantir o RESPEITO À AUTONOMIA E AUTOGOVERNO E AUTOADMINISTRAÇÃO dos Estados membros, como citado por TOCQUEVILLE, determinando no art. 128, § 5º, a competência das ASSEMBLEIAS LEGISLATIVAS para a edição de LEI COMPLEMENTAR, de INICIATIVA EXCLUSIVA dos respectivos PROCURADORES-GERAIS DE JUSTIÇA.

82. E, com absoluto respeito aos mandamentos constitucionais, os Poderes Legislativos Federal e Estadual/SP respeitaram o PACTO FEDERATIVO, tendo o CONGRESSO NACIONAL editado a Lei nº 8.625/1993 e a ASSEMBLEIA LEGISLATIVA PAULISTA, as Leis Complementares nº 734/1993 e nº 1.083/2008.

83. Não resta, portanto, qualquer dúvida de que a interpretação conjunta dos arts. 61, § 1º, inciso II, *d*, 127, § 2º, e 128, § 5º, todos do texto constitucional e com base no PRINCÍPIO DA PREDOMINÂNCIA DO INTERESSE, determinam ser de COMPETÊNCIA LEGISLATIVA ESTADUAL – com iniciativa exclusiva do projeto de lei ao Procurador-Geral de Justiça – a EDIÇÃO DE LEI COMPLEMENTAR PARA CRIAR, EXTINGUIR, PROVER MEDIANTE CONCURSO PÚBLICO, ESTABELECER A POLÍTICA REMUNERATÓRIA E OS PLANOS DE CARREIRA TAMBÉM DOS SERVIÇOS AUXILIARES, DENTRE ELES, OS SERVIÇOS DE ESTAGIÁRIOS DO MINISTÉRIO PÚBLICO, cuja seleção, investidura, atribuições, vedações e dispensa, por serem normas específicas, foram autorizadas pelo Congresso Nacional (Lei nº 8.625/1993 – art. 8, V, e art. 37, parágrafo único) a serem disciplinadas pelas respectivas Assembleias Legislativas, por meio de Lei Complementar (PRINCÍPIO DA RESERVA LEGAL ESPECÍFICA).

84. A interpretação dada pela decisão do COLENDO CONSELHO NACIONAL DO MINISTÉRIO PÚBLICO não só DESRESPEITOU FRONTALMENTE O PRINCÍPIO FEDERATIVO E A DISTRIBUIÇÃO CONSTITUCIONAL DE COMPETÊNCIAS LEGISLATIVAS EM RELAÇÃO AOS MINISTÉRIOS PÚBLICOS ESTADUAIS, mas também FERIU MORTALMENTE A CONSAGRADA AUTONOMIA ADMINISTRATIVA E DE AUTOGOVERNO DA INSTITUIÇÃO, ao AFASTAR POR INCONSTITUCIONALIDADE os arts. 8, V, e 37, parágrafo único, da Lei Federal nº 8.625/1993 e a Lei Complementar Estadual nº 1.083/2008, permitindo que Lei Ordinária Federal, alienígena ao arcabouço jurídico constitucional da INSTITUIÇÃO MINISTÉRIO PÚBLICO e não editada nos termos do art. 61, § 1º, II, *d*, ou art. 128, § 5º, mas sim com base no art. 24, IX, e § 2º, da Constituição Federal, passasse a disciplinar, de forma indireta, a organização interna dos serviços auxiliares do Ministério Público.

85. A Lei nº 11.788/2008, que, repita-se, não se baseia no arcabouço constitucional que concede substrato à edição das normas referentes ao Ministério Público, disciplina

o "estágio estudantil", como ato educativo escolar, direcionado não só às instituições de educação superior, mas também profissional, de ensino médio, de educação especial e dos anos finais do ensino fundamental, na modalidade profissional da educação de jovens e adultos, como expressamente prevê seu art. 1º.

86. Não há qualquer referência aos "órgãos auxiliares do Ministério Público", entre eles, como expressamente definido pelo art. 8º da Lei nº 8.625/1993, seus "estagiários":

> "Art. 8º São órgãos auxiliares do Ministério Público, além de outros criados pela Lei Orgânica:
>
> I – os Centros de Apoio Operacional;
>
> II – a Comissão de Concurso;
>
> III – o Centro de Estudos e Aperfeiçoamento Funcional;
>
> IV – os órgãos de apoio administrativo;
>
> V – os estagiários".

87. Não há a obrigatoriedade de concurso público, como se exige constitucionalmente (CF, art. 37, I e II) para o ingresso em qualquer cargo – salvo os de comissão e livre nomeação – no Ministério Público, entre eles, os cargos de seus Órgãos Auxiliares, inclusive os estagiários.

88. Há expressa previsão de necessidade de estabelecimento – como condição para o estágio educacional – de realização de convênio entre instituições de ensino públicas ou privadas e as entidades nas quais o estágio será realizado, bem como termo de compromisso a ser subscrito pelas instituições convenentes e pelo estagiário, nos termos do art. 9º, da citada Lei nº 11.788/2008; o que, caso se aplicasse ao MINISTÉRIO PÚBLICO, condicionaria sua AUTONOMIA ADMINISTRATIVA E DE AUTOGOVERNO à vontade subjetiva das Universidades e Faculdades de Direitos, que inclusive, poderiam – VOLUNTARIAMENTE, ou POR VEDAÇÃO LEGAL (débitos com o Poder Público, condenações por improbidade administrativa etc.) – deixar de realizá-los, impedindo que seus estudantes pudessem, pelo DEMOCRÁTICO ACESSO CONSTITUCIONAL A CARGOS PÚBLICOS – CONCURSO DE PROVAS OU PROVAS E TÍTULOS –, ocupar os Órgãos Auxiliares do Ministério Público.

89. Não bastasse isso, as obrigações previstas no art. 7º à INSTITUIÇÃO DE ENSINO claramente afrontariam – caso fossem aplicadas ao MINISTÉRIO PÚBLICO – as já analisadas AUTONOMIA ADMINISTRATIVA E DE AUTOGOVERNO.

90. Por fim, em sua EMENTA, a Lei Federal nº 11.788, de 25 de setembro de 2008, EXPRESSAMENTE INDICA AS LEIS QUE ESTARIAM SENDO REVOGADAS PELA SUA EDIÇÃO, sendo que, em nenhum momento, por óbvio, refere-se à revogação do art. 8º, V, ou do art. 37, parágrafo único, da Lei Federal nº 8.625/1993.

91. PATENTE, POIS, SUA INAPLICABILIDADE AOS MINISTÉRIOS PÚBLICOS.

92. PERIGOSO PRECEDENTE criado pelo CONSELHO NACIONAL DO MINISTÉRIO PÚBLICO, cuja missão precípua é ZELAR PELA AUTONOMIA FUNCIONAL E ADMINISTRATIVA DA INSTITUIÇÃO, pois inaugurou, dessa forma, a possibilidade de ingerência dos demais poderes de Estado na organização e funcionamento interno dos Ministérios Públicos, fora dos parâmetros constitucionais, e permitiu, em relação à Instituição, o

desrespeito ao Pacto Federalista, permitindo, igualmente, maior ingerência da União nas competências legislativas estaduais, ignorando a sempre saudável advertência de MADISON, ao salientar que todo o poder tende a ser invasor e, por isso, deve ser posto em condições de não exceder os limites que lhe são traçados, razão pela qual, depois da divisão de poderes, o mais importante é garanti-los contra suas recíprocas invasões (*O Federalista*, 1º fev. 1788).

93. A AUTONOMIA ADMINISTRATIVA, O PODER DE AUTOGOVERNO e a INICIATIVA EXCLUSIVA DE LEI COMPLEMENTAR dos MINISTÉRIOS PÚBLICOS ESTADUAIS são garantias institucionais fixadas pelo legislador constituinte para a Defesa da Sociedade e dos Direitos Constitucionais Fundamentais, não podendo ser suprimidas sob pena de diminuição da autonomia e independência da Instituição e, consequentemente, como salienta CANOTILHO, afetando

> "a protecção das garantias institucionais aproxima-se, todavia, da protecção dos direitos fundamentais quando se exige, em face das intervenções limitativas do legislador, a salvaguarda do 'mínimo essencial' (núcleo essencial) das instituições" (*Direito constitucional*. Coimbra: Coimbra Editora, 1994. p. 522).

94. Como um dos FISCAIS DO REGIME DEMOCRÁTICO, o Legislador Constituinte, ao escolher o *Ministério Público*, afirmando ser instituição permanente, essencial à função jurisdicional do Estado, incumbindo-lhe a defesa da ordem jurídica, do regime democrático e dos interesses sociais e individuais indisponíveis, consagrou sua AUTONOMIA ADMINISTRATIVA, seu AUTOGOVERNO e a POSSIBILIDADE DE ENVIAR AO PODER LEGISLATIVO PROJETO DE LEI PARA PODER EXERCER ADEQUADAMENTE SUAS FUNÇÕES.

95. A diminuição ou subtração da AUTONOMIA ADMINISTRATIVA do *Parquet* desrespeitaria a própria vontade da Sociedade, como sempre bem lembrado pelo DECANO DO SUPREMO TRIBUNAL FEDERAL, MINISTRO CELSO DE MELLO (*RTJ* 147/161), ao ensinar:

> "com a reconstrução da ordem constitucional, emergiu o Ministério Público sob o signo da legitimidade democrática. Ampliaram-se-lhe as atribuições; dilatou-se-lhe a competência; reformularam-se-lhe os meios necessários à consecução de sua destinação constitucional; atendeu-se, finalmente, a antiga reivindicação da própria sociedade civil. Posto que o Ministério Público não constitui órgão ancilar do Governo, instituiu o legislador constituinte um sistema de garantias destinado a proteger o membro da Instituição e a própria Instituição, cuja atuação autônoma configura a confiança de respeito aos direitos, individuais e coletivos, e a certeza de submissão dos Poderes à lei".

96. As garantias constitucionais da Instituição do Ministério Público – dentre elas sua AUTONOMIA ADMINISTRATIVA E DE AUTOGOVERNO –, portanto, são garantias da própria Sociedade, de que a Instituição, incumbida pela Constituição de ser a guardiã da legalidade formal e material das liberdades públicas, do regime democrático e da Separação de Poderes, contra os abusos do poder Estatal, não sofra pressões odiosas no exercício de seu mister, nem por Órgãos Externos, nem por Órgãos Internos.

## RESPOSTAS AOS QUESITOS

QUESITO 1 – Levando em conta a legislação de regência, é possível diferenciar o estágio estudantil, de que cuida a Lei Federal nº 11.788/2008, e o estágio do Ministério Público, de que cuidam a Lei Federal nº 8.623/1993 e as diversas leis complementares estaduais de organização do Ministério Público?

RESPOSTA: No Ministério Público, os "estagiários" são definidos expressamente pelo art. 8º, inciso V, da Lei Federal nº 8.625/1993, como "órgãos auxiliares do Ministério Público", com obrigatoriedade de concurso público, ou seja, fazem parte da estrutura administrativa da Instituição, não se confundindo, portanto, somente com o estágio estudantil, em virtude de disciplina normativa específica, que no caso do Estado de São Paulo é estabelecida pela Lei Complementar Estadual nº 1.083/2008. Na hipótese de que cuida a Lei Federal nº 11.788/2008, seu direcionamento é voltado às instituições de educação superior, mas também profissional, de ensino médio, de educação especial e dos anos finais do ensino fundamental, na modalidade profissional da educação de jovens e adultos, como expressamente prevê seu art. 1º.

QUESITO 2 – Considerando que a Constituição reservou a uma lei específica dispor sobre normas gerais para a organização do Ministério Público dos Estados (art. 61, § 1º, II, d) e ainda reservou à lei complementar de cada Estado a disciplina sobre a organização do Ministério Público local (art. 128, § 5º), poderia uma lei ordinária que não se refere, especificamente, à organização do Ministério Público, dispor sobre os órgãos desta instituição, bem como sobre os serviços de estágio do Ministério Público, desconsiderando a legislação de regência considerado o estagiário do MP?

RESPOSTA: O estudo detalhado da questão constitucional e legal não aponta qualquer dúvida sobre a interpretação conjunta dos arts. 61, § 1º, inciso II, d, 127, § 2º, e 128, § 5º, todos do texto constitucional, com base no Princípio da Predominância do Interesse, em matéria de distribuição constitucional de competências legislativas, ser de competência legislativa estadual – com iniciativa exclusiva do projeto de lei ao respectivo Procurador-Geral de Justiça – a edição de Lei Complementar para criar, extinguir, prover mediante concurso público, estabelecer a política remuneratória e os planos de carreira também dos serviços auxiliares, dentre eles, os serviços auxiliares de estagiários do Ministério Público, cuja seleção, investidura, atribuições, vedações e dispensa, por serem normas específicas, foram autorizadas pelo Congresso Nacional (Lei nº 8.625/1993 – art. 8, V, e art. 37, parágrafo único) a serem disciplinadas pelas respectivas Assembleias Legislativas, por meio de Lei Complementar (Princípio da Reserva Legal Específica); não havendo, portanto, possibilidade de aplicação da Lei genérica nº 11.788/2008.

QUESITO 3 – A Lei Federal nº 8.625/1993, que cuida do estágio do Ministério Público, deve ser considerada uma lei especial, e a Lei Federal nº 11.788/2008, que cuida do estágio estudantil, é lei geral? Se assim for, a lei que cria normas gerais revoga a lei especial?

RESPOSTA: A Lei Federal nº 8.625/1993 e a Lei Federal nº 11.788/2008 tratam de assuntos diversos, não se lhes aplicando, para fins de interpretação, o princípio da especialidade, pois enquanto a primeira disciplina a "Lei Orgânica dos Ministérios Públicos dos Estados", com fundamento nos arts. 61, § 1º, II, *d* e 127 da Constituição Federal, a segunda trata da "Lei Nacional do Estágio" com base na competência da União estabelecida no art. 22, XXIV, do texto constitucional. Portanto, cada uma das leis tem seu âmbito de incidência, sendo que, inclusive, em sua Ementa, a Lei Federal nº 11.788, de 25 de setembro de 2008, expressamente indica as leis que estariam sendo revogadas pela sua edição, e, em momento algum, por óbvio, refere-se à revogação do art. 8º, V, ou do art. 37, parágrafo único, da Lei Federal nº 8.625/1993, que se refere aos estagiários do Ministério Público como Órgãos Auxiliares da Instituição.

QUESITO 4 – Em sua atividade regulamentar, que é desprovida de normatividade abstrata, cabe ao Conselho Nacional do Ministério Público assemelhar o estágio no Ministério Público, de que cuidam a Lei Federal nº 8.625/1993 e as diversas leis complementares dos Estados, às regras do estágio apenas estudantil, de que cuida a Lei Federal nº 11.788/2008?

RESPOSTA: Não cabe ao Conselho Nacional do Ministério Público editar regulamentação expressamente contrária às Leis Federais nºs 8.625/1993 e 11.788/2008, cujos âmbitos de incidências são diversos, conforme analisado no QUESITO 3.

QUESITO 5 – Pode a lei ordinária, que não seja aquela especificamente prevista no art. 61, § 1º, II, *d*, da Constituição, dispor sobre a organização, as atribuições e o estatuto de cada Ministério Público, seja dos Estados, seja da União (CF, art. 128, § 5º), inclusive no tocante aos seus estagiários?

RESPOSTA: Conforme analisado detalhadamente e respondido no QUESITO 2, não é possível edição de Lei sobre a organização, as atribuições e o estatuto de cada Ministério Público, seja dos Estados, seja da União, que não tenham como substrato constitucional os arts. 61, § 1º, 127 e 128, § 5º.

QUESITO 6 – Pode o CNMP impor, por meio de atos normativos regulamentares, o descumprimento de dispositivos de leis complementares de organização do Ministério Público, negando-lhes vigência e eficácia, sem que tenha havido prévia declaração de inconstitucionalidade?

RESPOSTA: Essa hipótese não é possível, pois não faz parte das atribuições constitucionais previstas ao Conselho Nacional do Ministério Público pelo art. 130-A. A decisão do Colendo Conselho Nacional do Ministério Público, ao afastar integralmente a aplicação dos arts. 8º, V, e 37, parágrafo único, da Lei Federal nº 8.625/1993 e da Lei Complementar Estadual nº 1.083/2008, determinando a aplicação da Lei Federal nº 11.788/2008, em total dissonância com os arts. 61, § 1º, II, *d*, 127 e 128, § 5º, da Constituição Federal, acabou por declarar concentradamente inconstitucionais referidos dispositivos legais federais e estaduais, sem possuir atribuição para tanto, em flagrante usurpação de competência constitucional do Supremo Tribunal Federal. A edição de Lei Complementar Estadual de organização do Ministério Público que, eventualmente, atente contra os princípios e preceitos da Constituição Federal, permitirá ao Procurador-Geral da República – Presidente do Conselho Nacional do Ministério Público e um dos colegitimados para o ingresso de ações diretas de inconstitucionalidade (CF, art. 103, inciso IV) – impugná-la perante o Supremo Tribunal Federal, pleiteando sua nulidade; mas jamais autorizará o Conselho Nacional do Ministério Público, mesmo que reflexamente, declarar a inconstitucionalidade de legislação federal ou estadual.

QUESITO 7 – A Resolução CNMP nº 42/2009, com as alterações posteriores, pode obstar o cumprimento de leis complementares de organização do Ministério Público, federais ou estaduais, naquilo em que estas disponham diversamente a respeito do estágio do MP?

RESPOSTA: A Resolução CNMP nº 42/2009 e alterações posteriores não podem obstar a integral observância da legislação em vigor, conforme analisado no QUESITO 6.

QUESITO 8 – A imposição ao Ministério Público da União ou dos Estados de formalização de convênios com instituições públicas e privadas de ensino, como pré-requisito para a admissão do estagiário, configura violação à isonomia e à acessibilidade de todos, mediante concurso, ao exercício de atividades no âmbito da instituição ministerial, bem como as obrigações impostas pela Lei nº 11.788/2008 à Instituição de Ensino, em especial de avaliação e de fiscalização da parte concedente (art. 7º), ferem a autonomia administrativa e de autogoverno constitucionalmente previstas ao Ministério Público?

RESPOSTA: A previsão de necessidade de estabelecimento – como condição para o estágio educacional – de realização de convênio entre instituições de ensino públicas ou privadas e as entidades nas quais o estágio será realizado, como termo de compromisso a ser subscrito pelas instituições convenentes e pelo estagiário, nos termos do art. 9º, da citada Lei nº 11.788/2008; bem como as obrigações previstas no art. 7º, se aplicadas ao Ministério Público, violarão sua autonomia administrativa e seu autogoverno, pois condicionará a Instituição à vontade subjetiva das Universidades e Faculdades de Direito – com ferimento ao Princípio da Impessoalidade –, que inclusive, poderiam – voluntariamente ou por vedação legal (débitos com o Poder Público, condenações por improbidade administrativa etc.) – deixar de realizá-los, impedindo que seus estudantes possam, pelo democrático acesso constitucional a cargos públicos, por meio de concurso de prova e provas e títulos, ocupar os Órgãos Auxiliares do Ministério Público, ferindo, obviamente, o princípio da igualdade de acesso a cargos e funções públicas.

# Autonomia dos Tribunais para definição de critérios de desempate para fins de promoção na carreira dos magistrados

# 2

O presente estudo foi apresentado na forma de *Parecer Jurídico*, nos autos do Mandado de Segurança nº 30204, Relator MINISTRO DIAS TOFFOLI, impetrado no EGRÉGIO SUPREMO TRIBUNAL FEDERAL, em face de decisão do COLENDO CONSELHO NACIONAL DE JUSTIÇA proferida no Procedimento de Controle Administrativo nº 1775.31.2010.2.00.0000, nos termos do art. 102, inciso I, letra *r*, da Constituição da República Federativa do Brasil.

Em apertada síntese, em virtude do bem elaborado relatório realizado nos autos da petição inicial do próprio Mandado de Segurança, o CONSELHO NACIONAL DE JUSTIÇA decidiu, em Acórdão de relatoria da CONSELHEIRA MORGANA RICHA, afastar a decisão do Órgão Especial do TRIBUNAL DE JUSTIÇA DE SÃO PAULO, quanto à aplicação da Lei de Organização Judiciária Estadual e do Regimento Interno do TJ/SP para fins de definição dos critérios de desempate nas promoções por antiguidade dos Juízes de 1º grau de "entrância" para "entrância"; determinando a aplicação literal do art. 80, § 1º, da Lei Orgânica da Magistratura Nacional.

Em face daquela decisão, que alterou os critérios definidos pelo Tribunal de Justiça de São Paulo, 53 (cinquenta e três) Magistrados paulistas, dos mais de 500 (quinhentos) que foram atingidos e prejudicados pelo novo critério para elaboração da lista de antiguidade, ajuizaram Mandado de Segurança pleiteando ao SUPREMO TRIBUNAL FEDERAL:

> "(a) a concessão da liminar para o fim de sustar os efeitos da decisão do Conselho Nacional de Justiça, exarada no Procedimento de Controle Administrativo nº 1775.31.2010.2.00.0000, a fim de que não ocorra lesão irreparável aos impetrantes; (b) a notificação do impetrado para prestar informações; (c) a intimação do E. Tribunal de Justiça do Estado de São Paulo, para cientificá-lo da presente impetração; (d) a concessão da ordem, confirmando-se a liminar de modo a ser restaurado o Acórdão do E. Tribunal de Justiça do Estado de São Paulo, que definiu com justiça e razoabilidade, os critérios de desempate para fins de promoção na carreira dos magistrados paulistas."

Foram apresentados os seguintes quesitos a serem analisados:

QUESITO 1 – Nos termos dos arts. 93, 99, e 103-B, § 4º, incisos I e II, e 125, § 2º, da Constituição da República Federativa do Brasil, é possível ao CONSELHO

NACIONAL DE JUSTIÇA se substituir aos Órgãos de direção dos TRIBUNAIS DE JUSTIÇA, revendo o MÉRITO de suas decisões administrativas, mesmo que as mesmas não apresentem vícios de ILEGALIDADE, IMORALIDADE, DESVIO DE FINALIDADE ou ABUSO DE PODER?

QUESITO 2 – A Constituição da República de 1988 estabeleceu, dentre as diversas normas sobre promoção na carreira da Magistratura, em seu art. 93, critérios de desempate para as promoções por antiguidade dos Juízes de 1º grau, de "entrância" para "entrância"? Em caso de resposta negativa, no âmbito da distribuição de competências constitucionais legislativas, já houve definição se compete à União ou aos Estados o estabelecimento de normas específicas de fixação dos critérios de desempate nessas hipóteses?

QUESITO 3 – Há precedentes do Supremo Tribunal Federal afastando a incidência da Lei de Organização Judiciária Paulista para fins de definição de critérios de promoção por antiguidade?

QUESITO 4 – Especificamente, em relação ao Estado de São Paulo, o SUPREMO TRIBUNAL FEDERAL já se manifestou sobre a constitucionalidade, validade e eficácia da Lei de Organização Judiciária Paulista?

QUESITO 5 – O CONSELHO NACIONAL DE JUSTIÇA possui competência constitucional para declarar a inconstitucionalidade de legislação estadual, em especial, de artigo específico da Lei de Organização Judiciária Paulista?

QUESITO 6 – Há ilegalidade, imoralidade, abuso de poder ou desvio de finalidade na decisão do Órgão especial TRIBUNAL DE JUSTIÇA DE SÃO PAULO, que, com substrato constitucional nos arts. 93, 99 e 125, § 2º, da Carta Magna, manteve a aplicação do art. 142, inciso IV, da Lei de Organização Judiciária Paulista e do art. 73, inciso III, do Regimento Interno do Tribunal de Justiça, para fins de definição do *critério de desempate nas promoções de antiguidade dos Juízes de 1º grau, de "entrância" para "entrância"*?

(I) DA COMPATIBILIZAÇÃO DO PRINCÍPIO DA AUTONOMIA DOS TRIBUNAIS COM AS COMPETÊNCIAS CONSTITUCIONAIS DO CONSELHO NACIONAL DE JUSTIÇA NO ÂMBITO DA REVISÃO ADMINISTRATIVA

1. A atuação constitucional do Conselho Nacional de Justiça direciona-se para duas importantes missões: o *controle da atuação administrativa e financeira do Poder Judiciário* e o *controle do cumprimento dos deveres funcionais dos juízes*.

2. Em ambos os casos, a EC nº 45/2004 buscou estabelecer a possibilidade de *efetivo controle administrativo centralizado de legalidade* sobre a atuação dos diversos juízos e tribunais, **sem prejuízo** dos controles administrativos de cada tribunal e do controle jurisdicional, bem como **sem prejuízo da autonomia financeira e administrativa que a Constituição da República consagrou aos Tribunais desde seu texto original e manteve com as alterações introduzidas pelo EC nº 45/2004, denominada "Reforma do Judiciário"**.

3. Essa finalidade fica patente, principalmente quando o novo texto constitucional determina ao Conselho zelar pela observância do art. 37 da Constituição Federal e apreciar, de ofício ou mediante provocação, a *legalidade dos atos administrativos praticados*

*por membros ou órgãos do Poder Judiciário,* podendo desconstituí-los, revê-los ou fixar prazo para que se adotem as providências necessárias ao exato cumprimento da lei, sem prejuízo do Tribunal de Contas da União (CF, art. 103-B, § 4º, II), e, também, determina ao Conselho que receba e conheça das reclamações contra membros ou órgãos do Poder Judiciário, inclusive contra seus serviços auxiliares, serventias e órgãos prestadores de serviços notariais e de registro que atuem por delegação do poder público ou oficializado, sem prejuízo da competência disciplinar e correicional dos tribunais, podendo avocar processos disciplinares em curso e determinar a remoção, a disponibilidade ou a aposentadoria com subsídios ou proventos proporcionais ao tempo de serviço e aplicar outras sanções administrativas, assegurada ampla defesa (CF, art. 103-B, § 4º, III).

4. Na hipótese do mandado de segurança impetrado perante o SUPREMO TRIBUNAL FEDERAL, o interesse recai sobre o exercício da *função de controle da atuação administrativa do Poder Judiciário*, inclusive com a possibilidade de desconstituição ou revisão dos atos administrativos praticados pelos membros ou órgãos judiciários, uma vez que, por decisão Plenária, o CONSELHO NACIONAL DE JUSTIÇA, em Acórdão de relatoria da Nobre CONSELHEIRA MORGANA RICHA, reformou decisão do TRIBUNAL DE JUSTIÇA DE SÃO PAULO, afastando a incidência da Lei de Organização Judiciária Paulista para afirmar, como se verifica na EMENTA, que

> *"após a entrada em vigor da Lei Orgânica da Magistratura Nacional, a questão teve seu contorno delineado com a prevalência da regra que elenca a antiguidade na carreira como critério de desempate dos magistrados que possuam o mesmo tempo de entrância, conforme os termos expressos previstos no art. 80, § 1º, inciso I".*

5. Ocorre, porém, que a decisão do CONSELHO NACIONAL DE JUSTIÇA reformou decisão anterior do Órgão Especial do TRIBUNAL DE JUSTIÇA DE SÃO PAULO, que, dando *interpretação administrativa* diversa aos mesmos preceitos constitucionais (CF, arts. 93, 99 e 125) e a aplicação dos mesmos atos normativos (Lei Orgânica da Magistratura Nacional, Lei de Organização Judiciária de São Paulo e Regimento Interno do Tribunal de Justiça), havia chegado a conclusão diversa, em Sessão Administrativa realizada em 10 de fevereiro de 2010, de Relatoria do DESEMBARGADOR IVAN SARTORI:

> "Regimental – Lista de antiguidade – Pleito de juízes de direito visando a alterar sua posição na referida lista – Referência a acórdão decorrente de representação de desembargadores, determinando sejam observados, sucessivamente, **a antiguidade na entrância anterior**, o tempo de carreira e a idade como critério de desempate – Caráter normativo que lhe foi atribuído pelo Órgão Especial – Retroação do critério apenas até a EC nº 45/04 – Necessidade de extensão do julgado a todos os magistrados, inclusive os de 1º grau – Princípios da isonomia e da economia – Inteligência dos arts. 93, inciso II, da Carta da República e 80, § 1º, I, da Lei Orgânica, que se reportam à entrância – Correção das listas que se impõe – Pedidos deferidos com observação ressaltada a natureza normativa e cogente da decisão colegiada administrativa."

6. Temos, por conseguinte, **duas decisões administrativas diversas, com seus reflexos em diversos atos administrativos relacionados aos critérios de desempate**

para fins de promoção por antiguidade de "entrância" para "entrância" dos Juízes de 1º grau da Justiça Estadual.

7. Observe-se, como tenho salientado desde a criação do CONSELHO NACIONAL DE JUSTIÇA (cf. a respeito, nosso *Direito constitucional*. 26. ed. São Paulo: 2010. p. 533 ss.), que esse importante órgão somente poderá analisar a **LEGALIDADE** do ato administrativo praticado pelo Tribunal de origem, e não o **MÉRITO**, que deve ser entendido **como juízo de conveniência e oportunidade do administrador,** no caso, **os membros ou órgãos judiciários,** que poderão, entre **as hipóteses legais e moralmente admissíveis, escolher aquela que entenderem como a melhor para o interesse público,** em virtude da consagrada **autonomia administrativa e financeira dos Tribunais.**

8. Em relação a esses atos administrativos torna-se importante a definição dos contornos e amplitude da aplicabilidade do art. 103-A, § 4º, II, da Constituição Federal, uma vez que é a própria lei que, explícita ou implicitamente, concede maior liberdade aos membros ou órgãos dos tribunais, permitindo-lhes a escolha da conveniência e oportunidade para a edição do ato, **sob pena de termos – NA PRÁTICA – a revogação da AUTONOMIA ADMINISTRATRIVA DOS TRIBUNAIS, consagrada constitucionalmente.**

9. As **autonomias funcional, administrativa e financeira do Poder Judiciário** consagradas no art. 99 da Constituição da República Federativa do Brasil, somente a partir de 5 de outubro de 1988, dizem respeito à Instituição como um todo, garantindo sua independência de atuação em relação aos demais Poderes da República.

10. Os TRIBUNAIS têm autogoverno e devem elaborar e executar suas propostas administrativas e orçamentárias dentro dos limites estipulados pelo texto constitucional e pela legislação em vigor, sempre atentos à preservação de sua autonomia (cf. FAYT, Carlos S. *Supremacia constitucional e independência de los jueces*. Buenos Aires: Depalma, 1994. p. 3-4).

11. Essas autonomia e independência amplas encontram resguardo em todos os Estados democráticos de Direito, pois os TRIBUNAIS têm, sob o ponto de vista estrutural-constitucional, uma posição jurídica idêntica à dos outros órgãos constitucionais de soberania, pois, da mesma forma, desempenham funções cuja vinculatividade está jurídico-constitucionalmente assegurada.

12. Em face disso, o texto constitucional permite aos TRIBUNAIS, **como alicerce da independência do PODER JUDICIÁRIO,** sua plena autonomia administrativa e financeira (CF, art. 99), a eleição de seus órgãos diretivos (CF, art. 96, I, *a*), pois se trata de **função governativa,** na medida em que tais dirigentes comandam um dos segmentos do Poder Público. Dessa forma, a eleição dos órgãos de direção dos TRIBUNAIS e o exercício de suas competências constitucionais **devem ser realizados sem ingerências externas** dos Poderes Executivo ou Legislativo, pois, como lembra JOSÉ MANUEL BANDRÉS, citando ALEXIS DE TOCQUEVILLE, **a força dos tribunais tem sido, em todos os tempos, a maior garantia que se pode oferecer às liberdades individuais** (*Poder judicial y Constitución*. Barcelona: Casa Editorial, 1987. p. 75-76).

13. Igualmente, em face de sua **AUTONOMIA ADMINISTRATIVA CONSTITUCIONAL,** os próprios TRIBUNAIS organizam suas secretarias e serviços auxiliares e o dos juízes que lhes forem vinculados, velando pelo exercício da atividade correicional respectiva; dão provimentos, na forma prevista na Constituição, aos cargos de juiz de carreira da respectiva jurisdição; propõe a criação de novas varas judiciárias, dão provimento por

concurso público de provas, ou de provas e títulos aos cargos necessários à administração da Justiça; concedem férias e outros afastamentos a seus membros e aos juízes e servidores que lhes forem imediatamente vinculados; além de promovê-los e removê-los na forma do texto constitucional.

14. Em **defesa da AUTONOMIA ADMINISTRATIVA, uma das mais importantes GARANTIAS DO PODER JUDICIÁRIO,** a própria Constituição Federal prevê, em seu art. 103-B, § 4º, inciso I, **ser também competência** do CONSELHO NACIONAL DE JUSTIÇA "zelar pela autonomia do Poder Judiciário".

15. Obviamente, a **AUTONOMIA ADMINISTRATIVA CONSTITUCIONAL DOS TRIBUNAIS** não se confunde com **ARBITRARIEDADE ADMINISTRATIVA,** ou mesmo com **IMUNIDADE DE CONTROLES CONSTITUCIONAIS JUDICIAIS OU ADMINISTRATIVOS**, neste último caso, somente por parte do próprio CONSELHO NACIONAL DE JUSTIÇA de suas decisões no campo administrativo.

16. Nesses termos, o mesmo § 4º do art. 103-B, do texto constitucional, prevê, em seu inciso II, a competência constitucional do CONSELHO NACIONAL DE JUSTIÇA em zelar pela observância do art. 37 e apreciar, de ofício ou mediante provocação, **a legalidade dos atos praticados por membros ou órgãos do Poder Judiciário.**

17. Temos, portanto, **importantes normas constitucionais** aplicáveis ao objeto do mandado de segurança em discussão, **em aparente conflito: AUTONOMIA DOS TRIBUNAIS** (inclusive, sendo de competência do próprio CONSELHO NACIONAL DE JUSTIÇA zelar pela sua efetividade) e **CONTROLE EXERCIDO PELO CONSELHO NACIONAL DE JUSTIÇA DA LEGALIDADE DOS ATOS PRATICADOS PELOS TRIBUNAIS.**

18. Havendo, em tese, *CONTRADIÇÃO DE PRINCÍPIOS*, por **aparente conflito entre normas constitucionais estruturais do Poder Judiciário**, não se mostraria desproporcional a utilização do *PRINCÍPIO DA CONCORDÂNCIA PRÁTICA*, também conhecido como *PRINCÍPIO DA HARMONIZAÇÃO,* de forma a coordenar e combinar os bens jurídicos em conflito **(Competências constitucionais do CONSELHO NACIONAL DE JUSTIÇA e Autonomia administrativa dos TRIBUNAIS)**, evitando o **SACRIFÍCIO TOTAL** de uma norma em relação à outra, sendo possível uma **redução proporcional do âmbito de alcance de cada qual**, sempre em busca do verdadeiro significado da norma e da harmonia do texto constitucional com sua finalidade precípua.

19. Na hipótese em questão, essa harmonização é plena e razoavelmente possível, com a garantia da preservação da **autonomia dos TRIBUNAIS** e a **possibilidade de ampla revisão de seus atos pelo CONSELHO NACIONAL DE JUSTIÇA, quando presentes os necessários requisitos constitucionais**, competindo ao SUPREMO TRIBUNAL FEDERAL estabelecer, como vem reiteradas vezes realizando, os limites de atuação do CNJ, em suas diversas áreas (conferir, somente a título ilustrativo no STF: MS 25962/DF, Rel. Min. MARCO AURÉLIO, decisão: 28-5-2006; ADI 3821/DF, Rel. Min. EROS GRAU, decisão: 15-12-2006; MS 25836/DF, Rel. Min. EROS GRAU, decisão: 15-2-2006; MS 25813/PB, Rel. Min. GILMAR MENDES, decisão: 13-2-2006; MS 25829/DF, Rel. Min. CELSO DE MELLO, decisão: 9-2-2006; MS 25704/DF, Rel. Min. SEPÚLVEDA PERTENCE, decisão: 10-2-2006).

20. Em regra, será defeso ao CONSELHO NACIONAL DE JUSTIÇA apreciar o mérito do ato administrativo dos demais órgãos do Poder Judiciário, cabendo-lhe unicamente examiná-lo sob o aspecto de sua legalidade e moralidade, isto é, **se foi praticado conforme ou contrariamente ao ordenamento jurídico**, sob pena de se transformar em

**Órgão Ordinário de Revisão de todos os Atos Administrativos dos Tribunais**, com a consequente **eliminação de suas autonomias consagradas constitucionalmente.**

21. Esta solução tem como fundamento básico os arts. 96, I, *a*, e 99, que preveem *como alicerces da independência do Poder Judiciário,* como se analisou acima, **a autonomia administrativa e financeira dos Tribunais e a eleição pelos membros dos próprios tribunais, de seus órgãos diretivos, sem qualquer ingerência, de maneira que a verificação das razões de conveniência ou de oportunidade de seus atos administrativos (MÉRITO) escapa ao controle administrativo de um órgão externo ao próprio tribunal, ainda que componente da estrutura do Poder Judiciário (CONSELHO NACIONAL DE JUSTIÇA), ou mesmo ao controle jurisdicional de outros órgãos, inclusive do SUPREMO TRIBUNAL FEDERAL.**

22. Obviamente, não existe nenhum ato administrativo absolutamente discricionário, pois tal fato converter-se-ia em arbitrariedade, não tolerada em um verdadeiro ESTADO CONSTITUCIONAL, como bem salientado por KARL LARENZ (*Derecho justo:* fundamentos de ética jurídica. Tradução de Luis Diez-Picazo. Madri: Civitas, 1985. p. 154).

23. Assim, mesmo o ato administrativo discricionário está vinculado ao império constitucional e legal, pois, como muito bem ressaltado por JACQUES CHEVALLIER, "o objetivo do Estado de Direito é limitar o poder do Estado pelo Direito" (*L'etat de droit.* Paris: Montchrestien, 1992. p. 12).

24. O Estado de Direito exige a vinculação das autoridades ao Direito, e, portanto, o administrador – mesmo que sejam membros ou órgãos de tribunais –, ao editar um ato discricionário, deve respeito aos seus elementos de *competência, forma* e *finalidade,* bem como a veracidade dos pressupostos fáticos para a sua edição (*motivo*).

25. Nesse sentido, GEORGES VEDEL aponta a existência de um controle mínimo do ato discricionário, que deverá ser sob o ângulo dos elementos do ato administrativo (*Droit administratif.* Paris: Presses Universitaries de France, 1973. p. 318), pois, embora possa haver competência do agente, é preciso, ainda, como lembrado por SEABRA FAGUNDES, que os motivos correspondam aos fundamentos fáticos e jurídicos do ato, e o fim perseguido seja legal, concluindo que o Poder Judiciário – e na presente hipótese, podemos estender a conclusão ao Conselho Nacional de Justiça – deve exercer somente o juízo de verificação de exatidão do exercício de oportunidade perante a legalidade (*O controle dos atos administrativos pelo Poder Judiciário.* São Paulo: Saraiva, 1984. p. 131).

26. **A revisão da atuação administrativa dos membros ou órgãos dos tribunais**, exercida pelo CONSELHO NACIONAL DE JUSTIÇA, **deverá, igualmente, verificar a realidade dos fatos e também a coerência lógica da decisão discricionária com os fatos.**

27. Se ausente a coerência, a decisão estará viciada por infringência ao ordenamento jurídico e, mais especificamente, ao princípio da PROIBIÇÃO DA ARBITRARIEDADE DOS PODERES PÚBLICOS, que **impede o extravasamento dos limites razoáveis da discricionariedade**, evitando que esta se converta em causa de decisões desprovidas de justificação fática e, consequentemente, arbitrárias, pois o exame da legalidade e moralidade, além do aspecto formal, compreende também a análise dos fatos levados em conta pela autoridade que editou o ato administrativo.

28. Portanto, nos atos administrativos onde se tem parcela de discricionariedade em sua expedição, a opção conveniente e oportuna deverá ser feita **legal** e **moralmente** pelos

membros ou órgãos dos tribunais, **em respeito à sua ampla autonomia consagrada constitucionalmente,** sendo na legalidade e na moralidade que a oportunidade deve ser apreciada pelo CONSELHO NACIONAL DE JUSTIÇA.

29. **Consequentemente, não poderá o CONSELHO NACIONAL DE JUSTIÇA invadir a legítima escolha feita pelos órgãos administrativos dos tribunais, optando entre as opções legalmente reservadas para a edição do ato discricionário, de maneira a, simplesmente, alterar a opção licitamente realizada pelo TRIBUNAL detentor de AUTONOMIA ADMINISTRATIVA CONSTITUCIONAL.**

30. Não se diga que essas limitações tornam o controle a ser exercido pelo CONSELHO NACIONAL DE JUSTIÇA ineficaz, pois, com a finalidade de afastar arbitrariedades praticadas, no exercício de seu poder discricionário, a evolução da doutrina constitucional administrativista mostra a redução interpretativa do sentido da palavra *mérito*, adequando-a ao moderno sentido de um Estado de Direito (cf. a respeito: FERNANDEZ, Tomás-Ramón. *Arbitrariedad y discrecionalidad*. Madri: Civitas, 1991. p. 115; CHAPUS, René. *Droit administratif général*. 6. ed. Paris: Montchrestien, 1992. t. 1, p. 775; e, entre nós, FRANÇA, Vladimir da Rocha. Considerações sobre o controle da moralidade dos atos administrativos. *RT* 774/108).

31. Como salientam CANOTILHO e VITAL MOREIRA, "como toda a actividade pública, a Administração está subordinada à Constituição. O princípio da constitucionalidade da administração não é outra coisa senão a aplicação, no âmbito administrativo, do princípio geral da constitucionalidade dos actos do Estado: todos os poderes e órgãos do Estado (em sentido amplo) estão submetidos às normas e aos princípios hierarquicamente superiores da Constituição" (*Constituição da República Portuguesa anotada*. 3. ed. Coimbra: Coimbra Editora, 1993. p. 922).

32. Dessa forma, ampliou-se a possibilidade de revisão judicial dos atos administrativos discricionários, por meio de duas teorias: *teoria relativa ao desvio de poder ou de finalidade* e *teoria dos motivos determinantes*.

33. Ambas as hipóteses são integralmente aplicáveis à possibilidade de revisão, pelo CONSELHO NACIONAL DE JUSTIÇA, dos atos administrativos discricionários editados por membros ou órgãos dos tribunais.

34. **Pela primeira**, o CONSELHO NACIONAL DE JUSTIÇA poderá exercer amplo controle sobre os atos administrativos, **quando o órgão administrativo do TRIBUNAL utilizar-se de seu poder discricionário para atingir fim diverso daquele que a lei fixou, ou seja, ao utilizar-se indevidamente dos critérios da conveniência e oportunidade, o agente desvia-se da finalidade de persecução do interesse público.**

35. Na **segunda hipótese** – *teoria dos motivos determinantes* (GASTON JÉZE) –, os motivos expostos como justificativa para a edição do ato associam-se à validade do ato, vinculando o próprio agente, de forma que a inexistência ou falsidade dos pressupostos *fáticos* ou *legais* ensejadores do ato administrativo acabam por afetar sua própria validade, mesmo que o agente não estivesse obrigado a motivá-lo.

36. A *teoria dos motivos determinantes* aplica-se a todos os atos administrativos, pois, mesmo naqueles em que a lei não exija a obrigatoriedade de motivação, se o agente optar por motivá-lo, não poderá alegar pressupostos de fato e de direito inexistentes ou falsos, portanto, **toda vez que o órgão administrativo, inclusive os TRIBUNAIS no exercício**

de suas competências administrativas, motiva o ato administrativo, esse somente será válido se os motivos expostos forem verdadeiros.

37. O ato administrativo viciado em seu motivo poderá ser revisto e anulado pelo CONSELHO NACIONAL DE JUSTIÇA, por desvio de finalidade, havendo, porém, necessidade de prova desse desvio, não bastando mera suposição.

38. Aplicando-se o *"Princípio da Harmonização"* ao presente caso, a previsão de AUTONOMIA ADMINISTRATIVA DOS TRIBUNAIS (CF, art. 99) consagra suas possibilidades de análise da conveniência e oportunidade (mérito) dos atos administrativos; enquanto qualquer desvio ou abuso dessa competência constitucional legitima o CONSELHO NACIONAL DE JUSTIÇA a exercer sua função revisora.

39. Na presente hipótese, para solucionar essa aparente *CONTRADIÇÃO DE PRINCÍPIOS*, **sem a supressão absoluta da autonomia administrativa dos TRIBUNAIS**, há necessidade de se verificar se houve, na edição do ato administrativo do TRIBUNAL DE JUSTIÇA DE SÃO PAULO, *que estabeleceu os requisitos para definição do desempate no critério de promoção por antiguidade dos Juízes de 1º grau, de "entrância" para "entrância"*, desrespeito a uma dessas duas possibilidades de revisão do ato administrativo pelo CONSELHO NACIONAL DE JUSTIÇA.

40. No objeto tratado no Mandado de Segurança impetrado contra a citada decisão do CONSELHO NACIONAL DE JUSTIÇA, **nenhuma das duas hipóteses ocorreu**, pois o ÓRGÃO ESPECIAL DE SÃO PAULO agiu na mais estrita **legalidade e moralidade**, interpretando as normas constitucionais e legais dentro do âmbito de suas possibilidades, **inclusive em virtude da existência de legislação estadual em vigor** (Lei de Organização Judiciária) e do próprio **Regimento Interno do Tribunal de Justiça** (art. 73, inciso III), acabando por editar o ato administrativo sem qualquer desvio ou abuso de finalidade, nos moldes da já citada decisão de relatoria do DESEMBARGADOR IVAN SARTORI.

41. A própria **RAZOABILIDADE DA INTEPRETAÇÃO** do TRIBUNAL DE JUSTIÇA DE SÃO PAULO, em virtude dos critérios apontados pela Lei de Organização Judiciária e pelo Regimento Interno do Tribunal de Justiça, **é referendada pelo texto constitucional**, pois, apesar de não estabelecer previamente requisitos para apuração da antiguidade em 1º grau – delegando à legislação infraconstitucional –, ao estabelecer requisitos para fixação da antiguidade na promoção para 2º grau, prevê expressamente o mesmo critério adotado pelo TRIBUNAL DE JUSTIÇA DE SÃO PAULO, determinando que: **"o acesso aos tribunais de segundo grau far-se-á por antiguidade e merecimento, alternadamente, apurados na última ou única entrância"** (art. 93, inciso III).

42. Não se pode, portanto, apontar o critério definido pelo TRIBUNAL DE JUSTIÇA, no exercício de sua AUTONOMIA CONSTITUCIONAL e com base na LEGISLAÇÃO DE ORGANIZAÇÃO JUDICIÁRIA e em seu REGIMENTO INTERNO, para a fixação das regras de aferição de antiguidade em 1º grau como ILEGAL, IMORAL ou ARBITRÁRIO, o que, aí sim, possibilitaria ampla revisão pelo CONSELHO NACIONAL DE JUSTIÇA.

43. Essa afirmação também é corroborada pelo próprio CONSELHO NACIONAL DE JUSTIÇA, pois, caso contrário, ou seja, se **não fosse questão somente de opções interpretativas diversas (discricionariedade administrativa), mas sim se existissem ILEGALIDADES ou IMORALIDADES na interpretação da regra de desempate pela antiguidade na entrância anterior**, deveria o Egrégio CONSELHO NACIONAL DE JUSTIÇA, de ofício, como lhe permite o texto constitucional, tornar sem efeitos idênticas normas que **são**

aplicadas em diversos outros TRIBUNAIS DE JUSTIÇA do País, como por exemplo nos Estados do Paraná, Rio de Janeiro, Maranhão, Pernambuco e no próprio Distrito Federal, pois, **ou a interpretação administrativa dada pelo Acórdão do TRIBUNAL DE JUSTIÇA DE SÃO PAULO foi ILEGAL e/ou IMORAL, e, portanto, interpretações idênticas devem ter idêntico tratamento pelo CONSELHO NACIONAL DE JUSTIÇA; ou a interpretação é POSSÍVEL e RAZOÁVEL, dentro de seus limites interpretativos discricionários, devendo prevalecer dentro da** *"contradição de princípios constitucionais"*, **como forma de** *"harmonização"* **dos diversos preceitos constitucionais, preservando a AUTONOMIA DOS TRIBUNAIS, prevista expressamente pela Carta Magna.**

44. A análise dos autos demonstra que não houve ILEGALIDADE ou IMORALIDADE, mas sim interpretação POSSÍVEL, RAZOÁVEL e que atendeu aos PRINCÍPIOS DA IGUALDADE e do INTERESSE PÚBLICO.

45. A Constituição da República de 1988 estabelece diversas normas sobre promoção na carreira da Magistratura, em seu art. 93, como já salientado diversas vezes, tanto pelos envolvidos, quanto pelo TRIBUNAL DE JUSTIÇA, e pelo CONSELHO NACIONAL DE JUSTIÇA, dentre elas, a necessidade de observância dos critérios de **antiguidade e merecimento**, porém, **em nenhuma delas o texto constitucional prevê de forma imperativa os critérios definidores do conceito** *"antiguidade na carreira"*.

46. Ao estabelecer, em seu inciso II, do art. 93, que *"as promoções se dão entrância a entrância"*, a Constituição Federal **indicou às JUSTIÇAS ESTADUAIS um importante preceito de ORGANIZAÇÃO JUDICIÁRIA da 1ª instância, qual seja, a existência de entrâncias e de promoções sucessivas por "degraus".**

47. A *"ordem de antiguidade"* na carreira da MAGISTRATURA ESTADUAL poderá, portanto, ser estabelecida pela regras de ORGANIZAÇÃO JUDICIÁRIA, nos termos do art. 125, § 1º, que estabelece *"a competência dos tribunais será definida na Constituição do Estado, sendo a lei de organização judiciária de iniciativa do Tribunal de Justiça"* e por seu próprio Regimento Interno.

48. No Estado de São Paulo, a questão foi regulamentada pela **LEI DE ORGANIZAÇÃO JUDICIÁRIA** (Decreto-lei Complementar nº 3, de 27-8-1969), que, ao regulamentar a promoção de entrância para entrância, estabeleceu **como critério de desempate na entrância a antiguidade na entrância anterior,** estabelecendo, especificamente, **em seu art. 142, inciso IV,** que *"Anualmente, na primeira quinzena de janeiro, a Secretaria organizará dois quadros, um na ordem de antiguidade na carreira, outro na ordem de antiguidade nas entrâncias, com os nomes dos juízes, inclusive os que se acharem em disponibilidade ou sem exercício, tendo em vista as regras seguintes: [...] IV – se diversos juízes contarem o mesmo tempo de serviço, terá precedência o primeiro nomeado;* **se o empate for na entrância, o mais antigo na entrância anterior no quadro**"; e, mais recentemente, pelo **Regimento Interno do Tribunal de Justiça**, nos termos do já citado **art. 73, inciso III** (*"se diversos juízes contarem o mesmo tempo de entrância,* **terá precedência aquele com mais tempo na anterior;** *se persistir o empate, o que tiver mais tempo de carreira e, na sequência, o mais idoso"*).

49. A decisão do Órgão Especial do TRIBUNAL DE JUSTIÇA DE SÃO PAULO, portanto, se baseou na aplicação na legislação estadual e em seu próprio Regimento Interno, com base na interpretação conforme os arts. 93, 99 e 125 da Constituição Federal, entendendo

tratar-se de *normas específicas que continuam em vigor no Estado de São Paulo*, **há mais de 40 (quarenta) anos.**

50. Dessa maneira, poder-se-ia resumir a questão da promoção de antiguidade de "entrância para entrância" dos Juízes de 1º grau da seguinte maneira:

- Norma constitucional obrigatória estabeleceu a organização da Justiça dos Estados de 1º grau em divisão por "entrâncias";
- As promoções em 1º grau se farão de "entrância" para "entrância" (*"promoção por degraus"*), sempre, alternadamente, pelos critérios de "antiguidade" e "merecimento", até o momento de acesso ao 2º grau (Tribunais de Justiça), em que, igualmente, deverão ser respeitados os critérios de "antiguidade" e "merecimento";
- A Lei de Organização Judiciária Paulista, **cuja iniciativa de lei é prevista constitucionalmente ao Presidente do Tribunal de Justiça (CF, art. 125, § 2º)**, dentro do Princípio constitucional da AUTONOMIA DOS TRIBUNAIS (CF, art. 99) e seu Regimento Interno estabelecem os critérios que deverão ser levados em conta para a publicação da **LISTA DE ANTIGUIDADE NA CARREIRA DA MAGISTRATURA PAULISTA**, anualmente, sempre na primeira quinzena de janeiro;
- Igualmente, a Lei de Organização Judiciária Paulista e o Regimento Interno do Tribunal de Justiça estabelecem como critério de desempate na entrância, para efeitos de promoção por antiguidade, a "**antiguidade na entrância anterior**".

51. O próprio CONSELHO NACIONAL DE JUSTIÇA – em hipótese diversa no mérito, porém semelhante na aplicação dos princípios interpretativos – entendeu **ser possível – dentro da AUTONOMIA ADMINISTRATIVA DOS TRIBUNAIS – a competência para fixação de critérios de desempate na promoção por antiguidade, pelo próprio TRIBUNAL**, quando no Pedido de Providências nº 200810000007516, julgou da seguinte forma:

> *"o critério de desempate na apuração da antiguidade de Juízes Federais cuja posse e exercício ocorram na mesma data é matéria concernente à economia interna dos Tribunais, no exercício da autonomia que lhes reserva o art. 96, inciso I, da Constituição. Trata-se de um juízo de conveniência na prática do ato administrativo, tipicamente afeto ao Tribunal".*

52. RESSALTE-SE que o CONSELHO NACIONAL DE JUSTIÇA, nesse julgamento, salientou **dois pontos importantíssimos** utilizáveis na efetivação do *"Princípio da Harmonização"* na presente hipótese, em favor da decisão do TRIBUNAL DE JUSTIÇA DE SÃO PAULO, conforme anteriormente detalhados:

- "**Exercício da autonomia que lhes reserva o art. 96, inciso I, da Constituição**";
- "**Trata-se de um juízo de conveniência na prática do ato administrativo, tipicamente afeto ao Tribunal**".

53. REPITA-SE, Nobre Relator e Ínclitos Ministros do SUPREMO TRIBUNAL FEDERAL, que a decisão administrativa proclamada pelo TRIBUNAL DE JUSTIÇA DE SÃO PAULO foi

proferida com base no exercício de sua AUTONOMIA ADMINISTRATIVA CONSTITUCIONAL (CF, art. 99) e hermeneuticamente, com fundamento na interpretação da legislação estadual em vigor (Lei de Organização Judiciária Paulista e Regimento Interno do Tribunal de Justiça), recepcionada pelo atual art. 125, § 2º, do texto Magno, **não existindo nenhuma das hipóteses possíveis de controle dessa decisão administrativa pelo CONSELHO NACIONAL DE JUSTIÇA, para que pudesse revê-la, sem que, com isso, estivesse DESRESPEITANDO A AUTONOMIA CONSTITUCIONALMENTE CONSAGRADA AOS PRÓPRIOS TRIBUNAIS, pois:**

(1) A edição respeitou a legislação estadual e o Regimento Interno do TRIBUNAL DE JUSTIÇA, com substrato nos arts. 93, 99 e 125, § 2º, do texto constitucional;

(2) Não houve ilegalidade ou imoralidade na edição do ato, tanto que o próprio CNJ não cessou atos idênticos existentes em outros Tribunais de Justiça estaduais e do próprio Distrito Federal;

(3) Não houve desvio de finalidade ou abuso de poder na edição do ato, o que o afastaria do interesse público;

(4) Não houve desrespeito à *teoria dos motivos determinantes*.

54. Em conclusão, a decisão do COLENDO CONSELHO NACIONAL DE JUSTIÇA extrapolou suas competências constitucionais, pois adentrou no mérito do ato administrativo, sem que houvesse a presença de qualquer das hipóteses possíveis, devendo, nos termos do art. 102, I, *r*, da Constituição da República Federativa do Brasil, ser revista pelo SUPREMO TRIBUNAL FEDERAL, para fins de determinar o retorno dos efeitos da decisão administrativa do Órgão Especial do TRIBUNAL DE JUSTIÇA DE SÃO PAULO, quanto aos critérios de desempate nas promoções por antiguidade dos Juízes de 1º grau, de "entrância" para "entrância".

(II) DA IMPOSSIBILIDADE DO CONSELHO NACIONAL DE JUSTIÇA DECLARAR A INCONSTITUCIONALIDADE DE LEGISLAÇÃO ESTADUAL E DA INEXISTÊNCIA DE PRECEDENTES DO SUPREMO TRIBUNAL FEDERAL SOBRE A PREVALÊNCIA DO ART. 80, INCISO I, DA LEI ORGÂNICA DA MAGISTRATURA SOBRE A LEI DE ORGANIZAÇÃO JUDICIÁRIA PAULISTA

55. A Lei Complementar nº 35, de 14 de março de 1979 (Lei Orgânica Nacional da Magistratura), estabelece em seu art. 80 que: "*Art. 80. A lei regulará o processo de promoção, prescrevendo a observância dos critérios de antiguidade e de merecimento, alternadamente, e o da indicação dos candidatos à promoção por merecimento, em lista tríplice, sempre que possível. § 1º – Na Justiça dos Estados: I –* apurar-se-ão na entrância a antiguidade e o merecimento, este em lista tríplice, sendo obrigatória a promoção do Juiz que figurar pela quinta vez consecutiva em lista de merecimento; **havendo empate na antiguidade, terá precedência o Juiz mais antigo na carreira**".

56. Pergunta-se se seria possível, nos termos e fundamentos analisados no item anterior, afirmar que a redação desse dispositivo genérico deveria prevalecer sobre os dispositivos específicos editados pela LEI DE ORGANIZAÇÃO JUDICIÁRIA e pelo Regimento

Interno do TRIBUNAL DE JUSTIÇA, com base na interpretação nos citados arts. 93, 99 e 125 da Constituição Federal?

57. Conforme analisado no item anterior, **creio que não há essa possibilidade,** pois a interpretação dos referidos dispositivos constitucionais deve ser realizada de maneira a **evitar contradições** entre suas normas **(método da unidade da constituição),** sendo impositivo e primordial a análise semântica do texto Magno – e, na espécie em análise, principalmente, a análise da AUTONOMIA DOS TRIBUNAIS e sua competência constitucional para a LEI DE ORGANIZAÇÃO JUDICIÁRIA –, pois, como salienta CANOTILHO, o intérprete deve *"considerar a Constituição na sua globalidade e procurar harmonizar os espaços de tensão existentes entre as normas constitucionais a concretizar"* (*Direito Constitucional e teoria da Constituição.* 2. ed. Coimbra: Almedina, 1998), não podendo ignorar a interdependência e complementaridade das normas constitucionais, que não poderão, como nos lembra GARCIA DE ENTERRIA, ser interpretadas isoladamente, sob pena de desrespeito à vontade do legislador constituinte (*Reflexiones sobre la ley e los princípios generales del derecho.* Madri: Civitas, 1996. p. 30); e, dentro desses preceitos, deve prevalecer o entendimento dado pelo TRIBUNAL DE JUSTIÇA DE SÃO PAULO, mesmo porque é **importante salientar que** a LEI DE ORGANIZAÇÃO JUDICIÁRIA PAULISTA vem sendo aplicada **há mais de 40 (quarenta) anos,** sem qualquer oposição por parte do SUPREMO TRIBUNAL FEDERAL, que, seja sob a vigência do texto constitucional anterior, seja na vigência da Constituição atual de 1988, **jamais declarou-a inconstitucional ou não recepcionada,** pelo contrário, conforme será visto a seguir, reconheceu em dois precedentes citados sua **vigência e eficácia.**

58. O mérito da questão objeto do presente Parecer **não teve a oportunidade de ser analisado pelo SUPREMO TRIBUNAL FEDERAL, a fim de estabelecer-se a correta ponderação de princípios e a preponderância ou não da norma específica da LEI DE ORGANIZAÇÃO JUDICIÁRIA DE SÃO PAULO ou a norma genérica da LEI ORGÂNICA NACIONAL DA MAGISTRATURA NACIONAL, em especial, a partir da Constituição Federal de 1988, onde se CONSAGROU CONSTITUCIONALMENTE A AUTONOMIA ADMINISTRATIVA E FINANCEIRA DOS TRIBUNAIS,** o que, até então, não existia de forma plena.

59. Porém, mesmo antes da Constituição Federal de 1988, não há **nenhum julgado do SUPREMO TRIBUNAL FEDERAL** que possa servir de paradigma ao presente Mandado de Segurança, e, consequentemente, de verdadeiro **precedente judicial,** diferentemente do que fora alegado no CONSELHO NACIONAL DE JUSTIÇA.

60. Com todo o respeito, os dois julgados citados durante a discussão no CONSELHO NACIONAL DE JUSTIÇA, **ambos antes da Constituição de 1988,** não se aplicam à presente hipótese, **por tratarem de fatos distintos,** conforme se verá em breve resumo do RE 99392/SP, Rel. Min. MOREIRA ALVES, julgamento em 26 de outubro de 1983 (*RTJ* 109/1128) e do RE 99.924-8/SP, Rel. Min. DJACI FALCÃO, julgamento em 5 de fevereiro de 1985 (*RTJ* 113/254).

61. Senão vejamos:

- **Em primeiro lugar,** porque em ambos os julgados do SUPREMO TRIBUNAL FEDERAL não se analisou o MÉRITO da questão, **pois ambos os Recursos Extraordinários não foram conhecidos.**

- **Em segundo lugar**, porque ambos os Recursos Extraordinários se referiam a **LISTA DE ANTIGUIDADE DE MEMBROS DOS TRIBUNAIS,** ora dos então membros dos Tribunais de Alçada de São Paulo, ora dos Desembargadores do Tribunal de Justiça de São Paulo, e **não, como no presente caso, da LISTA DE ANTIGUIDADE DOS JUÍZES DE 1º GRAU.**

- **Em terceiro lugar**, porém com igual ou ainda maior relevância, **ambos foram analisados à luz da Constituição de 1967, com as alterações da EC nº 01/1969, e, posteriormente, com a EC nº 7/1977**, que, DIFERENTEMENTE da atual Constituição Federal de 5 de outubro de 1988, **NÃO ESTABELECIA A AUTONOMIA ADMINISTRATIVA E FINANCEIRA DOS TRIBUNAIS. NÃO EXISTIA**, em nenhum dos artigos do TÍTULO I, CAPÍTULO VIII – DO PODER JUDICIÁRIO, da Constituição anterior, artigo correspondente ao atual art. 99 da Constituição Federal, que estabelece expressamente: "**Art. 99. Ao Poder Judiciário é assegurada autonomia administrativa e financeira**".

62. No julgamento do RE 99.924-8/SP, Rel. Min. DJACI FALCÃO, julgamento em 5 de fevereiro de 1985 (*RTJ* 113/254), o SUPREMO TRIBUNAL FEDERAL **não conheceu** do Recurso Extraordinário, deixando de analisar possível *"interpretação de regras da LOMAN e do Código de Organização Judiciária do Estado"*, como consta na EMENTA, pois como salientou o Relator, *"os impetrantes do mandado de segurança,* **juízes de carreira, integrantes do Tribunal de Alçada,** *insurgem-se contra a lista de antiguidade publicada...",* **porém, deixou de conhecer do recurso extraordinário, pois** *"a alegação de negativa de vigência à lei ordinária federal, por se tratar de simples relação estatutária de serviço público civil, não rende ensejo ao recurso extraordinário. Não cabe, pois, examinar, o juízo interpretativo emitido pelo acórdão";* **além de ter afirmado que** *"quanto a violação do art. 13, § 1º, da Lei Magna, à consideração de que incidiam no caso a* **lei estadual**, *ou seja, o Código Judiciário do Estado art. 142, inc. IV (repetido no Regimento Interno do Tribunal de Justiça), observo que o invocado preceito constitucional jamais foi ventilado na decisão [...]. In casu,* **não foi objeto de exame a técnica de repartição de competência legislativa entre a União e o Estado, inclusive a chamada competência remanescente**" (fls. 11 – voto).

63. **Em resumo**, o SUPREMO TRIBUNAL FEDERAL, analisando **hipótese diversa da atual, não conheceu** do Recurso Extraordinário, inclusive porque não houve o prequestionamento necessário sobre a **repartição de competências e eventual conflito** entre a Lei Orgânica da Magistratura Nacional e a Lei de Organização Judiciária de São Paulo; **mantendo, portanto, a vigência e eficácia da legislação estadual, que não teve sua inconstitucionalidade declarada**.

64. No julgamento ocorrido em 26 de outubro de 1983, tendo como Relator o Eminente MINISTRO MOREIRA ALVES (Pleno, RE 99392/SP, *RTJ* 109/1128), igualmente, verificamos a **total impossibilidade de aplicação imediata ao presente caso**, pois, também, se referiu a **hipótese diversa da tratada no momento**, pois discutia **ANTIGUIDADE NO CARGO DE DESEMBARGADOR,** e o SUPREMO TRIBUNAL FEDERAL – apesar de também não ter conhecido do Mandado de Segurança –, naquela oportunidade, incidentalmente acabou por **corroborar a possibilidade da tese defendida no presente Parecer,** pois entendeu **APLICÁVEL** a **LEI DE ORGANIZAÇÃO JUDICIÁRIA DE SÃO PAULO**, ou seja, entendeu-a com **vigência** e **eficácia**, **não tendo declarado-a inconstitucional,** sem,

contudo, como no outro julgamento, entrar em detalhes quanto à distribuição de competências federal e estadual para a matéria, como se verifica pela EMENTA:

> "Antiguidade no Cargo de Desembargador. A idade como critério de desempate. Artigo 128, III, do Decreto-lei nº 3, de 1969, do Estado de São Paulo. Incidência do Óbice do inciso IV, 'D', do artigo 325 do Regimento Interno desta Corte. As alegações – com base na letra 'A' do inciso III do Artigo 119 da Constituição – de negativa de vigência dos artigos 99, caput e § 1º, da Lei Orgânica da Magistratura Nacional. **O artigo 128, III, do Decreto-lei nº 3, de 1969, do Estado de São Paulo ao estabelecer a idade como critério de desempate para efeito de determinação de antiguidade no cargo de Desembargador, não viola os artigos 153, § 1º, e 144, II e III, da Constituição Federal.** Ademais, não discrepa ele, também, do disposto no inciso I, do § 1º, do artigo 80 da Lei Orgânica da Magistratura Nacional, no que diz respeito, apenas a critério de desempate em antiguidade para efeito de promoção por antiguidade entre juízes de Direito, de uma entrância para outra. Inexistência de violação do § 3º do artigo 153 da Carta Magna. Em face do inciso V, do artigo 144 da Constituição, não é mais o Órgão Especial dos Tribunais de Justiça grau de carreira da Magistratura, mas apenas mais um Órgão que estes comportam. Recurso Extraordinário não conhecido".

65. **Ambos os Recursos Extraordinários, portanto:**

- Não tratavam de hipótese de normas regentes do desempate para promoção de "entrância" para "entrância" de Juízes de 1º grau.

- Não foram conhecidos pelo SUPREMO TRIBUNAL FEDERAL, que, ao não julgar seus méritos, deixou de analisar a eventual *"contradição de princípios"* em que se baseiam as normas infraconstitucionais, seja a Lei Orgânica da Magistratura, seja a Lei de Organização Judiciária de São Paulo, deixando de fixar, na espécie, qual competência prevaleceria para o objeto em questão: Federal ou Estadual.

66. Portanto, não é possível, como se pretendeu nas discussões no CONSELHO NACIONAL DE JUSTIÇA, a partir das alegações dos reclamantes, a aplicação automática desses precedentes, no sentido de afirmar a prevalência do disposto genericamente na Lei Orgânica da Magistratura Nacional, pois nos citados julgamentos, apesar do objeto da discussão ser **"critérios de desempate na antiguidade"**, as decisões proferidas pelo SUPREMO TRIBUNAL FEDERAL, **além de não analisarem o mérito, pois deixaram de conhecer dos recursos extraordinários**, foram realizadas interpretando texto constitucional anterior, **que não estabelecia AUTONOMIA DOS TRIBUNAIS, nos moldes do vigente art. 99 da Constituição Federal**, e, referiam-se a classificação de antiguidade de **Juízes dos Tribunais de Alçada e do Tribunal de Justiça**, e, não de Juízes de 1º grau, na promoção por antiguidade de "entrância" para "entrância".

67. A análise dos dois precedentes em face da **decisão do CONSELHO NACIONAL DE JUSTIÇA** caracteriza clara hipótese, do que a CORTE SUPREMA NORTE-AMERICANA define como *distinguishing* (ALLEN, Carleton Kemp. *Precedent and logic*. In: *The Law Quarterly Review*, v. 41, p. 334, 1925), ou seja, RAZOABILIDADE de afastamento de precedentes que apresentem **peculiaridades diversas**, pois, para aplicação automática de um precedente, é necessário, como salienta ANA LAURA MAGALONI KERPEL, "formular uma regra geral, aplicável a um litígio similar, implica dotar de certa generalidade os fatos que

deram origem à disputa" (*El precedente constitucional en el sistema judicial norteamericano*. Madrid: McGraw-Hill, 2001. p. 83), o que não ocorre na presente hipótese.

68. Os dois julgamentos não permitem, de forma alguma, que os fatos analisados e os fundamentos expostos possam ser aplicados automaticamente, pela existência de **peculiaridades absolutamente incompatíveis e até então não analisadas por nosso SUPREMO TRIBUNAL FEDERAL**, quanto aos **critérios de desempate nas promoções por antiguidade dos Juízes de 1º grau de "entrância" para "entrância"**.

69. Ocorre, porém, que em ambas as decisões, **em momento algum foi negada VIGÊNCIA ou EFICÁCIA à Lei de Organização Judiciária de São Paulo, ou DECLARADA SUA INCONSTITUCIONALIDADE ou NÃO RECEPÇÃO pela nossa CORTE SUPREMA**.

70. Assim, apesar de não analisar detalhadamente todos os seus dispositivos em virtude do não conhecimento dos dois Recursos Extraordinários, o SUPREMO TRIBUNAL FEDERAL reconheceu, em ambos os julgados, a **CONSTITUCIONALIDADE, VIGÊNCIA e EFICÁCIA da Lei de Organização Judiciária de São Paulo**, que, portanto, continuou e continua a ser aplicada pelo Tribunal de Justiça de São Paulo, há mais de 40 (quarenta) anos, com **mais força e legitimidade, após a edição da Constituição Federal de 1988, em face dos arts. 99 (autonomia dos Tribunais) e 125, § 1º (iniciativa dos Tribunais para estabelecimento de suas Leis de Organização Judiciária)**.

71. Nesse ponto específico **(manutenção da vigência e eficácia da Lei de Organização Judiciária de São Paulo)**, os dois precedentes citados são casos **substancialmente análogos** ao Mandado de Segurança impetrado, e como ressalta EDWARD H. LEVI, devem levar a CORTE SUPREMA a apreciar **comparativamente os argumentos principais dos dois casos concretos, bem como seus motivos, afastando eventuais distinções consideradas razoáveis e idôneas para a conservação de ambos** (The nature of judicial reasoning. *The University of Chicago Law Review*, v. 32, nº 3, p. 400, Spring 1965); e, **escolhendo os fatos determinantes e convertendo-os em hipótese abstrata e geral** (SCHAEUR, Frederick F. *Playing by the rules*: a philosophical examination of rule-based decision-making in law and in life. Oxford-New York: Clarendon, p. 183; SIMPSON, A. *The ratio decidendi of a case and the doctrine of binding precedent*, p. 156-159), ou seja, **mantendo-se a Lei de Organização Judiciária Paulista com vigência e eficácia no mundo jurídico**, como já o faz há mais de 40 (quarenta) anos.

72. Se há algo que, realmente, **pode ser extraído de ambos os precedentes** do SUPREMO TRIBUNAL FEDERAL é o reconhecimento de nossa SUPREMA CORTE sobre a **constitucionalidade, vigência e eficácia da LEI DE ORGANIZAÇÃO JUDICIÁRIA DE SÃO PAULO**, que, consequentemente, não poderia ter sua inconstitucionalidade ou não recepção declaradas, mesmo que reflexamente, por um Órgão Administrativo, **mesmo de Grande Envergadura Constitucional como o CONSELHO NACIONAL DE JUSTIÇA**.

73. A prevalência da decisão do CONSELHO NACIONAL DE JUSTIÇA estaria afastando – onde, até o presente momento, o SUPREMO TRIBUNAL FEDERAL não afastou – a **VIGÊNCIA e EFICÁCIA de artigo da Lei de Organização Judiciária do Estado de São Paulo**, ou seja, por via reflexa, estaria **DECLARANDO CONCENTRADAMENTE A INCONSTITUCIONALIDADE** do art. 142, inciso IV, do Decreto-lei Complementar nº 3, de 27/8/1969 (Lei de Organização Judiciária Paulista), bem como do art. 73, inciso III, do Regimento Interno do Tribunal de Justiça, **competência essa PRIVATIVA de nossa CORTE SUPREMA**.

74. O próprio CONSELHO NACIONAL DE JUSTIÇA já decidiu pela **sua própria impossibilidade** de realizar o Controle de Constitucionalidade de lei estadual, como se verifica no PCA (Procedimento de Controle Administrativo) nº 199/2006, Relator CONSELHEIRO MARCUS FAVER:

> "EMENTA: Procedimento de controle administrativo Estado do Acre. Lei Complementar nº 161/06. Autorização dada ao Tribunal de Justiça para, por resolução, fixar a competência de varas e juizados especiais. Alegação de Inconstitucionalidade. **Não cabe ao Conselho Nacional de Justiça, órgão de natureza administrativa fazer análise da constitucionalidade de leis estaduais. Não conhecimento do pedido".**

75. Em outras palavras, não há **até o presente momento nenhum pronunciamento do SUPREMO TRIBUNAL FEDERAL declarando a inconstitucionalidade ou a não recepção da LEI DE ORGANIZAÇÃO JUDICIÁRIA DO ESTADO DE SÃO PAULO, e, em especial, de seu art. 142, inciso IV**, bem como do art. 73, inciso III, do Regimento Interno do Tribunal de Justiça, que permanecem com vigência e eficácia, estabelecendo como **CRITÉRIO DE DESEMPATE NA PROMOÇÃO POR ANTIGUIDADE DOS JUÍZES DE 1º GRAU, DE "ENTRÂNCIA" PARA "ENTRÂNCIA", O TEMPO DE ENTRÂNCIA ANTERIOR**, não possuindo o CONSELHO NACIONAL DE JUSTIÇA competência constitucional para realizar o referido **Controle de Constitucionalidade**, afastando a incidência de norma que o próprio SUPREMO TRIBUNAL FEDERAL considerou plenamente válida nos dois julgamentos anteriormente citados.

76. Consequentemente, não há qualquer ilegalidade, imoralidade, abuso de poder ou desvio de finalidade na decisão administrativa do Órgão Especial do TRIBUNAL DE JUSTIÇA DE SÃO PAULO, que, com substrato constitucional nos arts. 93, 99 e 125, § 2º, da Carta Magna, manteve a aplicação do art. 142, inciso IV, da Lei de Organização Judiciária Paulista, e do art. 73, inciso III, do Regimento Interno do Tribunal de Justiça, para fins de definição do *critério de desempate nas promoções de antiguidade dos Juízes de 1º grau, de "entrância" para "entrância".*

## RESPOSTAS AOS QUESITOS

QUESITO 1 – Nos termos dos arts. 93, 99, e 103-B, § 4º, incisos I e II, e 125, § 2º, da Constituição da República Federativa do Brasil, é possível ao CONSELHO NACIONAL DE JUSTIÇA se substituir aos Órgãos de direção dos TRIBUNAIS DE JUSTIÇA, revendo o MÉRITO de suas decisões administrativas, mesmo que as mesmas não apresentem vícios de ILEGALIDADE, IMORALIDADE, DESVIO DE FINALIDADE ou ABUSO DE PODER?

RESPOSTA: Compete constitucionalmente ao CONSELHO NACIONAL DE JUSTIÇA analisar a LEGALIDADE e MORALIDADE do ato ou decisão administrativa emitida pelos TRIBUNAIS, evitando que haja abuso de poder ou desvio de finalidade. Em regra, portanto, será defeso ao CONSELHO NACIONAL DE JUSTIÇA apreciar o mérito do ato administrativo dos demais órgãos do Poder Judiciário, sob pena de se transformar em Órgão Ordinário de Revisão de todos os Atos e Decisões

Administrativas dos Tribunais, com a consequente eliminação da AUTONOMIA DOS TRIBUNAIS consagrada constitucionalmente. Os citados artigos constitucionais devem ser interpretados com base no *PRINCÍPIO DA CONCORDÂNCIA PRÁTICA*, também conhecido como *PRINCÍPIO DA HARMONIZAÇÃO*.

QUESITO 2 – A Constituição da República de 1988 estabeleceu, dentre as diversas normas sobre promoção na carreira da Magistratura, em seu art. 93, critérios de desempate para as promoções por antiguidade dos Juízes de 1º grau, de "entrância" para "entrância"? Em caso de resposta negativa, no âmbito da distribuição de competências constitucionais legislativas, já houve definição se compete à União ou aos Estados o estabelecimento de normas específicas de fixação dos critérios de desempate nessas hipóteses?

RESPOSTA: A Constituição da República de 1988 estabelece diversas normas sobre promoção na carreira da Magistratura, em seu art. 93, dentre elas, a necessidade de observância dos critérios de antiguidade e merecimento, porém, em nenhuma delas o texto constitucional previu de forma imperativa os critérios definidores do conceito de *"antiguidade na carreira"*, nem tampouco critérios para definição de desempate nas promoções por antiguidade dos Juízes de 1º grau, de "entrância" para "entrância". Ao estabelecer, em seu inciso II, do art. 93, que *"as promoções se dão entrância a entrância"*, a Constituição Federal indicou às Justiças Estaduais um importante preceito de Organização Judiciária da 1ª instância, qual seja, a existência de entrâncias e de promoções sucessivas por "degraus". A *"ordem de antiguidade"* na carreira da Magistratura estadual poderá, portanto, ser estabelecida pela regras de Organização Judiciária, nos termos do art. 125, § 1º, que estabelece que *"a competência dos tribunais será definida na Constituição do Estado, sendo a lei de organização judiciária de iniciativa do Tribunal de Justiça"* e por seu próprio Regimento Interno.

QUESITO 3 – Há precedentes do Supremo Tribunal Federal afastando a incidência da Lei de Organização Judiciária Paulista para fins de definição de critérios de promoção por antiguidade?

RESPOSTA: Não há precedentes nesse sentido. O mérito da questão objeto do Mandado de Segurança não teve a oportunidade de ser analisado pelo SUPREMO TRIBUNAL FEDERAL, que não definiu a preponderância ou não da norma específica da Lei de Organização Judiciária de São Paulo ou a norma genérica da Lei Orgânica Nacional da Magistratura, em especial, a partir da Constituição Federal de 1988, onde se consagrou constitucionalmente a autonomia administrativa e financeira dos Tribunais. Porém, mesmo antes da Constituição Federal de 1988, não houve nenhum julgado do SUPREMO TRIBUNAL FEDERAL que possa servir de paradigma ao presente Mandado de Segurança, e, consequentemente, de verdadeiro precedente judicial, pois os dois julgados citados diversas vezes no TRIBUNAL DE JUSTIÇA DE SÃO PAULO e no CONSELHO NACIONAL DE JUSTIÇA, ambos anteriores à Constituição de 1988, não se aplicam à presente hipótese, por tratarem de fatos distintos. Trata-se do RE 99392/SP, Rel. Min. MOREIRA ALVES, julgamento em 26 de outubro de 1983 (*RTJ* 109/1128) e do RE 99.924-8/SP, Rel. Min. DJACI FALCÃO, julgamento em 5 de fevereiro de 1985 (*RTJ* 113/254). Em ambos os julgados do SUPREMO TRIBUNAL FEDERAL não se analisou o mérito da questão, pois ambos os Recursos Extraordinários não foram conhecidos. Além disso, ambos os Recursos Extraordinários se referiam a lista de antiguidade de membro dos Tribunais, ora dos então membros dos Tribunais de Alçada de São Paulo, ora dos Desembargadores do Tribunal de Justiça de São Paulo e não, como no presente caso, da lista de antiguidade dos Juízes de 1º grau. Por fim, ambos foram analisados à luz da Constituição de 1967, com as alterações da EC nº 01/1969, e, posteriormente, com a EC nº 7/1977, que, diferentemente da atual Constituição Federal de 5 de outubro de 1988, não estabelecia a autonomia administrativa e financeira dos tribunais. Não existia, em nenhum dos artigos do Título I, Capítulo VIII – DO PODER JUDICIÁRIO, da Constituição anterior, artigo correspondente ao atual art. 99 da Constituição Federal, que estabelece expressamente: "Art. 99. Ao Poder Judiciário é assegurada autonomia administrativa e financeira".

QUESITO 4 – Especificamente, em relação ao Estado de São Paulo, o SUPREMO TRIBUNAL FEDERAL já se manifestou sobre a constitucionalidade, validade e eficácia da Lei de Organização Judiciária Paulista?

RESPOSTA: Em ambas as decisões citadas no item anterior (RE 99392/SP e RE 99.924-8/SP), em momento algum foram negadas vigência ou eficácia à Lei de Organização Judiciária de São Paulo, ou declarada sua inconstitucionalidade ou não recepção pelo SUPREMO TRIBUNAL FEDERAL. Apesar da Corte não analisar detalhadamente todos os seus dispositivos, em virtude do não conhecimento dos dois Recursos Extraordinários, reconheceu, em ambos os julgados, a constitucionalidade, vigência e eficácia da Lei de Organização Judiciária de São Paulo, que, portanto, continuou e continua a ser aplicada pelo Tribunal de Justiça de São Paulo, há mais de 40 (quarenta) anos, com mais força e legitimidade, após a edição da Constituição Federal de 1988, em face dos arts. 99 (autonomia dos Tribunais) e 125, § 1º (iniciativa dos Tribunais para estabelecimento de suas Leis de Organização Judiciária). Nesse ponto específico (manutenção da vigência e eficácia da Lei de Organização Judiciária de São Paulo), os dois precedentes citados são casos substancialmente análogos ao Mandado de Segurança impetrado.

QUESITO 5 – O CONSELHO NACIONAL DE JUSTIÇA possui competência constitucional para declarar a inconstitucionalidade de legislação estadual, em especial, de artigo específico da Lei de Organização Judiciária Paulista?

RESPOSTA: O CONSELHO NACIONAL DE JUSTIÇA, enquanto Órgão Superior da Administração do Poder Judiciário, apesar de sua relevância constitucional, não possui competência para declaração de inconstitucionalidade de lei estadual, nem difusa, nem concentradamente, sob pena, neste último caso – como reflexamente ocorreu na presente hipótese –, de flagrante usurpação de competência constitucional privativa do SUPREMO TRIBUNAL FEDERAL (CF, art. 102, inciso I, *a*). A prevalência da decisão do CONSELHO NACIONAL DE JUSTIÇA estaria afastando – onde, até o presente momento o SUPREMO TRIBUNAL FEDERAL não afastou – a vigência e eficácia de artigo da Lei de Organização Judiciária do Estado de São Paulo, declarando, por via reflexa, a inconstitucionalidade do art. 142, inciso IV, do Decreto-lei Complementar nº 3, de 27-8-1969 (Lei de Organização Judiciária Paulista), bem como do art. 73, inciso III, do Regimento Interno do Tribunal de Justiça, competência essa PRIVATIVA de nossa CORTE SUPREMA.

QUESITO 6 – Há ilegalidade, imoralidade, abuso de poder ou desvio de finalidade na decisão do Órgão especial TRIBUNAL DE JUSTIÇA DE SÃO PAULO, que, com substrato constitucional nos arts. 93, 99 e 125, § 2º, da Carta Magna, manteve a aplicação do art. 142, inciso IV, da Lei de Organização Judiciária Paulista e do art. 73, inciso III, do Regimento Interno do Tribunal de Justiça, para fins de definição do *critério de desempate nas promoções de antiguidade dos Juízes de 1º grau, de "entrância" para "entrância"*?

RESPOSTA: Inexiste, até o presente momento, qualquer pronunciamento do SUPREMO TRIBUNAL FEDERAL declarando a inconstitucionalidade ou a não recepção da Lei de Organização Judiciária do Estado de São Paulo, e, em especial, de seu art. 142, inciso IV, bem como do art. 73, inciso III, do Regimento Interno do Tribunal de Justiça, que permanecem com vigência e eficácia, estabelecendo como critério de desempate na promoção por antiguidade dos Juízes de 1º grau, de "entrância" para "entrância", o tempo de entrância anterior. Consequentemente, não há qualquer ilegalidade, imoralidade, abuso de poder ou desvio de finalidade na decisão administrativa do Órgão Especial do TRIBUNAL DE JUSTIÇA DE SÃO PAULO, que, com substrato constitucional nos arts. 93, 99 e 125, § 2º, da Carta Magna, manteve a aplicação do art. 142, inciso IV, da Lei de Organização Judiciária Paulista, e do art. 73, inciso III, do Regimento Interno do Tribunal de Justiça, para fins de definição do *critério de desempate nas promoções de antiguidade dos Juízes de 1º grau, de "entrância" para "entrância"*, devendo, portanto, ser mantida pelo SUPREMO TRIBUNAL FEDERAL, afastando-se a decisão do CONSELHO NACIONAL DE JUSTIÇA proferida no PCA nº 1775.31.2010.2.00.0000.

# Competência administrativa para editar plano nacional de capacitação judicial de magistrados e servidores do Poder Judiciário

# 3

O presente estudo foi apresentado na forma de *Parecer Jurídico* para análise da constitucionalidade da Resolução nº 126, de 22 de fevereiro de 2011, do Conselho Nacional de Justiça.

1. A questão em análise – refletida na edição da Resolução nº 126, de 22 de fevereiro de 2011 – situa-se na necessidade de compatibilização do princípio da autonomia dos Tribunais, na espécie, do SUPERIOR TRIBUNAL DE JUSTIÇA (em relação à Escola Nacional de Formação e Aperfeiçoamento de Magistrados, nos termos do art. 105, parágrafo único, inciso I, do texto constitucional) e do TRIBUNAL SUPERIOR DO TRABALHO (em relação à Escola Nacional de Formação e Aperfeiçoamento de Magistrados do Trabalho, nos termos do art. 111-A, § 2º, inciso I, do texto constitucional e das competências constitucionais do CONSELHO NACIONAL DE JUSTIÇA, no âmbito administrativo e de edição de atos normativos (no presente caso, da Resolução nº 126, de 22 de fevereiro de 2011).

2. A atuação constitucional do Conselho Nacional de Justiça direciona-se para duas importantes missões: o *controle da atuação administrativa e financeira do Poder Judiciário* e o *controle do cumprimento dos deveres funcionais dos juízes*.

3. Em ambos os casos, a EC nº 45/2004 buscou estabelecer a possibilidade de *efetivo controle administrativo centralizado de legalidade* sobre a atuação dos diversos juízes e tribunais, sem prejuízo dos controles administrativos de cada tribunal e do controle jurisdicional, bem como sem prejuízo da autonomia financeira e administrativa que a Constituição da República consagrou aos Tribunais desde seu texto original e manteve com as alterações introduzidas pelo EC nº 45/2004, denominada "Reforma do Judiciário".

4. Essa finalidade fica patente, principalmente, quando o novo texto constitucional determina ao Conselho zelar pela observância do art. 37 da Constituição Federal e apreciar, de ofício ou mediante provocação, a *legalidade dos atos administrativos praticados por membros ou órgãos do Poder Judiciário* (e, obviamente, dentre esses órgãos estão a Escola Nacional de Formação e Aperfeiçoamento de Magistrados e a Escola Nacional de Formação e Aperfeiçoamento de Magistrados do Trabalho), podendo desconstituí-los, revê-los ou fixar prazo para que se adotem as providências necessárias ao exato cumprimento da lei, sem prejuízo do Tribunal de Contas da União (CF, art. 103-B, § 4º, II), e, também, determina ao CONSELHO que receba e conheça das reclamações contra membros ou órgãos do Poder Judiciário, inclusive contra seus serviços auxiliares, serventias e órgãos prestadores de serviços notariais e de registro que atuem por delegação do poder público

ou oficializado, sem prejuízo da competência disciplinar e correicional dos tribunais, podendo avocar processos disciplinares em curso e determinar a remoção, a disponibilidade ou a aposentadoria com subsídios ou proventos proporcionais ao tempo de serviço e aplicar outras sanções administrativas, assegurada ampla defesa (CF, art. 103-B, § 4º, III).

5. Na hipótese em questão, o interesse recai sobre a possibilidade do CONSELHO NACIONAL DE JUSTIÇA editar resolução para dispor sobre "Plano Nacional de Capacitação Judicial de magistrados e servidores do Poder Judiciário", como ocorreu em relação à Resolução nº 126, de 22 de fevereiro de 2011, inclusive com controle da atuação financeira e do exercício da *atuação administrativa de ambas as Escolas, que são órgãos administrativos ligados, respectivamente, ao* SUPERIOR TRIBUNAL DE JUSTIÇA *e ao* TRIBUNAL SUPERIOR DO TRABALHO.

6. Observe-se, como tenho salientado desde a criação do CONSELHO NACIONAL DE JUSTIÇA (cf. a respeito, nosso *Direito constitucional*. 26. ed. São Paulo: 2010. p. 533 e ss.), que esse importante órgão somente poderá analisar a LEGALIDADE do ato administrativo praticado pelo Tribunal de origem, e na espécie pela respectiva ESCOLA, e não o MÉRITO, que deve ser entendido como juízo de conveniência e oportunidade do administrador, no caso, os órgãos dirigentes das ESCOLAS NACIONAIS, que poderão, entre as hipóteses legais e moralmente admissíveis, escolher aquela que entenderem como a melhor para o interesse público, em virtude da consagrada autonomia administrativa e financeira do SUPERIOR TRIBUNAL DE JUSTIÇA e do TRIBUNAL SUPERIOR DO TRABALHO, aos quais, por determinação constitucional, as Escolas funcionarão.

7. Em relação a esses atos administrativos torna-se importante a definição dos contornos e amplitude da aplicabilidade do art. 103-A, § 4º, II, da Constituição Federal, uma vez que é a própria lei que, explícita ou implicitamente, concede maior liberdade aos membros ou órgãos dos tribunais, permitindo-lhes a escolha da conveniência e oportunidade para a edição do ato, sob pena de termos – NA PRÁTICA – a revogação da AUTONOMIA ADMINISTRATIVA DOS TRIBUNAIS, consagrada constitucionalmente, e, consequentemente, de UM DE SEUS MAIS IMPORTANTES ÓRGÃOS, quais sejam, AS ESCOLAS NACIONAIS DE FORMAÇÃO E APERFEIÇOAMENTO DE MAGISTRADOS.

8. As autonomias funcional, administrativa e financeira do Poder Judiciário consagradas no art. 99 da Constituição da República Federativa do Brasil, somente a partir de 5 de outubro de 1988, dizem respeito à Instituição como um todo, garantindo sua independência de atuação em relação aos demais Poderes da República.

9. Os TRIBUNAIS têm autogoverno e devem elaborar e executar suas propostas administrativas e orçamentárias dentro dos limites estipulados pelo texto constitucional e pela legislação em vigor, sempre atentos à preservação de sua autonomia (cf. FAYT, Carlos S. *Supremacia constitucional e independência de los jueces*. Buenos Aires: Depalma, 1994. p. 3-4), bem como escolher os órgãos dirigentes de suas Escolas e estabelecer suas principais metas.

10. Essas autonomia e independência amplas encontram resguardo em todos os Estados democráticos de Direito, pois os TRIBUNAIS têm, sob o ponto de vista estrutural-constitucional, uma posição jurídica idêntica a dos outros órgãos constitucionais de soberania, pois, da mesma forma, desempenham funções cuja vinculatividade está jurídico-constitucionalmente assegurada.

11. Em face disso, o texto constitucional permite aos TRIBUNAIS, como alicerce da independência do PODER JUDICIÁRIO, sua plena autonomia administrativa e financeira (CF, art. 99) e a eleição de seus órgãos diretivos (CF, art. 96, I, *a*), pois se trata de função governativa, na medida em que tais dirigentes comandam um dos segmentos do Poder Público. Dessa forma, a eleição dos órgãos de direção dos TRIBUNAIS, assim como dos dirigentes – na hipótese, respectivamente, do SUPERIOR TRIBUNAL DE JUSTIÇA e do TRIBUNAL SUPERIOR DO TRABALHO – da Escola Nacional de Formação e Aperfeiçoamento de Magistrados (CF, art. 105, parágrafo único, inciso I) e da Escola Nacional de Formação e Aperfeiçoamento de Magistrados do Trabalho (CF, art. 111-A, § 2º, inciso I), e o exercício de suas competências respectivas constitucionais devem ser realizadas sem ingerências externas dos Poderes Executivo ou Legislativo, pois, como lembra JOSÉ MANUEL BANDRÉS, citando ALEXIS DE TOCQUEVILLE, a força dos tribunais tem sido, em todos os tempos, a maior garantia que se pode oferecer às liberdades individuais (*Poder judicial y Constitución*. Barcelona: Casa Editorial, 1987. p. 75-76).

12. Igualmente, em face de sua AUTONOMIA ADMINISTRATIVA CONSTITUCIONAL, os próprios TRIBUNAIS organizam suas secretarias e serviços auxiliares e o dos juízos que lhes forem vinculados, velando pelo exercício da atividade correicional respectiva; dão provimentos, na forma prevista na Constituição, aos cargos de juiz de carreira da respectiva jurisdição; propõem a criação de novas varas judiciárias; dão provimento por concurso público de provas, ou de provas e títulos aos cargos necessários à administração da Justiça; concedem férias e outros afastamentos a seus membros e aos juízes e servidores que lhes forem imediatamente vinculados; além de promovê-los e removê-los na forma do texto constitucional. Obviamente, isso não poderia deixar de ser aplicado às ESCOLAS NACIONAIS DE FORMAÇÃO E APERFEIÇOAMENTO DE MAGISTRADOS.

13. Em defesa da AUTONOMIA ADMINISTRATIVA, uma das mais importantes GARANTIAS DO PODER JUDICIÁRIO, a própria Constituição Federal prevê, em seu art. 103-B, § 4º, inciso I, ser também competência do CONSELHO NACIONAL DE JUSTIÇA "zelar pela autonomia do Poder Judiciário".

14. Obviamente, a AUTONOMIA ADMINISTRATIVA CONSTITUCIONAL DO SUPERIOR TRIBUNAL DE JUSTIÇA e do TRIBUNAL SUPERIOR DO TRABALHO, em relação às suas ESCOLAS NACIONAIS DE FORMAÇÃO E APERFEIÇOAMENTO DE MAGISTRADOS, não se confunde com ARBITRARIEDADE ADMINISTRATIVA, ou mesmo com IMUNIDADE DE CONTROLES CONSTITUCIONAIS JUDICIAIS OU ADMINISTRATIVOS, neste último caso, somente por parte do próprio CONSELHO NACIONAL DE JUSTIÇA de suas decisões no campo administrativo.

15. Nesses termos, o mesmo § 4º do art. 103-B, do texto constitucional, prevê, em seu inciso II, a competência constitucional do CONSELHO NACIONAL DE JUSTIÇA em zelar pela observância do art. 37 e apreciar, de ofício ou mediante provocação, a legalidade dos atos praticados por membros ou órgãos do Poder Judiciário, inclusive, pelos Órgãos Diretivos das Escolas Nacionais de Formação de Magistrados.

16. Temos, portanto, importantes normas constitucionais aplicáveis à presente discussão, em aparente conflito: AUTONOMIA DOS TRIBUNAIS e de um de seus mais importantes órgãos administrativos – AS ESCOLAS NACIONAIS DE FORMAÇÃO E APERFEIÇOAMENTO (inclusive, sendo de competência do próprio CONSELHO NACIONAL DE JUSTIÇA zelar

pela sua efetividade) e CONTROLE EXERCIDO PELO CONSELHO NACIONAL DE JUSTIÇA DA LEGALIDADE DOS ATOS PRATICADOS.

17. Havendo, em tese, *CONTRADIÇÃO DE PRINCÍPIOS*, por aparente conflito entre normas constitucionais estruturais do Poder Judiciário, não se mostraria desproporcional a utilização do *PRINCÍPIO DA CONCORDÂNCIA PRÁTICA*, também conhecido como *PRINCÍPIO DA HARMONIZAÇÃO,* de forma a coordenar e combinar os bens jurídicos em conflito (Competências constitucionais do CONSELHO NACIONAL DE JUSTIÇA e Autonomia administrativa do SUPERIOR TRIBUNAL DE JUSTIÇA e do TRIBUNAL SUPERIOR DO TRABALHO, e, consequentemente, de suas ESCOLAS NACIONAIS), evitando o SACRIFÍCIO TOTAL de uma norma em relação à outra, sendo possível uma redução proporcional do âmbito de alcance de cada qual, sempre em busca do verdadeiro significado da norma e da harmonia do texto constitucional com sua finalidade precípua.

18. Na hipótese em questão, essa harmonização é plena e razoavelmente possível, com a garantia da preservação da autonomia do STJ e do TST, em relação às respectivas ESCOLAS, e à possibilidade de ampla revisão de seus atos pelo CONSELHO NACIONAL DE JUSTIÇA, quando presentes os necessários requisitos constitucionais, competindo ao SUPREMO TRIBUNAL FEDERAL estabelecer, como vem reiteradas vezes realizando, os limites de atuação do CNJ, em suas diversas áreas (conferir, somente a título ilustrativo no STF: MS 25962/DF, Rel. Min. MARCO AURÉLIO, decisão: 28-5-2006; ADI 3821/DF, Rel. Min. EROS GRAU, decisão: 15-12-2006; MS 25836/DF, Rel. Min. EROS GRAU, decisão: 15-2-2006; MS 25813/PB, Rel. Min. GILMAR MENDES, decisão: 13-2-2006; MS 25829/DF, Rel. Min. CELSO DE MELLO, decisão: 9-2-2006; MS 25704/DF, Rel. Min. SEPÚLVEDA PERTENCE, decisão: 10-2-2006).

19. Em regra, será defeso ao CONSELHO NACIONAL DE JUSTIÇA apreciar o mérito do ato administrativo das ESCOLAS NACIONAIS DE FORMAÇÃO E APERFEIÇOAMENTO DE MAGISTRADOS, cabendo-lhe unicamente examiná-lo sob o aspecto de sua legalidade e moralidade, isto é, se foi praticado conforme ou contrariamente ao ordenamento jurídico, sob pena de se transformar em Órgão Ordinário de Revisão de todos os Atos Administrativos das respectivas Escolas, com a consequente eliminação das autonomias do STJ e do TST consagradas constitucionalmente.

20. Esta solução tem como fundamento básico os arts. 96, I, *a*, e 99, que preveem *como alicerce da independência do Poder Judiciário,* como se analisou acima, a autonomia administrativa e financeira dos Tribunais e os arts. 105, parágrafo único, inciso I e 111-A, § 2º, inciso II, que, respectivamente, estabelecem:

"Art. 105 [...]

Parágrafo único. Funcionarão junto ao Superior Tribunal de Justiça:

I – a Escola Nacional de Formação e Aperfeiçoamento de Magistrados, cabendo-lhe, dentre outras funções, regulamentar os cursos oficiais para o ingresso e promoção na carreira".

"Art. 111-A [...]

§ 2º Funcionarão junto ao Tribunal Superior do Trabalho:

I – a Escola Nacional de Formação e Aperfeiçoamento de Magistrados do Trabalho, cabendo-lhe, dentre outras funções, regulamentar os cursos oficiais para o ingresso e promoção na carreira;"

21. O exercício da função, entre outras possíveis, de "regulamentar os cursos oficiais para o ingresso e promoção na carreira", no âmbito da Justiça Comum *"lato sensu"* (Federal e Estaduais) e da Justiça do Trabalho, foi previsto como competência administrativa originária, respectivamente, da Escola Nacional de Formação e Aperfeiçoamento de Magistrados, que funcionará junto ao SUPERIOR TRIBUNAL DE JUSTIÇA, e da Escola Nacional de Formação e Aperfeiçoamento de Magistrados do Trabalho, que funcionará junto ao TRIBUNAL SUPERIOR DO TRABALHO, de maneira que a verificação das razões de conveniência ou de oportunidade de seus atos administrativos (MÉRITO) escapa ao controle administrativo de um órgão externo aos próprios tribunais (STJ e TST), ainda que componente da estrutura do Poder Judiciário (CONSELHO NACIONAL DE JUSTIÇA), ou mesmo ao controle jurisdicional de outros órgãos, inclusive do SUPREMO TRIBUNAL FEDERAL.

22. Obviamente, não existe nenhum ato administrativo absolutamente discricionário, pois tal fato converter-se-ia em arbitrariedade, não tolerada em um verdadeiro ESTADO CONSTITUCIONAL, como bem salientado por KARL LARENZ (*Derecho justo:* fundamentos de ética jurídica. Tradução de Luis Diez-Picazo. Madri: Civitas, 1985. p. 154).

23. Assim, mesmo o ato administrativo discricionário está vinculado ao império constitucional e legal, pois, como muito bem ressaltado por JACQUES CHEVALLIER, "o objetivo do Estado de Direito é limitar o poder do Estado pelo Direito" (*L'etat de droit*. Paris: Montchrestien, 1992. p. 12).

24. O Estado de Direito exige a vinculação das autoridades ao Direito, e, portanto, o administrador – mesmo que sejam membros ou órgãos de direção dos Tribunais Superiores ou das Escolas Nacionais de Formação de Magistrados –, ao editar um ato discricionário, deve respeito aos seus elementos de *competência, forma* e *finalidade*, bem como a veracidade dos pressupostos fáticos para a sua edição (*motivo*).

25. Nesse sentido, GEORGES VEDEL aponta a existência de um controle mínimo do ato discricionário, que deverá ser sob o ângulo dos elementos do ato administrativo (*Droit administratif*. Paris: Presses Universitaries de France, 1973. p. 318), pois, embora possa haver competência do agente, é preciso, ainda, como lembrado por SEABRA FAGUNDES, que os motivos correspondam aos fundamentos fáticos e jurídicos do ato, e o fim perseguido seja legal, concluindo que o Poder Judiciário – e na presente hipótese, podemos estender a conclusão ao CONSELHO NACIONAL DE JUSTIÇA – deve exercer somente o juízo de verificação de exatidão do exercício de oportunidade perante a legalidade (*O controle dos atos administrativos pelo Poder Judiciário*. São Paulo: Saraiva, 1984. p. 131).

26. A revisão da atuação administrativa das ESCOLAS NACIONAIS DE FORMAÇÃO DE MAGISTRADOS, exercida pelo CONSELHO NACIONAL DE JUSTIÇA, deverá, igualmente, verificar a realidade dos fatos e também a coerência lógica da decisão discricionária com os fatos.

27. Se ausente a coerência, a decisão estará viciada por infringência ao ordenamento jurídico e, mais especificamente, ao princípio da PROIBIÇÃO DA ARBITRARIEDADE DOS PODERES PÚBLICOS, que impede o extravasamento dos limites razoáveis da

discricionariedade, evitando que esta se converta em causa de decisões desprovidas de justificação fática e, consequentemente, arbitrárias, pois o exame da legalidade e moralidade, além do aspecto formal, compreende também a análise dos fatos levados em conta pela autoridade que editou o ato administrativo.

28. Portanto, na presente hipótese, nos atos administrativos onde se tem parcela de discricionariedade em sua expedição, a opção conveniente e oportuna deverá ser feita legal e moralmente pelos órgãos de direção das respectivas ESCOLAS NACIONAIS DE FORMAÇÃO DE MAGISTRADOS, em respeito à ampla autonomia dos tribunais consagrada constitucionalmente, sendo na ilegalidade e na imoralidade que a oportunidade deve ser apreciada pelo CONSELHO NACIONAL DE JUSTIÇA.

29. Consequentemente, entendo não ser hipótese constitucionalmente possível ao CONSELHO NACIONAL DE JUSTIÇA invadir a legítima escolha feita pelos órgãos administrativos das ESCOLAS NACIONAIS DE FORMAÇÃO DE MAGISTRADOS, optando entre as possibilidades legal e moralmente reservadas para a edição do ato discricionário, de maneira a, simplesmente, alterar a opção licitamente realizada pelas mesmas, pois ligadas respectivamente a DOIS TRIBUNAIS SUPERIORES, detentores de AUTONOMIA ADMINISTRATIVA CONSTITUCIONAL.

30. Não se diga que essas limitações tornam o controle a ser exercido pelo CONSELHO NACIONAL DE JUSTIÇA ineficaz, pois, com a finalidade de afastar arbitrariedades praticadas, no exercício de seu poder discricionário, a evolução da doutrina constitucional administrativista mostra a redução interpretativa do sentido da palavra *mérito*, adequando-a ao moderno sentido de um Estado de Direito (cf. a respeito: FERNANDEZ, Tomás-Ramón. *Arbitrariedade y discrecionalidad*. Madri: Civitas, 1991. p. 115; CHAPUS, René. *Droit administratif général*. 6. ed. Paris: Montchrestien, 1992. t. 1, p. 775; e, entre nós, FRANÇA, Vladimir da Rocha. Considerações sobre o controle da moralidade dos atos administrativos. *RT* 774/108).

31. Como salientam CANOTILHO e VITAL MOREIRA, "como toda a actividade pública, a Administração está subordinada à Constituição. O princípio da constitucionalidade da administração não é outra coisa senão a aplicação, no âmbito administrativo, do princípio geral da constitucionalidade dos actos do Estado: todos os poderes e órgãos do Estado (em sentido amplo) estão submetidos às normas e princípios hierarquicamente superiores da Constituição" (*Constituição da república portuguesa anotada*. 3. ed. Coimbra: Coimbra Editora, 1993. p. 922).

32. Dessa forma, ampliou-se a possibilidade de revisão judicial dos atos administrativos discricionários, por meio de duas teorias: *teoria relativa ao desvio de poder ou de finalidade* e *teoria dos motivos determinantes*.

33. Ambas as hipóteses são integralmente aplicáveis à possibilidade de revisão, pelo CONSELHO NACIONAL DE JUSTIÇA, dos atos administrativos discricionários editados por membros ou órgãos dos tribunais.

34. Pela primeira, o CONSELHO NACIONAL DE JUSTIÇA poderá exercer amplo controle sobre os atos administrativos, quando os órgãos dirigentes das ESCOLAS NACIONAIS DE FORMAÇÃO DE MAGISTRADOS utilizarem-se de seus poderes discricionários para atingir fins diversos daqueles que a lei fixou, ou seja, ao utilizar-se indevidamente dos critérios da conveniência e oportunidade, o agente desvia-se da finalidade de persecução do interesse público.

35. Na segunda hipótese – *teoria dos motivos determinantes* (GASTON JÉZE) –, os motivos expostos como justificativa para a edição do ato associam-se à validade do ato, vinculando o próprio agente, de forma que a inexistência ou falsidade dos pressupostos *fáticos* ou *legais* ensejadores do ato administrativo acabam por afetar sua própria validade, mesmo que o agente não estivesse obrigado a motivá-lo.

36. A *teoria dos motivos determinantes* aplica-se a todos os atos administrativos, pois, mesmo naqueles em que a lei não exija a obrigatoriedade de motivação, se o agente optar por motivá-lo, não poderá alegar pressupostos de fato e de direito inexistentes ou falsos, portanto, toda vez que o órgão administrativo, inclusive as ESCOLAS NACIONAIS DE FORMAÇÃO DE MAGISTRADOS, no exercício de suas competências administrativas, constitucionalmente previstas, motiva o ato administrativo, esse somente será válido se os motivos expostos forem verdadeiros.

37. O ato administrativo viciado em seu motivo poderá ser revisto e anulado pelo CONSELHO NACIONAL DE JUSTIÇA, por desvio de finalidade, havendo, porém, necessidade de prova desse desvio, não bastando mera suposição.

38. Aplicando-se o *"Princípio da Harmonização"* ao presente caso, a previsão de AUTONOMIA ADMINISTRATIVA DOS TRIBUNAIS e COMPETÊNCIAS CONSTITUCIONAIS DE SUAS ESCOLAS NACIONAIS DE FORMAÇÃO DE MAGISTRADOS (CF, art. 99, art. 105, parágrafo único, I, e art. 111-A, § 2º, I) consagra suas possibilidades de análise da conveniência e oportunidade (mérito) dos atos administrativos e da fixação de suas diretrizes e finalidades essenciais; enquanto qualquer desvio ou abuso dessa competência constitucional legitima o CONSELHO NACIONAL DE JUSTIÇA a exercer sua função revisora de fiscalização (CF, art. 103-B, § 4º, incisos I e II).

39. Na presente hipótese, para solucionar essa aparente *CONTRADIÇÃO DE PRINCÍPIOS,* sem a supressão absoluta da autonomia administrativa dos TRIBUNAIS SUPERIORES citados e das competências constitucionalmente consagradas às ESCOLAS NACIONAIS DE FORMAÇÃO DE MAGISTRADOS, há necessidade de se verificar se houve, na edição da RESOLUÇÃO nº 126, de 22 de fevereiro de 2011, inobservância – por parte do CONSELHO NACIONAL DE JUSTIÇA – de seus limites de atuação.

40. A edição da RESOLUÇÃO/CNJ nº 126, de 22 de fevereiro de 2011, não teve como finalidade impedir ou fazer cessar risco à autonomia do Poder Judiciário e de ambas as Escolas Nacionais de Formação de Magistrados (CF, art. 105, § 4º, inciso I); nem tampouco revisar atos das referidas Escolas Nacionais que não estivessem observando os princípios e preceitos do art. 37 da Constituição da República Federativa do Brasil (CF, art. 105, § 4º, inciso II); mas sim antecipando-se ao exercício de suas competências constitucionalmente previstas, a referida Resolução estabeleceu diretrizes no Plano Nacional de Capacitação Judicial de magistrados e servidores do Poder Judiciário, cuja conveniência e oportunidade deveriam ser, originariamente, analisadas no âmbito da JUSTIÇA COMUM e da JUSTIÇA DO TRABALHO, respectivamente pela ESCOLA NACIONAL DE FORMAÇÃO DE MAGISTRADOS (CF, art. 105, parágrafo único, inciso I) e pela ESCOLA NACIONAL DE FORMAÇÃO DE MAGISTRADOS DO TRABALHO (CF, art. 111-A, § 2º, inciso I).

41. A leitura da referida RESOLUÇÃO/CNJ nº 126, de 22 de fevereiro de 2011, demonstra que o CONSELHO NACIONAL DE JUSTIÇA, excedendo sua competência constitucional, acabou por editar normas discricionárias regulamentando o funcionamento administrativo das referidas ESCOLAS, bem como estabelecendo suas principais diretrizes

estruturais e pedagógicas, cuja competência constitucional está prevista para as ESCOLAS NACIONAIS DE FORMAÇÃO DE MAGISTRADOS, ligadas ao SUPERIOR TRIBUNAL DE JUSTIÇA e ao TRIBUNAL SUPERIOR DO TRABALHO.

42. A RESOLUÇÃO/CNJ nº 126, de 22 de fevereiro de 2011, aponta, inclusive, o núcleo básico mínimo das matérias a serem ministradas na formação inicial dos Magistrados (art. 5º e incisos), apesar da Constituição da República estabelecer ser função das ESCOLAS NACIONAIS DE FORMAÇÃO "regulamentar os cursos oficiais para o ingresso e promoção na carreira" (CF, art. 105, parágrafo único, inciso I e CF, art. 111-A, § 2º, inciso I).

43. O CONSELHO NACIONAL DE JUSTIÇA, ao editar a RESOLUÇÃO/CNJ nº 126, de 22 de fevereiro de 2011, ingressando na discricionariedade administrativa concedida às ESCOLAS NACIONAIS DE FORMAÇÃO DE MAGISTRADOS para o exercício de suas competências constitucionais, excedeu seus limites constitucionais, impedindo, dessa forma, a plena e efetiva atuação das referidas escolas, que poderiam optar por outros critérios e diretrizes, no exercício da AUTONOMIA CONSTITUCIONAL DOS TRIBUNAIS e de suas COMPETÊNCIAS CONSTITUCIONAIS, desde que não ILEGAIS, IMORAIS ou ARBITRÁRIOS, o que, aí sim, possibilitaria ampla revisão pelo CONSELHO NACIONAL DE JUSTIÇA.

44. A análise da RESOLUÇÃO/CNJ nº 126, de 22 de fevereiro de 2011, demonstra que o CONSELHO NACIONAL DE JUSTIÇA não exerceu sua função constitucional de ZELAR pela LEGALIDADE, MORALIDADE ou EFICIÊNCIA das ESCOLAS NACIONAIS DE FORMAÇÃO DE MAGISTRADOS, corrigindo eventuais ilegalidades, imoralidades ou arbitrariedade, mas sim que se substituiu às mesmas, passando a exercer competência constitucional que lhes fora imputada.

45. O próprio CONSELHO NACIONAL DE JUSTIÇA – em hipótese diversa no mérito, porém semelhante na aplicação dos princípios interpretativos – decidiu pela ampla possibilidade, por parte dos Tribunais, do "Exercício da autonomia que lhes reserva o art. 96, inciso I, da Constituição", por tratar-se de "juízo de conveniência na prática do ato administrativo, tipicamente afeto ao Tribunal" (CNJ – Pedido de Providências nº 200810000007516), efetivando, dessa forma, o *"Princípio da Harmonização"*.

46. Em conclusão, entendo que a edição da RESOLUÇÃO/CNJ nº 126, de 22 de fevereiro de 2011, pelo COLENDO CONSELHO NACIONAL DE JUSTIÇA extrapolou suas competências constitucionais, pois adentrou no mérito de escolhas administrativas cuja competência a CARTA MAGNA reservou às ESCOLAS NACIONAIS DE FORMAÇÃO DE MAGISTRADOS, sem que houvesse ou tivesse sido demonstrada qualquer ilegalidade, imoralidade, abuso de poder ou desvio de finalidade na atuação das referidas Escolas, devendo, portanto, para fins de absoluta observância das competências constitucionais, ser REVOGADA.

# Competência disciplinar do Conselho Nacional de Justiça

## 4

O presente estudo foi apresentado na forma de *Parecer Jurídico* em Ação Direta de Inconstitucionalidade ajuizada pela AMB – Associação dos Magistrados do Brasil, com pedido de liminar, contra a Resolução nº 135, do Conselho Nacional de Justiça, publicada integralmente no *DJ* de 15-7-2011 pela ANAMATRA – Associação Nacional dos Magistrados da Justiça do Trabalho.

Na ADI 4638/DF requereu ao Supremo Tribunal Federal o julgamento da procedência da ação, para que "declare a inconstitucionalidade integral ou parcial da Resolução nº 135 do CNJ, sempre com efeitos *ex tunc*".

A ANAMATRA, por "congregar magistrados do trabalho em torno de interesses comuns", tendo por finalidade "defender e representar os interesses e prerrogativas dos associados perante as autoridades e entidades nacionais e internacionais" e "pugnar pelo crescente prestígio da Justiça do Trabalho", nos termos do art. 2º, incisos I, III e IV, de seu Estatuto, e tendo em vista a relevância da matéria, solicitou seu ingresso na presente ADI como *amicus curiae*, para que pudesse, presentes os "parâmetros reveladores da relevância da matéria e da representatividade do terceiro" (ADI nº 3346 AgR-ED/DF, Rel. Min. MARCO AURÉLIO, julgada em 28 de abril de 2009), auxiliar a "pluralizar o debate constitucional", função essa da própria criação e admissibilidade do *amicus curiae*, como bem destacado pelo Min. CELSO DE MELLO (ADI 2130-3/SC, *DJ*, 2-2-2001); e, na presente hipótese, em relação especificamente à constitucionalidade material do art. 12 da referida Resolução nº 135, de 13 de julho de 2011.

No item XII, de sua petição inicial ("A Inconstitucionalidade do art. 12 ao inverter o sentido da norma do texto constitucional, visando a atribuir uma competência disciplinar que o CNJ não possui 'concorrencial', afastando a competência disciplinar que possui 'subsidiária'"), a AMB pleiteou a inconstitucionalidade do art. 12, que prevê:

> "Art. 12. Para os processos administrativos disciplinares e para a aplicação de quaisquer penalidades prevista em lei, é competente o Tribunal a que pertença ou esteja subordinado o Magistrado, sem prejuízo da atuação do Conselho Nacional de Justiça.
>
> Parágrafo único: Os procedimentos e normas previstos nesta Resolução aplicam-se ao processo disciplinar para apuração de infrações administrativas praticadas

pelos Magistrados, sem prejuízo das disposições regimentais respectivas que com elas não conflitam."

A AMB pretendeu que fosse declarada por nossa Corte Suprema não só a inconstitucionalidade do referido artigo, mas também que fosse fixada a competência subsidiária do Conselho Nacional de Justiça, ao afirmar no item 165 de sua petição inicial: "Quando o legislador constituinte afirmou que haveria uma competência deferida ao CNJ 'sem' prejuízo da competência já atribuída aos Tribunais tratou de preservar, integralmente, a competência destes, de forma a tornar subsidiária a competência atribuída ao CNJ".

Com o devido respeito aos posicionamentos em contrário, não me pareceu ser essa a correta interpretação do texto constitucional, quando em seu art. 103-B, § 4º, III, expressamente determina:

> "Art. 103-B: [...]
>
> § 4º Compete ao Conselho o controle da atuação administrativa e financeira do Poder Judiciário e do cumprimento dos deveres funcionais dos juízes, cabendo-lhe, além de outras atribuições que lhe forem conferidas pelo Estatuto da Magistratura:
>
> [...]
>
> III – receber e conhecer das reclamações contra membros ou órgãos do Poder Judiciário, inclusive contra seus serviços auxiliares, serventias e órgãos prestadores de serviços notariais e de registro que atuem por delegação do poder público ou oficializados, sem prejuízo da competência disciplinar e correicional dos tribunais, podendo avocar processos disciplinares em curso e determinar a remoção, a disponibilidade ou a aposentadoria com subsídios ou proventos proporcionais ao tempo de serviço e aplicar outras sanções administrativas, assegurada a ampla defesa;"

O texto constitucional é extremamente claro, no inciso III, § 4º, do art. 103-B, ao estabelecer alguns importantes preceitos em relação à competência disciplinar do Conselho Nacional de Justiça:

(a) Trata-se de competência originária com substrato normativo retirado diretamente do texto constitucional, independentemente de outras atribuições que lhe possam ser conferidas pelo Estatuto da Magistratura.

(b) Aplica-se não somente aos Magistrados, mas também aos serviços auxiliares, serventias e órgãos prestadores de serviços notariais e de registro que atuem por delegação do poder público ou oficializados.

(c) Não extingue a competência disciplinar dos respectivos Tribunais.

Ao estabelecer como competência originária do Conselho Nacional de Justiça "receber e conhecer das reclamações contra membros do Poder Judiciário, inclusive contra seus serviços auxiliares", a EC nº 45/2004, igualmente, instrumentalizou o CNJ para cumprir sua missão constitucional, determinando, no § 5º do citado art. 103-B, as competências originárias de seu Ministro-Corregedor, entre elas: (a) receber as reclamações e denúncias, de qualquer interessado, relativas aos magistrados e aos serviços judiciários; (b) exercer as funções executivas do Conselho, de inspeção e de correição geral.

Em outras palavras, o próprio texto constitucional expressamente estabeleceu como competência originária do Conselho Nacional de Justiça sua atividade disciplinar e instrumentalizou o novo órgão com a criação do cargo de Ministro-Corregedor, também com competências originárias diretamente previstas pelo texto constitucional.

Note-se que a EC nº 45/2004 seguiu a tradição brasileira, proveniente do Direito Constitucional norte-americano, ao estabelecer diretamente as competências originárias dos Órgãos de Cúpula do Poder Judiciário – na espécie, o CNJ é o Órgão Administrativo de Cúpula do Poder Judiciário – no texto da Carta Magna, admitindo novas competências recursais, por meio de lei, no caso específico do Conselho Nacional de Justiça, por meio do Estatuto da Magistratura, Lei Complementar de iniciativa exclusiva do Supremo Tribunal Federal.

A excepcionalidade da fixação das competências disciplinares originárias do Conselho Nacional de Justiça, assim como ocorre secularmente em relação às competências jurisdicionais originárias do Supremo Tribunal Federal, exige previsão expressa e taxativa do texto constitucional, conforme princípio tradicional de distribuição de competências jurisdicionais nascido, conforme citado, com o próprio constitucionalismo norte-americano em 1787, no célebre caso *Marbury v. Madison* (1 Cranch 137 – 1803).

Esse posicionamento – previsão constitucional taxativa das competências originárias da Corte Suprema – tem mais de 200 anos no Direito Constitucional norte-americano e mais de 115 anos na doutrina e jurisprudência nacionais, pois, igualmente, foi consagrado no Brasil desde nossos primeiros passos republicanos (*RTJ 43/129*, *RTJ 44/563*, *RTJ 50/72*, *RTJ 53/776*), uma vez que o Supremo Tribunal Federal, que nasceu republicano com a Constituição de 1891 e com a função precípua de defender a Constituição em face, principalmente, do Poder Legislativo, por meio da revisão da constitucionalidade das leis, jamais admitiu que o Congresso Nacional pudesse alterar suas competências originárias por legislação ordinária (ARINOS, Afonso. *Curso de direito constitucional brasileiro*. Rio de Janeiro: Forense, 1960. p. 98), pois, como salientado por nossa Corte Suprema, seu "complexo de atribuições jurisdicionais de extração essencialmente constitucional, não comporta a possibilidade de extensão, que extravasem os rígidos limites fixados em *numerus clausus* pelo rol exaustivo inscrito no art. 102, I, da Carta Política" (STF – Petição nº 1.026-4/DF – Rel. Min. CELSO DE MELLO, *Diário da Justiça*, Seção I, 31 maio 1995, p. 15855. No mesmo sentido: *RTJ 43/129*; *RTJ 44/563*; *RTJ 50/72*; *RTJ 53/776*).

Esse mesmo princípio foi adotado pelo Legislador Constituinte Reformador ao editar a EC nº 45/2004, ao estabelecer as competências originárias do Conselho Nacional de Justiça, tornando-as excepcionais, inclusive em respeito à autonomia dos Tribunais, que, igualmente, têm substrato constitucional, conforme se verifica nos arts. 96, inciso I, e 99 da Carta Magna.

A questão em análise – refletida na edição do art.12 da Resolução nº 135, de 13 de julho de 2011 – situa-se na necessidade de compatibilização do princípio da autonomia dos Tribunais (CF, arts. 96, inciso I, e 99) com as competências constitucionais originárias do Conselho Nacional de Justiça (CF, art. 103-B, § 4º, III e § 5º, I, II e III), no âmbito disciplinar.

A atuação constitucional originária do Conselho Nacional de Justiça direciona-se para duas importantes missões: o controle da atuação administrativa e financeira do Poder Judiciário e o controle do cumprimento dos deveres funcionais dos juízes e órgãos auxiliares do Poder Judiciário.

Em ambos os casos, a EC nº 45/2004 buscou estabelecer a possibilidade de efetivo controle administrativo centralizado de legalidade sobre a atuação dos diversos juízos e tribunais, SEM PREJUÍZO DOS CONTROLES ADMINISTRATIVOS E DISCIPLINARES DE CADA TRIBUNAL E DO CONTROLE JURISDICIONAL, bem como sem prejuízo da autonomia financeira e administrativa que a Constituição da República consagrou aos Tribunais desde seu texto original e manteve com as alterações introduzidas pela EC nº 45/2004, denominada "Reforma do Judiciário".

As autonomias funcional, administrativa e financeira do Poder Judiciário, consagradas nos arts. 96 e 99 da Constituição da República Federativa do Brasil, somente a partir de 5 de outubro de 1988, dizem respeito à INSTITUIÇÃO como um todo, garantindo sua independência de atuação em relação aos demais Poderes da República.

Os TRIBUNAIS têm autogoverno, competindo-lhes eleger seus órgãos diretivos e elaborar seus regimentos internos (CF, art. 96, I, *a*) e devem elaborar e executar suas propostas administrativas e orçamentárias dentro dos limites estipulados pelo texto constitucional e pela legislação em vigor (CF, art. 99, § 1º), sempre atentos à preservação de sua AUTONOMIA (cf. FAYT, Carlos S. *Supremacia constitucional e independência de los jueces*. Buenos Aires: Depalma, 1994. p. 3-4).

Essas AUTONOMIA e INDEPENDÊNCIA amplas encontram resguardo em todos os Estados democráticos de Direito, pois os TRIBUNAIS têm, sob o ponto de vista estrutural-constitucional, uma posição jurídica idêntica à dos outros órgãos constitucionais de soberania, pois da mesma forma desempenham funções cuja vinculatividade está jurídico-constitucionalmente assegurada.

Em face disso, conforme afirmado, o texto constitucional permite aos TRIBUNAIS, como alicerce da independência do PODER JUDICIÁRIO, sua plena autonomia administrativa e financeira (CF, art. 99), a eleição de seus órgãos diretivos (CF, art. 96, I, *a*), pois se trata de função governativa, na medida em que tais dirigentes comandam um dos segmentos do Poder Público.

Dessa forma, a eleição dos órgãos de direção dos TRIBUNAIS, assim como a de seus dirigentes e o exercício de suas competências respectivas constitucionais, devem ser realizadas sem ingerências externas, seja do Poder Executivo, seja do Poder Legislativo, ou mesmo de outros Tribunais, pois, como lembra JOSÉ MANUEL BANDRÉS, citando ALEXIS DE TOCQUEVILLE, a força dos tribunais tem sido, em todos os tempos, a maior garantia que se pode oferecer às liberdades individuais (*Poder judicial y Constitución*. Barcelona: Casa Editorial, 1987. p. 75-76).

EM DEFESA DA AUTONOMIA DO PODER JUDICIÁRIO, uma das mais importantes GARANTIAS DA SOCIEDADE, a própria Constituição Federal prevê, em seu art. 103-B, § 4º, inciso I, ser também competência originária do CONSELHO NACIONAL DE JUSTIÇA "zelar pela autonomia do Poder Judiciário".

Trata-se, portanto, de um aparente conflito de normas constitucionais aplicáveis a um mesmo Poder de Estado – PODER JUDICIÁRIO.

Havendo, em tese, CONTRADIÇÃO DE PRINCÍPIOS, por aparente conflito entre normas constitucionais estruturais do Poder Judiciário, não se mostraria desproporcional a utilização do PRINCÍPIO DA CONCORDÂNCIA PRÁTICA, também conhecido como PRINCÍPIO DA HARMONIZAÇÃO, de forma a coordenar e combinar os bens jurídicos em conflito (Competência constitucional originária do CONSELHO NACIONAL DE JUSTIÇA e Autonomia administrativa dos TRIBUNAIS), evitando o SACRIFÍCIO TOTAL de uma norma em relação à outra, sendo possível uma redução proporcional do âmbito de alcance de cada qual, sempre em busca do verdadeiro significado da norma e da HARMONIA DO TEXTO CONSTITUCIONAL com sua finalidade precípua de GARANTIR O BEM-ESTAR SOCIAL.

Na hipótese em questão, essa harmonização é PLENA e RAZOÁVEL, pois, como se afirmou, trata-se somente de aparente conflito entre normas constitucionais estruturais do Poder Judiciário, pois há, em MATÉRIA DISCIPLINAR REFERENTE A MAGISTRADOS, duas NORMAS DE COMPETÊNCIAS CONSTITUCIONAIS ORIGINÁRIAS EXPRESSAS, que se completam e devem ser conciliadas, de maneira a garantir a COMPETÊNCIA CONCORRENTE EM MATÉRIA DISCIPLINAR entre o Conselho Nacional de Justiça e os Tribunais.

A interpretação razoável, mesmo a partir da EC nº 45/2004, continua sendo a de que os Tribunais, nos termos do art. 96, inciso I, *b*, do Texto Constitucional, continuem não só organizando suas Corregedorias, mas também exercendo sua função correicional em relação a suas secretarias e serviços auxiliares, bem como em relação aos juízes que lhes forem vinculados.

Porém, o que lhes era EXCLUSIVO e TERMINATIVO, até a edição da EC nº 45/2004, tornou-se CONCORRENTE e NÃO TERMINATIVO nos termos do art. 103-B, § 4º, III, e § 5º, I e II.

Ressalte-se que a alteração trazida em sede disciplinar e correicional pela EC nº 45/2004 não foi somente em relação à EXCLUSIVIDADE de seu exercício pelos Tribunais em relação aos respectivos Órgãos e serventias vinculados; mas também ao seu caráter TERMINATIVO, que deixou de existir.

O CONSELHO NACIONAL DE JUSTIÇA, por determinação expressa do Texto Constitucional, pode "receber as reclamações e denúncias, de qualquer interessado, relativas aos magistrados e aos servidores judiciários" (CF, art. 103-B, § 5º, I), realizando inspeções e correições (CF, art. 103-B, § 5º, II), pois é de sua COMPETÊNCIA CONSTITUCIONAL ORIGINÁRIA o controle da atuação administrativa e financeira do Poder Judiciário e do cumprimento dos deveres funcionais dos juízes (CF, art. 103, § 4º), recebendo e conhecendo das reclamações contra membros ou órgãos do Poder Judiciário (CF, art. 103, § 4º, III); podendo inclusive "avocar processos disciplinares em curso" (CF, art. 103, § 4º, III); obviamente, sempre de forma motivada, nos termos do art. 93, IX, da Constituição Federal, uma vez que a legitimidade democrática do PODER JUDICIÁRIO baseia-se na fundamentação e respeito de suas decisões pelos demais Poderes por ele fiscalizados e, principalmente, pela Sociedade. Assim, todos os seus pronunciamentos, inclusive a instauração de procedimentos disciplinares, devem ser fundamentados (ABRAHAN, Henry. *A Corte Suprema no evolutivo processo político*. Vários autores – Ensaios sobre a constituição dos Estados Unidos. Rio de Janeiro: Forense Universitária, 1978. p. 99).

O exercício da COMPETÊNCIA CONSTITUCIONAL ORIGINÁRIA DISCIPLINAR, seja pelo CONSELHO NACIONAL DE JUSTIÇA, seja pelos TRIBUNAIS, portanto, deverá sempre, nos termos do art. 93, IX, da Constituição Federal, ser motivado, por trata-se a fundamentação, como ressalta RENÉ DAVID, de:

> "uma garantia contra as decisões arbitrárias e, mais ainda, talvez como uma garantia de que as decisões serão maduramente refletidas e conformes ao direito"

(*Os grandes sistemas do Direito Contemporâneo*. São Paulo: Martins Fontes, 1998. p. 125).

Patente, pois, que a competência disciplinar dos Tribunais que, antes da EC nº 45/2004, era EXCLUSIVA e TERMINATIVA, passou, a partir da criação do CONSELHO NACIONAL DE JUSTIÇA a ser CONCORRENTE e NÃO TERMINATIVA.

É o próprio art. 103, § 4º, inciso III, que admite expressamente essa CONCORRÊNCIA DE COMPETÊNCIAS DISCIPLINARES, ao estabelecer a competência do CNJ, "sem prejuízo da competência disciplinar e correicional dos tribunais".

Por sua vez, tanto o inciso III do § 4º ("podendo avocar processos disciplinares em curso"), quanto o inciso I do § 5º ("receber as reclamações e denúncias, de qualquer interessado, relativas aos magistrados e aos serviços judiciários"), ambos do art. 103-B, consagram o CARÁTER NÃO TERMINATIVO DA FUNÇÃO DISCIPLINAR E CORREICIONAL DOS TRIBUNAIS, a partir da EC nº 45/2009, pois o processo disciplinar poderá ser novamente analisado pelo CONSELHO NACIONAL DE JUSTIÇA.

O INTÉRPRETE MAIOR DA CARTA MAGNA, perante aparente conflito de normas constitucionais, deverá evitar contradições entre princípios, preceitos e regras estabelecidos em seu texto (Método da Unidade da Constituição), garantindo a plena eficácia das normas constitucionais e a segura atuação de todos os órgãos do Poder Judiciário, pois, como salienta CANOTILHO, o intérprete deve

> "considerar a Constituição na sua globalidade e procurar harmonizar os espaços de tensão existentes entre as normas constitucionais a concretizar" (*Direito constitucional e teoria da Constituição*. 2. ed. Coimbra: Almedina, 1998).

Nesse sentido, decidiu o MINISTRO JOAQUIM BARBOSA, afirmando que:

> "Ademais, ainda que esse fosse o resultado concreto da ressalva da competência dos tribunais além da atribuída ao CNJ, concluir-se-ia que não ocorreria conflito de competência, mas superioridade hierárquica do CNJ em questões disciplinares" (MS 26110 – MC, julgado em 18-8-2006).

A CORTE SUPREMA deverá, portanto, aplicar a interdependência e complementaridade das normas constitucionais, que não deverão, como nos lembra GARCIA DE ENTERRIA, ser interpretadas isoladamente, sob pena de desrespeito à vontade do legislador constituinte (*Reflexiones sobre la ley e los princípios generales del derecho*. Madri: Civitas, 1996. p. 30), que, mesmo sendo derivado (EC nº 45/2004), criou o CONSELHO NACIONAL DE JUSTIÇA com COMPETÊNCIA CONSTITUCIONAL ORIGINÁRIA PARA MATÉRIA DISCIPLINAR, no intuito de aperfeiçoar a atividade correicional e disciplinar do Poder Judiciário, conforme destacado pelo MINISTRO CEZAR PELUSO, na ADI 3367/DF.

O MINISTRO-PRESIDENTE DA CORTE e do CNJ, na ADI 3367 (sobre a constitucionalidade do CNJ), apontou que a criação do CONSELHO NACIONAL DE JUSTIÇA, com sua ampla função disciplinar, estaria "suprindo uma das mais notórias deficiências orgânicas do Poder, capacita a entidade a exercer essa mesma competência disciplinar, agora no PLANO NACIONAL, SOBRE TODOS OS JUÍZES HIERARQUICAMENTE SITUADOS ABAIXO DESTA SUPREMA CORTE", conforme se verifica em outro trecho de seu VOTO-RELATOR:

"Igual coisa pode dizer-se de imediato sobre a competência de controle do cumprimento dos deveres funcionais dos juízes. Ou a atribuição em si, a este ou àquele órgão, não trinca nem devora a independência do Poder, ou se há de confessar que este nunca tenha sido verdadeiramente autônomo ou independente. A outorga dessa particular competência ao Conselho não instaura, como novíssima das novidades, o regime censório interno, a que, sob a ação das corregedorias, sempre estiveram sujeitos, em especial, os magistrados dos graus inferiores, senão que, suprindo uma das mais notórias deficiências orgânicas do Poder, capacita a entidade a exercer essa mesma competência disciplinar, agora no plano nacional, sobre todos os juízes hierarquicamente situados abaixo desta Suprema Corte. Como se percebe sem grandes ginásticas de dialética, deu-se apenas dimensão nacional a um poder funcional necessário a todos os ramos do governo, e cujo exercício atém-se, como não podia deixar de ser, às prescrições constitucionais e às normas subalternas da Lei Orgânica da Magistratura e do futuro Estatuto, emanadas todas do Poder Legislativo, segundo os princípios e as regras fundamentais da independência e harmonia dos Poderes".

Dessa forma, com o devido respeito às posições em contrário, NÃO encontra respaldo no PRINCÍPIO DA RAZOABILIDADE qualquer interpretação que acarrete o AFASTAMENTO da COMPETÊNCIA CONSTITUCIONAL DISCIPLINAR ORIGINÁRIA do CONSELHO NACIONAL DE JUSTIÇA, pois, igualmente, iria impedir o ACESSO DE QUALQUER INTERESSADO (Direito de Petição) ao Órgão de Cúpula Administrativa do Poder Judiciário, como previsto no art. 105, § 5º, I, da CARTA MAGNA, com claro ferimento ao Direito de Petição e aos Princípios da Transparência, Moralidade Administrativa e Juiz Natural.

O PRINCÍPIO DA RAZOABILIDADE pode ser definido como aquele que exige Proporcionalidade, Justiça e Adequação entre os meios utilizados pelo Poder Público, no exercício de suas atividades – na hipótese, ATIVIDADE JURISDICIONAL INTERPRETATIVA DO SUPREMO TRIBUNAL FEDERAL –, e os fins por ela almejados, levando-se em conta critérios racionais e coerentes (cf. BUCCI, Maria Paula Dallari. O princípio da razoabilidade em apoio à legalidade. *Cadernos de Direito Constitucional e Ciência Política*. São Paulo: Revista dos Tribunais, ano 4, nº 16, p. 173, jul./set. 1996; BANDEIRA DE MELLO, Celso Antônio. Regulamentação profissional: princípio da razoabilidade. *Revista de Direito Administrativo*, v. 204, p. 333 ss., abr./jun. 1996).

Conforme destacado por JOSÉ EDUARDO MARTINS CARDOSO, sob a óptica da Administração Pública, o PRINCÍPIO DA RAZOABILIDADE pode ser definido como o princípio que determina aos Poderes Públicos "o dever de atuar em plena conformidade com critérios racionais, sensatos e coerentes, fundamentados nas concepções sociais dominantes" (Princípios constitucionais da administração pública [de acordo com a emenda constitucional nº 19/98]. In: *Os 10 anos da Constituição Federal*. São Paulo: Atlas, 1998. p. 182).

O que se espera do SUPREMO TRIBUNAL FEDERAL, na presente hipótese, é uma COERÊNCIA LÓGICA entre as TRANSFORMAÇÕES TRAZIDAS PELA EC Nº 45/2004 – em especial com a criação e previsão de competências originárias do Conselho NACIONAL DE JUSTIÇA – com a PRESERVAÇÃO DA AUTONOMIA DOS TRIBUNAIS, sem, porém, EXTIRPAR TEXTO EXPRESSO DA CARTA MAGNA e EXTINGUIR IMPORTANTE COMPETÊNCIA ORIGINÁRIA DISCIPLINAR DO CNJ, pois, como apontado por AUGUSTIN GORDILLO (*Princípios gerais do direito público*. São Paulo: Revista dos Tribunais, 1977. p. 183), a decisão do Poder Público será sempre ilegítima, desde que sem racionalidade, mesmo que não transgrida explicitamente norma concreta e expressa, ou ainda, no dizer de ROBERTO DROMI (*Derecho administrativo*. 6. ed. Buenos Aires: Ciudad Argentina, 1997. p. 36), a razoabilidade engloba a prudência, a proporção, a indiscriminação, a proteção, a proporcionalidade, a causalidade, em suma, a não arbitrariedade.

Como apontar racionalidade, proporção e causalidade em eventual interpretação que – contrariando texto expresso constitucional – passe a submeter uma das COMPETÊNCIAS CONSTITUCIONAIS ORIGINÁRIAS DO CONSELHO NACIONAL DE JUSTIÇA ("controle do cumprimento dos deveres funcionais dos juízes", "receber e conhecer das reclamações contra membros ou órgãos do Poder Judiciário", "receber as reclamações e denúncias, de qualquer interessado, relativas aos magistrados e aos servidores judiciários", "exercer funções executivas do Conselho, de inspeção e de correição geral") à ATUAÇÃO DE TODOS OS DEMAIS TRIBUNAIS? Não é constitucionalmente possível.

Não é prudente, protetivo e não abusivo esse entendimento contraditório, pois acaba por conceder a todos os TRIBUNAIS enorme discricionariedade para reflexamente ANULAREM a função disciplinar do CONSELHO NACIONAL DE JUSTIÇA, como melhor lhes aprouver, bastando para tanto iniciar procedimentos disciplinares infindáveis.

A RAZOABILIDADE, portanto, deve ser utilizada como parâmetro para se evitarem os tratamentos excessivos (*ubermassig*), inadequados (*unangemessen*), buscando-se sempre no caso concreto o tratamento necessariamente exigível (*erforderlich, unerlablich, unbedingt notwendig*), que na presente hipótese é a interpretação, com base nos arts. 103-B, § 4º, III, e § 5º, I e II c.c 96, I, *a* e *b*, todos do Texto Constitucional, da EXISTÊNCIA DE COMPETÊNCIAS ORIGINÁRIAS CONCORRENTES EM MATÉRIA DISCIPLINAR ENTRE O CONSELHO NACIONAL DE JUSTIÇA e OS TRIBUNAIS.

Importante, ainda, salientar, que o afastamento de FORMA ABSOLUTA DA COMPETÊNCIA CONCORRENTE EM MATÉRIA DISCIPLINAR afastaria a possibilidade de "qualquer interessado" (art. 103-B, § 5º, inciso I), inclusive do próprio Magistrado ou servidor do Poder Judiciário, em poder dirigir-se diretamente, em matéria disciplinar, ao CONSELHO NACIONAL DE JUSTIÇA, em flagrante desrespeito ao PRINCÍPIO DA EFICIÊNCIA e ao PRINCÍPIO DO JUIZ NATURAL, consagrado constitucionalmente.

Em relação ao PRINCÍPIO DA EFICIÊNCIA, a CONCORRÊNCIA DE COMPETÊNCIAS, conforme estabelecida pela EC nº 45/2004, teve por finalidade melhorar a fiscalização disciplinar no âmbito do Poder Judiciário, como reconhecido pelo próprio MINISTRO CESAR PELUSO, em voto na citada ADI 3367/DF:

> "Entre nós, é coisa notória que os atuais instrumentos orgânicos de controle ético-disciplinar dos juízes, porque praticamente circunscritos às corregedorias, não são de todo eficientes, sobretudo nos graus superiores de jurisdição, como já o admitiram com louvável sinceridade os próprios magistrados, em conhecido estudo de MARIA TEREZA SADEK. Realidade algo semelhante encontra-se nos demais países latino-americanos. Perante esse quadro de relativa inoperância dos órgãos internos a que se confinava o controle dos deveres funcionais dos magistrados, não havia nem há por onde deixar de curvar-se ao cautério de NICOLÓ TROCKER: 'o privilégio da substancial irresponsabilidade do magistrado não pode constituir o preço que a coletividade é chamada a pagar, em troca da independência dos seus juízes'".

Em relação à Garantia Fundamental do Juiz Natural, diferentemente do que ocorria nos textos constitucionais anteriores, foi incorporada ao texto da Constituição brasileira de 1988, pois a IMPARCIALIDADE DO PODER JUDICIÁRIO, inclusive em matéria de procedimentos disciplinares, é a segurança do povo contra o arbítrio estatal, e encontra no PRINCÍPIO DO JUIZ NATURAL, proclamado nos incisos XXXVII e LIII do art. 5º da Constituição República Federativa do Brasil, uma de suas garantias indispensáveis.

Como consagrado pelo SUPREMO TRIBUNAL FEDERAL:

"O princípio da naturalidade do Juízo – que traduz significativa conquista do processo penal liberal, essencialmente fundado em bases democráticas – atua como fator de limitação dos poderes persecutórios do Estado e representa importante garantia de imparcialidade dos juízes e tribunais" (STF – 1ª T. – HC nº 69.601/SP – Rel. Min. CELSO DE MELLO, *Diário da Justiça*, Seção I, 18 dez. 1992, p. 24.377).

O Juiz Natural é somente aquele integrado no Poder Judiciário, com todas as garantias institucionais e pessoais previstas na Constituição Federal, devendo ser interpretado em sua plenitude, de forma a não só proibir a criação de Tribunais ou juízos de exceção, como também exigir respeito absoluto às regras objetivas de determinação de competência – na presente hipótese, regras de COMPETÊNCIA DISCIPLINAR – para que não sejam afetadas a independência e a imparcialidade do órgão julgador.

Não será possível afastar de "qualquer interessado" (CF, art. 103-B, § 5º, I) a POSSIBILIDADE DE ACESSAR DIRETAMENTE O CONSELHO NACIONAL DE JUSTIÇA, consagrado pela EC nº 45/2004, também como JUIZ NATURAL para as questões disciplinares da Magistratura, sob pena de ferimento ao Estado de Direito e descrédito perante a SOCIEDADE.

Como salientado pelo MINISTRO CELSO DE MELLO (ADI 3367/DF):

"Sempre entendi essencial e plenamente compatível com a ideia republicana – que possui extração constitucional – a necessidade de instaurar-se, em nosso País, um sistema destinado a viabilizar a instituição de modelo vocacionado a conferir efetividade ao processo de fiscalização social dos atos não-jurisdicionais emanados dos membros e órgãos do Poder Judiciário [...]. Vê-se, desse modo, a partir de nossa própria experiência institucional, que a ideia de fiscalização social e externa revela-se imanente ao sistema da Constituição, por traduzir mecanismo compatível com o postulado republicano [...]. Nenhuma instituição da República está acima da Constituição, nem pode pretender-se excluída da crítica social ou do alcance da fiscalização da coletividade [...]".

Importante concluirmos com um dos mais belos trechos do voto do MINISTRO CEZAR PELUSO, na citada ADI 3367/DF, onde nos deu verdadeira lição de HUMILDADE e RESPEITO À CONSTITUIÇÃO, ao declarar a constitucionalidade do CONSELHO NACIONAL DE JUSTIÇA e de suas COMPETÊNCIAS, afirmando:

"Eu próprio jamais escondi oposição viva, menos à necessidade da ressurreição ou criação de um órgão incumbido do controle nacional da magistratura, do que ao perfil que se projetava ao Conselho e às prioridades de uma reforma que, a meu sentir, andava ao largo das duas mais candentes frustrações do sistema, a marginalização histórica das classes desfavorecidas no acesso à Jurisdição e a morosidade atávica dos processos. Não renuncio às minhas reservas cívicas, nem me retrato das críticas pré-jurídicas à extensão e à heterogeneidade da composição do Conselho. Mas isso não podia impedir-me, como meus sentimentos e predileções pessoais não me impediram nunca, em quatro lustros de ofício jurisdicional, de, atento à velha observação de CARDOZO, ter 'aberto os ouvidos sacerdotais ao apelo de outras vozes', ciente de que 'as palavras mágicas e as encantações são tão fatais à nossa ciência quanto a quaisquer outras'. Julgo a causa perante a Constituição da República".

Para, mais adiante, proclamar:

"Longe, pois, de conspirar contra a independência judicial, a criação de um órgão com poderes de controle nacional dos deveres funcionais dos Magistrados responde a uma imperfeição contingente do Poder, no contexto do sistema republicano de governo. Afinal, 'regime republicano é regime de responsabilidade. Os agentes públicos respondem por seus atos'. E os mesmos riscos teóricos de desvios pontuais, que se invocam em nome de justas preocupações, esses já existiam no estado precedente de coisas, onde podiam errar, e decerto em alguns casos erraram, os órgãos corregedores".

Diante de todo o exposto, entendemos que a Constituição de 1988, com a redação dada pela EC nº 45/2004, CONSAGROU EM MATÉRIA DISCIPLINAR COMPETÊNCIA CONCORRENTE ENTRE O CONSELHO NACIONAL DE JUSTIÇA E OS TRIBUNAIS, SEMPRE COM A POSSIBILIDADE DE ÚLTIMA ANÁLISE PELO CNJ; devendo, portanto, ser declarada a constitucionalidade do art. 12 da Resolução nº 135, de 13 de julho de 2011, do Conselho Nacional de Justiça.

# Competência legislativa para legislar sobre bombeiros voluntários

# 5

O presente estudo foi apresentado na forma de *Parecer Jurídico* com solicitação de análise, pela Federação Nacional das Entidades de Oficiais Militares Estaduais (FENEME), da inconstitucionalidade do § 2º do art. 109 e do parágrafo único do art. 112, ambos da Constituição do Estado de Santa Catarina, especialmente, em face dos arts. 37, XXI; 61, § 1º, II, *b*; 144, § 6º; e 175, *caput*, todos da Constituição Federal.

As redações dos textos normativos impugnados são as respectivas:

| CONSTITUIÇÃO DO ESTADO DE SANTA CATARINA | |
|---|---|
| § 2º, art. 109 | "O Estado estimulará e apoiará, técnica e financeiramente, a atuação de entidades privadas na defesa civil, particularmente os corpos de bombeiros voluntários." |
| Parágrafo único, art. 112 | "No exercício da competência de fiscalização de projetos, edificações e obras nos respectivos territórios, os Municípios poderão, nos termos de lei local, celebrar convênios com os corpos de bombeiros voluntários, legalmente constituídos até maio para fins de verificação e certificação do atendimento às normas de segurança contra incêndio." |

A Federação Nacional das Entidades de Oficiais Militares Estaduais (FENEME) nos apresentou os seguintes quesitos a serem analisados:

QUESITO 1 – O § 2º do art. 109 da Constituição do Estado de Santa Catarina, ao estabelecer norma de organização, bem como criar encargos no âmbito da Administração Pública, é inconstitucional por usurpação de iniciativa privativa do Chefe do Executivo para deflagrar o processo legislativo nessas hipóteses?

QUESITO 2 – O parágrafo único do art. 112 da Constituição do Estado de Santa Catarina, ao disciplinar regras sobre fiscalização de projetos, edificações e obras nos

Municípios, desrespeitou a distribuição de competências legislativas estabelecida na Constituição Federal?

A análise dos textos normativos em face da Constituição da República Federativa do Brasil demonstra a existência de flagrante inconstitucionalidade formal, **seja por usurpação de iniciativa privativa do Chefe do Poder Executivo** (art. 109, § 2º), **seja por desrespeito às regras constitucionais de distribuição de competência entre os entes federativos** (art. 112, parágrafo único).

---

**INCONSTITUCIONALIDADE FORMAL por desrespeito às regras constitucionais de distribuição de competência entre os entes federativos: art. 112, parágrafo único, da Constituição estadual.**

---

**INCONSTITUCIONALIDADE FORMAL POR USURPAÇÃO DE INICIATIVA PRIVATIVA DO CHEFE DO PODER EXECUTIVO LOCAL: art. 109, § 2º, da Constituição estadual.**

---

O presente **PARECER JURÍDICO** analisará primeiramente a grave invasão estadual na autonomia legislativa municipal (art. 112, parágrafo único) e, na sequência, a presença de usurpação de iniciativa privativa do Chefe do Executivo (art. 109, § 2º) pela Assembleia Legislativa de Santa Catarina.

A redação do parágrafo único do art. 112 da Constituição Estadual de Santa Catarina desrespeita **frontalmente a DISTRIBUIÇÃO CONSTITUCIONAL DE COMPETÊNCIAS**, usurpando competência do **MUNICÍPIO e atentando contra os princípios básicos do Estado Federal.**

O **FEDERALISMO** e suas **regras de distribuição de competências legislativas** são um dos **grandes alicerces da consagração da fórmula** *Estado de Direito*, que, conforme salientado por PABLO LUCAS VERDÚ, "ainda exerce particular fascinação sobre os juristas".

Essa fórmula aponta a necessidade de o Direito ser respeitoso com as liberdades individuais tuteladas pelo Poder Público, dividindo-se os centros de poder entre os entes federativos, cuja importância é ressaltada tanto por JORGE MIRANDA (*Manual de direito constitucional*. 4. ed. Coimbra: Coimbra Editora, 1990. t. 1, p. 13-14), quanto por CANOTILHO (*Direito constitucional e teoria da Constituição*. Coimbra: Almedina, 2008. p. 87).

A história do FEDERALISMO inicia-se com a Constituição norte-americana de 1787; a análise de suas características, bem como do desenvolvimento de seus institutos, vem sendo realizada desde os escritos de JAY, MADISON e HAMILTON, nos artigos federalistas, publicados sob o codinome *Publius*, durante os anos de 1787-1788, até os dias de hoje, e mostra que se trata de um **sistema baseado principalmente na consagração da divisão** constitucional de competências, para manutenção de autonomia dos entes federativos (COOLEY, Thomas Mclntyre. *The general principles of constitutional law in the United States of America*. 3. ed. Boston: Little, Brown and Company, 1898. p. 52; ROBINSON, Donald L. *To the best of my ability*: the presidency and the constitution. New York: W. W. Norton & Company, 1987. p. 18-19).

Em 1887, em seu centenário, o estadista inglês WILLIAN GLADSTONE, um dos maiores primeiros-ministros ingleses, afirmou que a Constituição dos Estados Unidos "era a mais maravilhosa obra jamais concebida num momento dado pelo cérebro e o propósito do homem", por equilibrar o exercício do poder.

É importante salientar, dentro dessa perspectiva da *"mais maravilhosa obra jamais concebida"*, que a questão do federalismo e do equilíbrio entre o Poder Central e os Poderes Regionais foi das mais discutidas durante a Convenção norte-americana.

**A manutenção do equilíbrio Democrático e Republicano**, no âmbito do Regime Federalista, depende do bom entendimento, definição, fixação de funções, deveres e responsabilidades entre os três Poderes, bem como **da fiel observância da distribuição de competências legislativas, administrativas e tributárias entre União, Estados e Municípios, característica do Pacto Federativo**, consagrado constitucionalmente no Brasil, desde a primeira Constituição Republicana, em 1891, até a Constituição Federal de 1988.

LUCA LEVI lembra que

> "a federação constitui, portanto, a realização mais alta dos princípios do constitucionalismo. Com efeito, a ideia do Estado de direito, **o Estado que submete todos os poderes à lei constitucional**, parece que pode encontrar sua plena realização somente quando, **na fase de uma distribuição substancial das competências**, o Executivo e o Judiciário assumem as características e as funções que têm no Estado Federal" (BOBBIO, Norberto; MATTEUCCI, Nicola; PASQUINO, Gianfranco (Coord.). *Dicionário de política*. v. I, p. 482. Conferir, ainda: DUVERGER, Maurice. *Droit constitutionnel et institutions politiques*. Paris: Presses Universitaires de France, 1955. p. 265).

A Federação, portanto, **nasceu adotando a necessidade de um poder central com competências suficientes para manter a união e coesão do próprio País**, garantindo-lhe, como afirmado por HAMILTON, a oportunidade máxima para a consecução da paz e liberdade contra o faccionismo e a insurreição (*The Federalist papers,* nº IX) e permitindo à **União realizar seu papel aglutinador dos diversos Estados-membros e de equilíbrio no exercício das diversas funções constitucionais delegadas aos três poderes de Estado.**

Como bem descreve MICHEL J. MALBIN, "a intenção dos elaboradores da Carta Constitucional Americana foi justamente **estimular e incentivar a diversidade**, transcendendo as facções e trabalhando pelo bem comum" (*A ordem constitucional americana*. Rio de Janeiro: Forense Universitária, 1987. p. 144), consagrando, ainda, **a pluralidade de centros locais de poder, com autonomia de autogoverno e autoadministração, coordenados pelo poder central, cujas competências seriam indicadas expressamente pela Constituição Federal**, para que se reforçasse a ideia de **preservação da liberdade na elaboração do federalismo**, como salientado por ALEXIS DE TOCQUEVILLE, ao comentar a formação da nação americana (*Democracia na América:* leis e costumes. São

Paulo: Martins Fontes, 1988. p. 37 ss.), que serviu de modelo à nossa Primeira Constituição Republicana em 1891.

Durante a evolução do federalismo – e, especialmente, em relação **à DISTRIBUIÇÃO DE COMPETÊNCIAS NO BRASIL NA CONSTITUIÇÃO DE 1988 –**, passou-se da ideia **de três campos de poder mutuamente exclusivos e limitadores, pelos quais a União, os Estados e os Municípios teriam suas áreas exclusivas de autoridade,** para um novo modelo federal, baseado principalmente na cooperação e caracterizado, como salientado por KARL LOEWENSTEIN, pelo aumento do poder político da União, com o aumento de suas competências taxativamente previsto pelo texto constitucional (*Teoria de la constitución*. Barcelona: Ariel, 1962. p. 362) e com a adoção do **PRINCÍPIO DA PREDOMINÂNCIA DO INTERESSE**, resguardando aos Municípios os **ASSUNTOS DE INTERESSE LOCAL**.

Consequentemente, **concordemos ou não**, as contingências político-econômicas geraram **aumento gradativo de poder político ao Congresso Nacional, em detrimento das Assembleias locais,** tanto nos Estados Unidos da América, quanto no Brasil, como salientado por JOSÉ ALFREDO DE OLIVEIRA BARACHO (*Teoria geral do federalismo*. Rio de Janeiro: Forense, 1986. p. 317), e facilmente constatado ao analisarmos o rol de competências legislativas da UNIÃO estabelecidas no art. 22 do texto constitucional; bem como **geraram o grande fortalecimento das competências municipais,** fenômeno esse **genuinamente brasileiro.**

Obviamente, essa evolução **gerou reflexos importantíssimos na distribuição de competências administrativas e legislativas entre a União, os Estados membros e os Municípios** em todos os países que seguiram o modelo norte-americano, em especial, no Brasil, com repercussão no texto da Constituição da República Federativa de 1988.

A Constituição de 1988 manteve a tradição republicana, adotando o *federalismo,* forma de Estado que **gravita em torno do princípio da autonomia e da participação política** e pressupõe a consagração de certas regras constitucionais, tendentes não somente à sua configuração, mas também à sua manutenção e indissolubilidade, como destacado por GERALDO ATALIBA (*República e constituição*. São Paulo: Revista dos Tribunais, 1985. p. 10), e, entre elas, a **tradicional divisão de competências legislativas entre União, Estados/Distrito Federal e Municípios.**

**HÁ, PORTANTO, UMA CERTEZA NOS REGIMES FEDERALISTAS**, qual seja, a **autonomia das entidades federativas**, que **pressupõe repartição, em maior ou menor escala, de competências legislativas, administrativas e tributárias**, sendo, pois, um dos pontos caracterizadores e asseguradores do convívio no Estado Federal (BADIA, Juan Fernando. *El estado unitário*: el federal y el estado reginal. Madri: Tecnos, 1978. p. 77). **Essa decisão está consubstanciada nos arts. 1º e 18 da Constituição de 1988** (conferir, a respeito: FERREIRA FILHO, Manoel Gonçalves. O Estado federal brasileiro na Constituição de 1988. *Revista de Direito Administrativo*, nº 179, p. 1; HORTA, Raul Machado. Tendências atuais da federação brasileira. *Cadernos de direito constitucional e ciência política*, nº 16, p. 17; e do mesmo autor: Estruturação da federação. *Revista de Direito Público*, no 81, p. 53; VELLOSO, Carlos Mário. Estado federal e estados federados na Constituição brasileira de 1988: do equilíbrio federativo. *Revista de Direito Administrativo*, nº 187, p. 1; MARINHO, Josaphat. Rui Barbosa e a federação. *Revista de Informação Legislativa*, nº 130, p. 40; FAGUNDES, Seabra. Novas perspectivas do federalismo brasileiro. *Revista de Direito Administrativo*, nº 99, p. 1).

A própria Constituição Federal estabelecerá as matérias próprias de cada um dos entes federativos, União, Estados membros, Distrito Federal e Municípios, e a partir disso **poderá acentuar ora maior centralização de poder, na própria União, ora maior descentralização nos Estados membros e Municípios, sempre, porém, respeitando a distribuição de competências constitucionais sob pena de acarretar a inconstitucionalidade formal da lei ou ato normativo.**

O princípio geral que norteia a repartição de competência entre os entes componentes do Estado Federal, conforme salientado anteriormente, é o **PRINCÍPIO DA PREDOMINÂNCIA DO INTERESSE.**

Assim, pelo Princípio da Predominância do Interesse, à União caberão aquelas matérias e questões de predominância do interesse geral, ao passo que aos Estados referem-se as matérias de predominante interesse regional e aos **Municípios concernem os assuntos de interesse local, nos termos do art. 30, inciso I, do texto Constitucional.**

Em respeito à divisão de competências no Estado Federal, a função legislativa dos Municípios deve ser exercida pela Câmara dos Vereadores, que é o órgão legislativo do município, em colaboração com o prefeito, a quem cabe também o poder de iniciativa das leis, assim como o poder de sancioná-las e promulgá-las, nos termos propostos como modelo, pelo processo legislativo federal.

Dessa forma, a atividade legislativa municipal submete-se aos princípios da Constituição Federal com estrita obediência à Lei Orgânica dos municípios, à qual cabe o importante papel de definir as matérias de competência legislativa da Câmara, uma vez que a Constituição Federal não a exaure, pois usa a expressão *interesse local* como catalisador dos assuntos de competência municipal.

As competências legislativas do município caracterizam-se pelo princípio da predominância do *interesse local*, consubstanciando-se em competência genérica (CF, art. 30, I), inclusive para a organização e prestação dos serviços públicos de interesse local e o exercício do respectivo Poder de Polícia administrativo municipal (CF, art. 30, V), **NÃO PERMITINDO QUALQUER INGERÊNCIA DO ESTADO MEMBRO** em sua autonomia (NERY FERRARI, Regina M. Macedo. Competência legislativa do município. *Cadernos de Direito Constitucional e Ciência Política*, São Paulo: Revista dos Tribunais, ano 1, nº 1, p. 258, out./dez. 1992; NOGUEIRA, Rubem. O município e a organização dos serviços públicos locais. *Revista de Informação Legislativa*, Brasília: Senado Federal, ano 2, nº 7, p. 47, jul./set. 1965; GUIMARÃES, Jackson Rocha; SILVA, Gutemberg da Mota e. Os serviços comuns metropolitanos e a autonomia municipal. *Revista de Informação Legislativa*, Brasília: Senado Federal, ano 21, nº 83, p. 273, jul./set. 1984).

Absolutamente inconstitucional, portanto, que o Estado membro – usurpando competência constitucionalmente destinada aos Municípios – **LEGISLE SOBRE PODER DE POLÍCIA E FISCALIZAÇÃO DE PROJETOS, EDIFICAÇÕES E OBRAS NOS MUNICÍPIOS, CRIANDO VERDADEIRA OBRIGAÇÃO AOS PODERES LEGISLATIVO E EXECUTIVO LOCAIS EM CLARA AFRONTA ÀS REGRAS CONSTITUCIONAIS DO FEDERALISMO.**

Saliente-se que a ASSEMBLEIA LEGISLATIVA DO ESTADO DE SANTA CATARINA, ao editar o parágrafo único do art. 112 da Constituição do Estado de Santa Catarina, estabelecendo que "No exercício da competência de fiscalização de projetos, edificações e obras nos respectivos territórios, os Municípios poderão, nos termos da lei local, celebrar convênios com os corpos de bombeiros voluntários legalmente constituídos até maio de

2012", **CRIOU INCONSTITUCIONALMENTE TRÊS OBRIGAÇÕES AOS MUNICÍPIOS, DESRESPEITANDO SUA AUTONOMIA E USURPANDO A COMPETÊNCIA MUNICIPAL PARA LEGISLAR SOBRE PODER DE POLÍCIA MUNICIPAL E FISCALIZAÇÃO DE PROJETOS, EDIFICAÇÕES E OBRAS EM SEUS TERRITÓRIOS:**

(A) **PRIMEIRA OBRIGAÇÃO DIRIGIDA À CÂMARA MUNICIPAL:** Alterar as regras sobre fiscalização de projetos, edificações e obras em seus territórios, inclusive com a obrigatoriedade de editar lei municipal regulamentando a celebração de convênios entre o Poder Executivo local e os corpos de bombeiros voluntários.

(B) **SEGUNDA OBRIGAÇÃO DIRIGIDA AO PODER EXECUTIVO MUNICIPAL:** Reconhecer, independentemente da análise do interesse local, a possibilidade de realização de convênios com os corpos de bombeiros voluntários para verificação e certificação do atendimento às normas de segurança contra incêndios no Município, com a respectiva delegação o Poder de Polícia municipal por norma estadual.

(C) **TERCEIRA OBRIGAÇÃO DIRIGIDA AO PODER EXECUTIVO MUNICIPAL:** Expressa vedação de realização de convênios com corpos de bombeiros voluntários legalmente constituídos após maio de 2012.

Apesar de difícil conceituação genérica sobre o que seja **INTERESSE LOCAL**, na presente hipótese é **FLAGRANTE A INVASÃO LEGISLATIVA DO ESTADO NAS COMPETÊNCIAS MUNICIPAIS**, pois **NÃO RESTAM DÚVIDAS DE QUE O NOVO PARÁGRAFO ÚNICO DO ART. 112 DA CONSTITUIÇÃO DO ESTADO DE SANTA CATARINA** está determinando que os Municípios exerçam suas competências mediante **CONDICIONAMENTOS ESTADUAIS**, algo **absolutamente vedado em um Estado Federal** (BASTOS, Celso. O município: sua evolução histórica e suas atuais competências. *Cadernos de Direito Constitucional e Ciência Política*, São Paulo: Revista dos Tribunais, ano 1, nº 1, p. 54, out./dez. 1992; PIRES, Maria Coeli Simões. Autonomia municipal no Estado brasileiro. *Revista de Informação Legislativa*, Brasília: Senado Federal, ano 36, nº 142, p. 143, abr./jun. 1999).

A própria Constituição Estadual, no próprio art. 112, reconhece a existência do **INTERESSE LOCAL**, pois afirma: **"no exercício da competência de fiscalização de projetos, edificações e obras nos respectivos territórios, os Municípios poderão"**; e mesmo assim acabou por **USURPAR SUA COMPETÊNCIA**.

O SUPREMO TRIBUNAL FEDERAL reconheceu – em face do princípio da predominância do interesse –, em hipóteses absolutamente semelhantes, a plena competência municipal quando existentes assuntos de interesse local; bem como sua incompetência, quando ausente essa predominância de interesse (STF – Pleno – Rextr. nº 1.542/SP, Rel. Min. CELSO DE MELLO – *Informativo STF* nº 394, p. 8; STF – Pleno – AI nº 600.329-1/MG – Rel. Min. CELSO DE MELLO, *Diário da Justiça*, Seção I, 19 set. 2006, p. 56; STF – 2ª T. – AgI 614.510-1/SC – Rel. Min. CELSO DE MELLO, *Diário da Justiça*, Seção I, 22 fev. 2007, p. 53; STF – 1ª T. – RE nº 397.094/DF – Rel. Min. SEPÚLVEDA PERTENCE, decisão: 29-8-2006 – *Informativo STF* nº 438, Seção I, p. 3; STF – Pleno – Adin nº 307/CE – Medida liminar – Rel. Min. CÉLIO BORJA, *Diário da Justiça*, 28 set. 1990. *Ementário STJ*, nº 1.596-1).

Em conclusão, não nos parece restar qualquer dúvida sobre a inconstitucionalidade do parágrafo único do art. 112 da Constituição do Estado de Santa Catarina por afrontar diretamente o art. 30, inciso I, da Constituição da República Federativa do Brasil.

Importante salientar, ainda, a ausência de **COERÊNCIA** e a presença de clara **ARBITRARIEDADE** na fixação expressa no texto do parágrafo único do art. 112 de limite de data da constituição dos corpos de bombeiros voluntários para fins de realização de convênio com o Poder Público, ao estabelecer: "**celebrar convênios com os corpos de bombeiros voluntários legalmente constituídos até maio de 2012**", em clara afronta aos Princípios Constitucionais da **IMPESSOALIDADE** e **IGUALDADE**.

Quando ausente a coerência do Poder Público no exercício de suas atividades constitucionais, a decisão estará viciada por infringência ao princípio da **PROIBIÇÃO DA ARBITRARIEDADE DOS PODERES PÚBLICOS**, que *impede o extravasamento dos limites razoáveis da discricionariedade* (SALINAS, Jesus Gonzalez. Notas sobre algunos de los puntos de referencia entre ley, reglamento y acto administrativo. *Revista de Administración Pública*, nº 120, 1989), impedindo que a legislação crie obrigações desprovidas de justificação constitucional, pois, como salientam CANOTILHO e VITAL MOREIRA,

> "todos os poderes e órgãos do Estado (em sentido amplo) estão submetidos às normas e princípios hierarquicamente superiores da Constituição" (*Constituição da república portuguesa anotada*. 3. ed. Coimbra: Coimbra Editora, 1993. p. 922).

Em outras palavras, não bastasse invadir a competência legislativa constitucionalmente prevista aos Municípios, a Assembleia Legislativa de Santa Catarina – sem qualquer embasamento constitucional – optou arbitrariamente por conceder um privilégio às entidades privadas (bombeiros voluntários) constituídas até maio de 2012, em desrespeito aos PRINCÍPIOS DA IMPESSOALIDADE e IGUALDADE, ferindo desta forma diretamente os arts. 5º, *caput*, e 37, *caput*, do texto Constitucional.

**Igual destino – INCONSTITUCIONALIDADE FORMAL – nos parece assistir ao § 2º do art. 109 do texto da Constituição estadual de Santa Catarina, que criou expressamente obrigação ao Poder Executivo estadual ("apoio técnico e financeiro") para com entidades privadas na defesa civil, em especial os "bombeiros voluntários", usurpando a previsão constitucional de privatividade do Chefe do Poder Executivo para iniciativa legislativa que organize e crie novas obrigações e traga encargos financeiros à Administração Pública.**

As matérias enumeradas pela Constituição Federal, em especial aquelas sobre organização administrativa cuja discussão legislativa depende da iniciativa privativa do Presidente da República, são de observância obrigatória pelos Estados membros – como a matéria prevista no § 2º do art. 109 da Constituição catarinense, criando encargos ao Poder Executivo no exercício de sua atividade de defesa civil, que deverão absoluto respeito na disciplina de seu processo legislativo no âmbito das respectivas Constituições estaduais, e não poderão afastar-se da disciplina constitucional federal, sob pena de nulidade da lei, por flagrante inconstitucionalidade, como já pacificado pelo SUPREMO TRIBUNAL FEDERAL:

> "As regras do processo administrativo federal, especialmente aquelas que dizem respeito a iniciativa reservada, são normas de observância obrigatória pelos Estados-membros. Precedentes do STF" (*RTJ* 163/957).

"As regras básicas do processo legislativo federal são de absorção compulsória pelos Estados-membros em tudo aquilo que diga respeito – como ocorre às que enumeram casos de iniciativa legislativa reservada – ao princípio fundamental de independência e harmonia dos poderes, como delineado na Constituição da República. Essa orientação – malgrado circunscrita em princípio ao regime dos poderes constituídos do Estado-membro – é de aplicar-se em termos ao poder constituinte local, quando seu trato na Constituição estadual traduza fraude ou obstrução antecipada ao jogo, na legislação ordinária, das regras básicas do processo legislativo, a exemplo da área de iniciativa reservada do executivo ou do judiciário" (STF – Pleno – Adin nº 1.434-0/SP – Rel. Min. SEPÚLVEDA PERTENCE, *Diário da Justiça*, Seção I, 3 fev. 2000, p. 3).

Dessa forma, as matérias referentes à organização da Administração Pública Estadual são de **"prerrogativa política"** do Governador do Estado (STF – Suspensão de Segurança nº 1016-6/PB – Rel. Min. SEPÚLVEDA PERTENCE, *Diário da Justiça*, Seção I, 20 jun. 1996, p. 22.057), que poderá exercê-la sem usurpação ou invasão dos outros poderes (STF – Pleno – Adin nº 645/DF – Rel. Min. ILMAR GALVÃO, decisão: 11-11-1996. *Informativo STF*, nº 53; STF – Pleno – Adin nº 546-4/DF – Rel. Min. MOREIRA ALVES, *Diário da Justiça*, Seção I, 16 maio 2000, p. 11; STF – Pleno – Adin nº 2.216/RS – Medida cautelar – Rel. Min. MOREIRA ALVES, decisão: 5-4-2001. *Informativo STF*, nº 223).

Na hipótese em questão, a inserção do § 2º do art. 109 no texto da Constituição de Santa Catarina desrespeitou a **"prerrogativa política"** do Chefe do Poder Executivo estadual em organizar e prever novos encargos aos órgãos de defesa civil do Município, configurando flagrante vício de iniciativa e, consequentemente, a norma é de cristalina inconstitucionalidade formal, pois, conforme salientado pelo MINISTRO CELSO DE MELLO:

"O desrespeito à prerrogativa de iniciar o processo de positivação do Direito, gerado pela usurpação do poder sujeito à cláusula de reserva, traduz vício jurídico de gravidade inquestionável, cuja ocorrência reflete típica hipótese de inconstitucionalidade formal, apta a infirmar, de modo irremissível, a própria integridade do ato legislativo eventualmente editado" (STF – Pleno – Adin nº 1.391-2/SP – Rel. Min. CELSO DE MELLO, *Diário da Justiça*, Seção I, 28 nov. 1997, p. 62.216).

Importante destacar que a observância obrigatória da regra que prevê iniciativa privativa do Chefe do Poder Executivo estadual para matérias de organização da Administração Pública é **APLICÁVEL INCLUSIVE EM RELAÇÃO A NORMAS DA CONSTITUIÇÃO DO ESTADO**, pois, como salientado pelo SUPREMO TRIBUNAL FEDERAL:

"Não cabe, também à Constituição estadual estabelecer norma que, se fosse materialmente válida, seria de iniciativa privativa do Chefe do Poder Executivo" (STF – Pleno – Adin nº 112-4/BA – Rel. Min. NÉRI DA SILVEIRA, *Diário da Justiça*, Seção I, 9 fev. 1996, p. 2.102).

**Em hipótese semelhante à tratada no presente PARECER JURÍDICO, o SUPREMO TRIBUNAL FEDERAL entendeu inconstitucional lei distrital que – criando calendário de eventos oficiais – estabeleceu encargos à Secretaria de Segurança Pública, servindo o julgado adiante como paradigma para os casos em que se pretenda organizar**

e criar encargos para o Poder Executivo sem respeito à iniciativa privativa, como o § 2º do art. 109 em relação aos órgãos de defesa civil:

> "Por vislumbrar aparente violação ao disposto nos artigos 61, § 1º, II, *b*, e 165, III, da CF, o Tribunal referendou medida liminar em ação direta de inconstitucionalidade, ajuizada como arguição de descumprimento de preceito fundamental, proposta pelo Governador do Distrito Federal contra a Lei distrital 3.189/2003 que inclui no calendário de eventos oficiais do Distrito Federal o 'Brasília Music Festival'. [...] Entendeu-se que a norma em questão, de iniciativa formulada por Deputado Distrital, ao prever destinação de recursos, pelo Poder Executivo, para a Secretaria de Cultura, com vista à realização do evento musical **e encargo da Secretaria de Segurança Pública para o respectivo aparato de segurança e controle de trânsito, teria usurpado a competência exclusiva do Chefe do Poder Executivo para projetos de lei orçamentária e de organização administrativa**" (STF – Pleno – ADI 4180 Referendo-MC/DF – Rel. Min. CEZAR PELUSO, 10-3-2010. *Informativo STF*, nº 578).

Nesse mesmo sentido, reafirmando a pacificação da matéria por nossa CORTE SUPREMA:

> "A disciplina normativa pertinente ao processo de criação, estruturação e definição das atribuições dos órgãos e entidades integrantes da Administração Pública estadual matéria que se insere, por efeito de sua natureza mesma, na esfera de exclusiva iniciativa do Chefe do Poder Executivo local, em face da cláusula de reserva inscrita no art. 61, § 1º, II, *e*, da CF, que consagra princípio fundamental inteiramente aplicável aos Estados-membros em tema de processo legislativo" (STF – Pleno – Adin nº 1.391-2/SP – Rel. Min. CELSO DE MELLO, *Diário da Justiça*, Seção I, 28 nov. 1997, p. 62.216).

Por fim, importante apontar o julgamento do SUPREMO TRIBUNAL FEDERAL **em relação a outra hipótese absolutamente semelhante onde, analisando legislação do próprio Estado de Santa Catarina**, declarou sua inconstitucionalidade por usurpação de iniciativa privativa do Chefe do Poder Executivo local em matéria de funcionamento da Administração Pública (STF, ADI 1846/SC, Rel. Min. CARLOS VELLOSO).

Não há dúvidas, portanto, ser de competência privativa do Chefe do Executivo estadual as matérias sobre direção, organização e funcionamento – inclusive com a previsão de novos encargos – dos órgãos da Administração Pública, sendo inconstitucional a usurpação dessa iniciativa pela Assembleia Legislativa, na hipótese do art. 109, § 2º, da Constituição catarinense.

## RESPOSTAS AOS QUESITOS

QUESITO 1 – O § 2º do art. 109 da Constituição do Estado de Santa Catarina, ao estabelecer norma de organização, bem como criar encargos no âmbito da

Administração Pública, é inconstitucional por usurpação de iniciativa privativa do Chefe do Executivo para deflagrar o processo legislativo nessas hipóteses?

RESPOSTA: A inconstitucionalidade formal do § 2º do art. 109 da Constituição do Estado de Santa Catarina está caracterizada pelo desrespeito à prerrogativa política do Chefe do Poder Executivo local em deflagrar o processo legislativo nas hipóteses referentes à Administração Pública, em especial na presente hipótese, em matéria de organização da Administração Pública ("defesa civil"), inclusive com a previsão de encargos financeiros do Poder Público em benefício de empresas privadas.

QUESITO 2 – O parágrafo único do art. 112 da Constituição do Estado de Santa Catarina, ao disciplinar regras sobre fiscalização de projetos, edificações e obras nos Municípios, desrespeitou a distribuição de competências legislativas estabelecida na Constituição Federal?

RESPOSTA: A Assembleia Legislativa do Estado de Santa Catarina desrespeitou frontalmente o art. 30, inciso I, da Constituição Federal, ao legislar sobre poder de polícia municipal e fiscalização de projetos, edificações e obras nos municípios, criando obrigações aos Poderes Legislativo e Executivo municipais em clara afronta às regras constitucionais de distribuição de competências entre os entres federativos, em virtude da presença de interesse local na matéria. Não é possível ao Estado membro, como ocorreu na hipótese, estabelecer obrigações à Câmara Municipal e ao Poder Executivo por norma constitucional estadual, em matéria de competência do próprio Município.

# Disciplina Constitucional na aquisição de terras brasileiras por estrangeiros

## 6

O presente estudo foi apresentado na forma de *Parecer Jurídico* solicitado para análise da inconstitucionalidade e ilegalidade da aplicação do Parecer CGU/AGU nº 01/2008 – RVJ: Aquisição de terras por estrangeiros, de 19 de agosto de 2010, numerado, posteriormente, como Parecer nº LA-01 da Advocacia Geral da União, aprovado pelo Presidente da República e publicado no *Diário Oficial da União*, Seção I, tornando-se, nos termos do § 1º do art. 40 da Lei Complementar nº 73, de 10 de fevereiro de 1993, vinculante aos Órgãos da Administração Pública Federal.

Informaram-nos que determinada empresa pretendia adquirir o controle acionário de sociedade brasileira, detentora de usinas para a produção de biocombustíveis e de energia derivada de biomassa, cujo controle acionário é exercido por dois fundos de investimentos em participações constituídos no Brasil, que, porém, são controlados por investidores estrangeiros ("FIPs").

A empresa celebrou com os investidores estrangeiros ("FIPs") contrato de compra e venda de ações por meio do qual iria adquirir o controle da sociedade, sendo que a eficácia deste contrato estava condicionada à implementação de condições precedentes, entre elas, a necessidade de aprovação prévia da ANEEL.

A Consulta Jurídica solicitou a análise da inconstitucionalidade formal e material do § 1º do art. 1º da Lei nº 5.709, de 7 de outubro de 1971, regulamentada pelo Decreto Federal nº 74.965, de 26 de novembro de 1974; bem como sobre a impossibilidade de repristinação da referida legislação por meio do Parecer nº CGU/AGU nº 01/2008 – RVJ, anteriormente considerado inconstitucional pela própria Advocacia Geral da União (Parecer AGU nº GQ-181, de 1998, aprovado pelo Presidente da República) e, consequentemente, não recepcionado em nosso ordenamento jurídico.

Solicitou-se, ainda, a análise da compatibilidade do referido Parecer nº CGU/AGU nº 01/2008 – RVJ com o atual texto constitucional, após a edição da Emenda Constitucional nº 6, de 15 de agosto de 1995, que revogou o art. 171 da Constituição da República Federativa do Brasil; bem como a necessidade de estrita observância do princípio da legalidade para disciplinar a matéria.

Por fim, foi realizada a consulta sobre a vinculação compulsória do referido Parecer nº LA-01 da Advocacia Geral da União, por parte de todos os particulares – pessoas físicas ou jurídicas –, bem como pelos demais Órgãos que não façam parte da Administração Pública Federal.

Foram apresentados os seguintes quesitos a serem analisados:

QUESITO 1 – O § 1º do art. 1º da Lei nº 5.709, de 7 de outubro de 1971, regulamentado pelo Decreto Federal nº 74.965, de 26 de novembro de 1974, foi recepcionado pela Constituição da República Federativa do Brasil de 1988, podendo, por conseguinte, ser aplicado nos termos do Parecer CGU/AGU nº 01/2008 RVJ, editado pela AGU, em 19 de agosto de 2010, e numerado como Parecer nº LA-01 da Advocacia Geral da União, aprovado pelo Presidente da República?

QUESITO 2 – O Parecer CGU/AGU nº 01/2008 RVJ, editado pela AGU, em 19 de agosto de 2010, e numerado como Parecer nº LA-01 da Advocacia Geral da União, aprovado pelo Presidente da República, nos termos em que foi publicado, é constitucional e legal?

QUESITO 3 – O Parecer CGU/AGU nº 01/2008 RVJ, editado pela AGU, em 19 de agosto de 2010, e numerado como Parecer nº LA-01 da Advocacia Geral da União, aprovado pelo Presidente da República, nos termos em que foi publicado, pode estabelecer novos deveres e obrigações, bem como criar novas restrições não previstas constitucionalmente?

QUESITO 4 – O Parecer CGU/AGU nº 01/2008 RVJ, editado pela AGU, em 19 de agosto de 2010, e numerado como Parecer nº LA-01 da Advocacia Geral da União, aprovado pelo Presidente da República, nos termos em que foi publicado, é de compulsória obrigatoriedade aos particulares – pessoas físicas e jurídicas – e aos demais Órgãos da Administração Pública Estadual e Municipal?

1. A análise sobre a inconstitucionalidade e ilegalidade da aplicação do Parecer CGU/AGU nº 01/2008 – RVJ: Aquisição de terras por estrangeiros, de 19 de agosto de 2010, numerado, posteriormente, como Parecer nº LA-01 da Advocacia Geral da União, aprovado pelo Presidente da República e publicado no *Diário Oficial da União*, Seção I, tornando-se, nos termos do § 1º do art. 40 da Lei Complementar nº 73, de 10 de fevereiro de 1993, vinculante aos Órgãos da Administração Pública Federal é essencial para a fixação da vigência e eficácia do § 1º do art. 1º da Lei nº 5.709/1971; bem como para a delimitação da abrangência do art. 40 da Lei Complementar nº 73, de 10 de fevereiro de 1993, que estabelece aos pareceres do Advogado-Geral da União aprovados pelo Presidente da República e publicados juntamente com o despacho presidencial o poder de vincular a Administração Federal, cujos órgãos e entidades ficam obrigados a lhes dar fiel cumprimento.

2. Em seu aspecto normativo formal, a atualidade da atual consulta é demonstrada em virtude da aprovação pelo Excelentíssimo Presidente da República do Parecer nº LA-01, de lavra do Advogado Geral da União, publicado no *Diário Oficial da União*, Seção 1, e consequente vinculação dos Órgãos da Administração Pública Federal a todos os seus termos, na forma do § 1º do art. 40 da Lei Complementar nº 73, de 10 de fevereiro de 1993.

3. Em seu aspecto normativo material, a relevância e urgência da consulta são flagrantes, pois o referido Parecer nº LA-01, sem que houvesse qualquer alteração constitucional ou legislativa precedente, alterou posicionamento anterior do próprio Governo Federal, consubstanciado no Parecer AGU nº GQ-181, de 1998, igualmente aprovado pelo Excelentíssimo Presidente da República e devidamente publicado, e, consequentemente, vinculante a todos os Órgãos da Administração Pública Federal, passando a afirmar a

repristinação e recepção pela Constituição da República Federativa do Brasil, de 5 de outubro de 1988, do § 1º do art. 1º da Lei nº 5.709, de 7 de outubro de 1971, com sua posterior regulamentação, estendendo, dessa forma, as restrições de aquisições de imóveis rurais às pessoas jurídicas brasileiras controladas por pessoas estrangeiras físicas ou jurídicas.

4. Nos termos do § 1º do art. 1º da Lei nº 5.709, de 1971:

> "Art. 1º O estrangeiro residente no País e a pessoa jurídica estrangeira autorizada a funcionar no Brasil só poderão adquirir imóvel rural na forma prevista nesta Lei.
>
> § 1º Fica, todavia, sujeita ao regime estabelecido por esta Lei a pessoa jurídica brasileira da qual participem, a qualquer título, pessoas estrangeiras ou jurídica que tenham maioria do seu capital social e residam ou tenham sede no Exterior".

5. No exercício de suas competências constitucionais, a Advocacia Geral da União (AGU) foi consultada, em 1994, pelo Ministério da Agricultura, Abastecimento e Reforma Agrária sobre a RECEPÇÃO OU NÃO do § 1º do art. 1º da Lei nº 5.709, de 1971, pelo novo texto Constitucional brasileiro de 1988, que, nos termos acima expostos, disciplinava a extensão das restrições impostas às empresas estrangeiras, quanto à aquisição de terras no Brasil, também para as empresas nacionais, cujo controle acionário estivesse em mãos de estrangeiros não residentes ou empresas estrangeiras aqui não sediadas.

6. O entendimento da AGU, no Parecer GQ-22, foi pela NÃO RECEPÇÃO do referido dispositivo legal, ou seja, pelo não acolhimento do § 1º do art. 1º da Lei nº 5.709/1971, em virtude de o mesmo ter sido editado sob a égide do texto constitucional anterior e não guardar compatibilidade com a nova Constituição Federal, em especial, em face de dispositivo expresso no inciso I do art. 171 da Constituição da República Federativa do Brasil, que havia constitucionalizado o conceito de empresa brasileira, deixando de admitir restrições à atuação das empresas brasileiras, salvo quando expressamente previstas no próprio texto constitucional, a saber:

> "Art. 171. São consideradas:
>
> I – empresa brasileira a constituída sob as leis brasileiras e que tenha sua sede e administração no País;
>
> II – empresa brasileira de capital nacional aquela cujo controle efetivo esteja em caráter permanente sob a titularidade direta ou indireta de pessoas físicas domiciliadas e residentes no País ou de entidades de direito público interno, entendendo-se por controle efetivo da empresa a titularidade da maioria de seu capital votante e o exercício, de fato e de direito, do poder decisório para gerir suas atividades.
>
> § 1º A lei poderá, em relação à empresa brasileira de capital nacional:
>
> I – conceder proteção e benefícios especiais temporários para desenvolver atividades consideradas estratégicas para a defesa nacional ou imprescindíveis ao desenvolvimento do País;
>
> II – estabelecer, sempre que considerar um setor imprescindível ao desenvolvimento tecnológico nacional, entre outras condições e requisitos:

a) A exigência de que o controle referido no inciso II do *caput* se estenda às atividades tecnológicas da empresa, assim entendido o exercício, de fato e de direito, do poder decisório para desenvolver ou absorver tecnologia;

b) Percentuais de participação, no capital, de pessoas físicas domiciliadas e residentes no País ou entidades de direito público interno.

§ 2º Na aquisição de bens e serviços, o Poder Público dará tratamento preferencial, nos termos da lei, à empresa brasileira de capital nacional".

7. A nova sistemática do texto constitucional não permitia restrições genéricas às empresas brasileiras, que deveriam ter tratamento – em regra – isonômico, mas sim a possibilidade de criação de benefícios às empresas brasileiras de capital nacional, ainda que temporários.

8. Esse foi o entendimento pacífico da doutrina constitucional brasileira, sem qualquer contestação judicial, que apontou a mudança na sistemática anterior, que não previa diferenciação em espécies das empresas brasileiras, passando a prever duas espécies, como ensinou CELSO BASTOS, ao afirmar que:

> "assim sendo, antes do advento da atual Constituição, as sociedades nacionais não comportavam divisões em espécie. Eram pura e simplesmente nacionais, bastando para isso que fossem organizadas na conformidade da lei brasileira e que tivessem no País a sede de sua administração [...]. O primeiro ponto a observar-se é que a Constituição substitui uma classificação, baseada na bipolaridade empresa nacional – empresa não-nacional, por outra classificação também dicotômica, cujos termos, contudo, são empresa brasileira de um lado e empresa brasileira de capital nacional de outro [...]. Inovou, sem dúvida, ao criar o conceito de empresa brasileira de capital nacional. Ao assim proceder findou por constitucionalizar a tendência detectada no passado, mas devidamente verberada, consistente na distinção entre empresas nacionais e não-nacionais" (*Comentários à Constituição do Brasil*. v. 7. São Paulo: Saraiva, 1990, p. 47 ss), para concluir que, a REGRA era o tratamento isonômico, e a EXCEÇÃO, era a possibilidade de concessão de privilégios, pois "o objetivo não foi outro senão conceder um tratamento privilegiado àquelas sociedades que forem de capital nacional. [...] O preceito sob comento fala que a lei poderá conceder proteção e benefícios especiais. Nota-se aí a exigência de lei, o que exclui a possibilidade de atingir-se esse objetivo por intermédio de meros atos administrativos. O que é protegido e beneficiado não poder ser uma empresa individualmente, mas sim uma atividade" (Op. cit., p. 53).

10. No mesmo sentido, IVES GANDRA DA SILVA MARTINS ensinava, à época, que a REGRA era o tratamento isonômico, afirmando que:

> "a ordem econômica é determinada por princípios maiores como os da livre concorrência, isonomia, direito adquirido, igualdade de oportunidades, etc., etc., etc. Ora, a tais princípios maiores não pode haver restrições menores, razão pela qual o tratamento diferencial apenas é admissível na medida em que tais princípios maiores possam ser colocados em risco, e, por decorrência, os interesses nacionais... Ora, à evidência, tal tratamento diferencial que permite disciplina privilegiada a favor

da empresa nacional só é admissível se a empresa nacional de capital estrangeiro colocar em risco a) as atividades estratégicas elencadas; b) o desenvolvimento econômico, c) o desenvolvimento tecnológico do país" (*Constituição aplicada*. Coord. Ives Gandra da Silva Martins. Belém: Cejup, 1989. p. 80-81).

11. Também foi o entendimento de MANOEL GONÇALVES FERREIRA FILHO, que apontou os dois objetivos da distinção entre empresas brasileiras de capital nacional e empresas brasileiras de capital estrangeiro, ensinando que:

> "um é reservar à primeira determinadas vantagens na competição ou concorrência com a segunda. É o que está regulado no inciso I deste parágrafo, e, no § 2º deste artigo. O outro é agravar as condições para que uma empresa seja considerada de capital nacional em função de seu campo de atividades", concluindo, ainda, que "esses benefícios hão de ser necessariamente temporários, ou seja, limitados, ou se estendidos além do razoável, são inconstitucionais e assim devem ser declarados" (*Comentários à Constituição brasileira de 1988*. v. 4. São Paulo: Saraiva, 1995. p. 8).

12. Igualmente, PINTO FERREIRA reforçou essa conclusão, ensinando que:

> "A Constituição estabelece uma distinção entre empresa brasileira e empresa brasileira de capital nacional, tendo por finalidade atribuir um tratamento privilegiado às sociedades de capital nacional. A norma em comentário alude a proteção e benefícios especiais, o que não pode ser permitido por meros atos administrativos. Além disso, a proteção refere-se a uma atividade e não a uma empresa individualmente considerada [...]. Entretanto existem cláusulas restritivas para que sejam utilizadas tais benesses. A primeira é de que a concessão deve ser temporária e não permanente, a fim de que a empresa seja implantada e tenha tempo de consolidação. A segunda restrição é no sentido de que as atividades da empresa submissas a este regime especial são aquelas consideradas estratégicas para o desenvolvimento do País ou para a defesa nacional" (*Comentários à Constituição brasileira*. v. 6. São Paulo: Saraiva, 1994. p. 285).

13. Não restaram dúvidas, portanto, sobre a impossibilidade de tratamentos discriminatórios permanentes entre empresas brasileiras de capital nacional e de capital estrangeiro.

14. Nesse sentido, o acerto do entendimento da Advocacia Geral da União, no Parecer GQ-22, pela NÃO RECEPÇÃO do referido dispositivo legal, ou seja, pelo não acolhimento do § 1º do art. 1º da Lei nº 5.709/1971, por flagrante incompatibilidade com o dispositivo expresso no inciso I do art. 171 da Constituição da República Federativa do Brasil, como bem destacado por MARIA FERNANDA PECORA GEDEON, GUSTAVO MOREL LEITE e FLÁVIA BAILONI MARCÍLIO,

> "Com o advento da Constituição Federal de 1988, tal previsão (da Lei nº 5.709/71) não foi recepcionada. O artigo 171 da própria Constituição estabeleceu o conceito de empresa brasileira e empresa brasileira de capital nacional, revogando o conceito de empresa estrangeira previsto pela Lei nº 5.709/71, ou seja, empresas brasileiras constituídas com capital estrangeiro" (*Revista Consulex*, 3 de maio de 2004).

15. Ocorre, porém, que a Emenda Constitucional nº 6, de 1995, revogou o art. 171 da Constituição Federal e eliminou de seu texto a distinção entre empresa brasileira e empresa brasileira de capital nacional.

16. Em decorrência dessa importante alteração constitucional, a Advocacia Geral da União determinou o reexame do citado Parecer GQ-22, para posicionar-se sobre a possibilidade ou não de repristinação do § 1º do art. 1º da Lei nº 5.709/1971, uma vez que havia sido o então revogado art. 171 que constitucionalizara o conceito de empresa brasileira, fixando sua distinção com as empresas brasileiras de capital nacional, possibilitando dessa forma o entendimento exposto no Parecer GQ-22.

17. A conclusão da Advocacia Geral da União foi consubstanciada no Parecer AGU nº GQ-181, de 1998, adotado pelo Excelentíssimo Presidente da República, e, consequentemente, vinculante a toda a Administração Pública Federal, no sentido da impossibilidade de repristinação do referido § 1º do art. 1º da Lei nº 5.709/1971, porém, pela possibilidade – em face dos princípios da Legalidade e Reserva Legal – de edição, pelo CONGRESSO NACIONAL, de nova lei estabelecendo eventuais regulamentações e restrições ao capital estrangeiro.

18. Dessa maneira, como afirma o novo Parecer CGU/AGU nº 01/2008 RVJ, editado pela AGU, em 19 de agosto de 2010, e numerado como Parecer nº LA-01 da Advocacia Geral da União, aprovado pelo Presidente da República, em seus diversos itens:

> "50. A consulta para dirimir a dúvida mencionada fora formulada à Advocacia Geral da União, em 1994, e o Parecer nº GQ do Advogado Geral da União – que acolheu o Parecer nº AGU/LA-04/94 – aprovado pelo Exmº Sr. Presidente da República, fixou o entendimento de que o § 1º do art. 1º da Lei nº 5.709, de 1971, não havia sido recepcionado pelo art. 171, I, da Constituição Federal, à época, ainda em sua versão original, tendo sido, portanto revogado.
>
> [...]
>
> 63. No Parecer GQ-181, como será visto adiante, a discussão é de natureza formal, acessória. Nele indaga-se se houve ou não respristinação de dispositivo revogado em face da Constituição pelo Parecer GQ-22.
>
> [...]
>
> 167. A resposta veio no PARECER Nº AGU/LA-01/97, de 17.03.97, aprovado pelo PARECER Nº GQ-181, de 1998, ao qual foi conferido efeito vinculante para toda a administração pública federal, em face da aprovação pelo Exmº Sr. Presidente da República e posterior publicação no Diário Oficial da União, em 22.01.99, à luz do contido no art. 40 da Lei Complementar nº 73, de 1993.
>
> 168. Neste parecer, ficou consignada a permanência do entendimento, manifestado no Parecer nº GQ-22, de 1994, de que o § 1º do art. 1º da Lei nº 5.709, de 1971, tinha sido revogado.
>
> 169. Segundo o Parecer da AGU, de 1998, a revogação do art. 171 da CF não tinha o condão de repristinar – tornar de novo válido e eficaz – o § 1º, do art. 1º da Lei nº 5.709, de 1971.

170. Em outras palavras, a revogação da norma constitucional revogadora de dispositivo legal pré-constitucional não propiciaria a reintrodução da norma em nosso ordenamento, salvo a existência de disposição expressa, que no caso inocorreu.

171. É o que determina a Lei de Introdução ao Código Civil, Decreto-Lei nº 4.657, de 04 de setembro de 1942, em seu art. 2º, § 3º, *verbis*:

Art. 2º Não se destinando à vigência temporária, a lei terá vigor até que outra a modifique ou revogue

[...]

§ 3º Salvo disposição em contrário, a lei revogada não se restaura por ter a lei revogadora perdido a vigência.

172. Estabelecia, ainda, o indigitado Parecer nº GQ-181, de 1998, que a revogação do art. 171 da CF não se configurava em impedimento para que o legislador ordinário estabelecesse restrições e limitações ao capital estrangeiro, por força do que dispõe o art. 172 da Constituição Federal.

[...]

176. Em síntese, admitia-se, na essência, a restrição de terras rurais por estrangeiros não-residentes, por intermédio de pessoas jurídicas brasileiras por eles controladas, desde que veiculadas por nova lei".

19. Ressalte-se que a conclusão pela impossibilidade de repristinação do referido § 1º do art. 1º da Lei nº 5.709/1971, pelo anterior posicionamento da AGU, seguiu tradicional regra consagrada na legislação, doutrina e na própria jurisprudência do SUPREMO TRIBUNAL FEDERAL sobre a impossibilidade de repristinação automática, uma vez que esse fenômeno jurídico que ocorre quando uma norma revogadora de outra anterior, que, por sua vez, tivesse revogado uma mais antiga, recoloca esta última novamente em estado de produção de efeitos, em face da SEGURANÇA JURÍDICA, somente ocorre em nosso ordenamento jurídico havendo EXPRESSA PREVISÃO NA NOVA LEI, conforme preceitua o art. 2º, § 3º, da Lei de Introdução ao Código Civil.

20. Assim, essa verdadeira restauração de eficácia é proibida em nosso Direito, salvo expressa previsão legal, de maneira que a legislação que tenha perdido sua eficácia anteriormente à edição de novas Emendas Constitucionais não irá readquiri-la, com sua promulgação.

21. Nesse sentido, posicionamento pacífico do SUPREMO TRIBUNAL FEDERAL:

"existe efeito repristinatório em nosso ordenamento jurídico, impondo-se, no entanto, para que possa atuar plenamente, que a repristinação encontre suporte em cláusula normativa que preveja expressamente, pois a repristinação não se presume" (STF – RE 384.327-3/DF, Rel. Min. NELSON JOBIM, *DJ*, 3 set. 2003, p. 61). No mesmo sentido: STF – Med. Caut. em Ação Cautelar nº 586-8/SP, Rel. Min. NELSON JOBIM, *DJ*, 2 fev. 2005, p. 35).

22. Não houve, portanto, nenhuma possibilidade da repristinação do § 1º do art. 1º da Lei nº 5.709/1971, em face da revogação do art. 171 da Constituição Federal pela EC nº 6/1995; fato esse que foi comentado por MATHEUS CORREDATO ROSSI:

"A legislação brasileira tem avançado no sentido de eliminar as restrições à entrada de capital estrangeiro e remoção dos obstáculos à saída dos capitais já instalados. Neste particular, ganha destaque a EC 6, de 15.08.1995, a qual revogou integralmente o art. 171 da CF/88 que estabelecia distinção entre 'empresa brasileira' e 'empresa brasileira de capital nacional'" (O tratamento às empresas de capital nacional e o direito ao desenvolvimento. *Revista de Direito Constitucional e Internacional*, São Paulo: Revista dos Tribunais, ano 15, nº 61, out./dez. 2007, p. 220).

23. Em 15 de junho de 2007, sem que houvesse qualquer alteração constitucional ou legislativa, por determinação da Casa Civil da Presidência da República, determinou-se nova análise do referido texto normativo, para eventual revisão do já citado Parecer AGU nº GQ-181, de 1998, aprovado pelo Presidente da República e devidamente publicado, que havia, à época e com efeitos vinculantes para toda Administração Pública Federal, reconhecido a inconstitucionalidade do referido § 1º do art. 1º, e determinado sua não recepção, e, por conseguinte, a inaplicabilidade da extensão das restrições legais por equiparação das empresas estrangeiras a determinadas empresas brasileiras de capital estrangeiro.

24. No âmbito do próprio Grupo de Trabalho proposto pelo Governo Federal, a manutenção desse posicionamento foi defendida pela Consultoria da União, como ressaltado pelo próprio Advogado Geral da União, sem seu parecer:

"Item 10. A Consultora da União, Drª Grasiela Moura, designada para participar da reunião na Casa Civil, apresentou, em 06.07.2007, a NOTA nº AGU/GM – 24/2007, as fls., em que expressava sua concordância com o entendimento fixado no Parecer nº GQ-181, no sentido de não ter havido a repristinação do § 1º do art. 1º da Lei nº 5.709, de 1971. Item 11. A Consultora da União concordava, também, com o entendimento de que lei ordinária futura poderia fixar limitações ao capital estrangeiro de acordo com o interesse nacional, por força do disposto nos arts. 172 e 190 da CF, inclusive no que concerne à aquisição de terras por empresas brasileiras controladas, ainda que indiretamente, por estrangeiros. Item 12. Para ela, a melhor alternativa seria a construção de proposição legislativa disciplinando a limitação de aquisição de terras por empresas brasileiras controladas por estrangeiros".

25. Ressalte-se ainda que o próprio CONGRESSO NACIONAL passou a entender a necessidade de aprovação de Lei Ordinária para disciplinar a matéria, passando a analisar diversos Projetos de Lei: PL 7407/2006; PLC 302/2009/ PL 2289/2007; PL 2376/2007/ PL 3483/2008; PL 4240/2008; PL 5655/2009. Havendo, ainda, uma PEC (Proposta de Emenda Constitucional) 286/2008 sobre o assunto.

26. Especificamente, tratando de forma individualizada da hipótese analisada no presente parecer, há os seguintes projetos:

(a) PLC 302/2009 (tramitou na Câmara sob o número 4440/01), de iniciativa do Deputado Federal Nilson Mourão (PT-AC), que determina que a propriedade rural de estrangeiro poderá ter até 15 módulos e que a pessoa física ou jurídica precisará ter residência e domicílio no Brasil, onde deverá estar há mais de 10 anos;

(b) PL 2376/07, de autoria do Deputado Carlos Alberto Canuto (PSC-AL), que proíbe a compra de terra destinada à plantação de matéria-prima para biocombustíveis. Empresas brasileiras com capital estrangeiro dependerão da autorização do Congresso Nacional para adquirir terras (apensado ao PL 2289/2007);

(c) PL 4240, de autoria do Deputado Mendes Thame, que sujeita as empresas brasileiras com maioria do capital social estrangeiro às mesmas regras das estrangeiras para aquisição de terras. O projeto ainda diminui para 6,25% a área que pessoas da mesma nacionalidade podem possuir no município (apensado ao PL 2289/2007).

27. Apesar da exigência de edição de lei formal, e da inexistência de qualquer alteração legislativa constitucional ou ordinária, e contrariando o próprio entendimento da Consultora da República integrante do Grupo de Trabalho, a Advocacia Geral da União preferiu não aguardar a aprovação legislativa pelo CONGRESSO NACIONAL e concluiu que:

"273. Por todo o exposto, divirjo da NOTA Nº AGU/GM – 24/2007, e sustento:

a) Que o § 1º do art. 1º da Lei nº 5.709, de 1971, foi recepcionado pela Constituição Federal de 1988, seja em sua redação originária, seja após a promulgação da Emenda Constitucional nº 6, de 1995, por força do que dispunha o art. 171, § 1º, II e do que dispõem o art. 1º; art. 3º, II; art. 4º, I; art. 5º, *caput*; art. 170, I e IX; art. 172 e art. 190;

b) Para que a equiparação de pessoa jurídica brasileira com pessoa jurídica estrangeira prevista no dispositivo legal citado no item anterior ocorra, a fim de que sejam estabelecidos limites e restrições à aquisição e ao arrendamento de imóveis rurais é necessário que:

i. O estrangeiro, pessoa física, seja não-residente ou a pessoa jurídica não possua sede no país;

ii. O estrangeiro, pessoa física ou jurídica, descrito no item anterior, participe, a qualquer título, de pessoa jurídica brasileira, e

iii. Essa participação assegure a seus detentores o poder de conduzir as deliberações da assembleia geral, de eleger a maioria dos administradores da companhia e de dirigir as atividades sociais e orientar o funcionamento dos órgãos da companhia".

28. Avocando um inexistente poder legiferante, a Advocacia Geral da União entendeu por bem substituir o CONGRESSO NACIONAL e promover alteração normativa na matéria, por razões absolutamente subjetivas, conforme se verifica no item 21 do referido Parecer:

"21. Em ambos os casos, o Grupo de Trabalho concluiu pela necessidade de revisão dos pareceres de modo a dotar o Estado brasileiro de melhores condições de fiscalização sobre a compra de terras realizada por empresas brasileiras controladas por estrangeiros".

29. A alteração, ao que tudo indica, foi motivada por razões absolutamente subjetivas e determinadas por forte coloração ideológica e não pela necessária e estrita observância

da Constituição Federal, como se verifica nas razões do próprio Parecer nº LA-01, de lavra do Excelentíssimo Advogado Geral da União:

> "Item 6. Segundo os dados do Instituto Nacional de Colonização e Reforma Agrária – INCRA, desde 1994, data da primeira manifestação da Advocacia Geral da União sobre o tema (GQ-22), ratificada em 1998 (Parecer GQ 181), conforme demonstrar-se-á a seguir, o Estado brasileiro perdera as condições objetivas de proceder o controle efetivo sobre a aquisição e o arrendamento de terras realizadas por empresas brasileiras cujo controle acionário e controle de gestão estivessem nas mãos de estrangeiros não-residentes no território nacional [...]. Item 8. Passados quatroze anos, o novo contexto econômico mundial, rapidamente descrito anteriormente, impunha um reposicionamento do Governo Federal sobre o tema, valendo-se dos instrumentos disponíveis, dentre os quais a eventual revisão do Parecer AGU/GQ 181 e do Parecer AGU/GQ-22".

30. Com base nesse novo posicionamento, determinou-se, igualmente sem qualquer fundamento constitucional, a repristinação do § 1º do art. 1º da citada Lei, alterando-se matéria pacificada há mais de década.

31. Ocorre, porém, que razões absolutamente subjetivas do administrador público não podem afastar a SUPREMACIA DA CONSTITUIÇÃO, pois, como proclamado pelo MINISTRO CELSO DE MELLO:

> "Motivos de ordem pública ou razões de Estado – que muitas vezes configuram fundamentos políticos destinados a justificar, pragmaticamente, *ex parte principis*, a inaceitável adoção de medidas que frustram a plena eficácia da ordem constitucional, comprometendo-a em sua integridade e desrespeitando-a em sua autoridade – não podem ser invocados para viabilizar o descumprimento da própria Constituição" (STF, Pleno, AI 244578/RS).

32. Essas alterações, portanto, são absolutamente inconstitucionais, contrariando frontalmente não só pacífica jurisprudência do SUPREMO TRIBUNAL FEDERAL, em relação à impossibilidade de repristinação sem expressa previsão legal, como acima analisado, mas também por contrariarem os Princípios Constitucionais da Legalidade, Segurança Jurídica e Razoabilidade.

33. O fato de a Lei Complementar nº 73/1993 autorizar a vinculação de todos os Órgãos da Administração Pública Federal aos pareceres da AGU, devidamente aprovados pelo Presidente da República, e publicados, concedendo-lhe certa liberdade na interpretação de normas aplicáveis ao Poder Executivo Federal, não significa a possibilidade de utilização desses mecanismos como verdadeiros atos normativos autônomos, nem tampouco a possibilidade dos conteúdos desses Pareceres ignorarem os limites constitucionais e legais previamente fixados, pois, obviamente, não existe nenhum ato administrativo absolutamente discricionário, uma vez que tal fato converter-se-ia em arbitrariedade, não tolerada em um verdadeiro ESTADO CONSTITUCIONAL, como bem salientado por KARL LARENZ (*Derecho justo*: fundamentos de ética jurídica. Tradução de Luis Diez-Picazo: Madri: Civitas, 1985. p. 154).

34. Assim, todo ato administrativo discricionário, inclusive os atos regulamentares do Presidente da República, como decretos e aprovação de pareceres, tornando-os vinculantes – em especial, na hipótese, a edição do Parecer CGU/AGU nº 01/2008 RVJ, editado pela AGU, em 19 de agosto de 2010, e numerado como Parecer nº LA-01 da Advocacia Geral da União, aprovado pelo Presidente da República –, tanto em sua edição, quanto em seu conteúdo – estão vinculados ao império constitucional e legal, pois, como muito bem ressaltado por JACQUES CHEVALLIER, "o objetivo do Estado de Direito é limitar o poder do Estado pelo Direito" (*L'etat de droit*. Paris: Montchrestien, 1992. p. 12).

35. O exercício do poder regulamentar do Chefe do Poder Executivo Federal (conferir a respeito: VIRGA, Pietro. *Diritto amministrativo*. 2. ed. Milão: Giuffrè, 1994. v. 3, p. 33; ZANOBINNI, Guido. *Curso de derecho administrativo*: parte general. Buenos Aires: Arayú, 1954. p. 106; MONTEZANTI, Néstor Luis. *Suspension del acto administrativo*. Buenos Aires: Astrea, 1993. p. 26), seja ele exercido por meio de Decretos e regulamentos, seja exercido por meio de Pareceres vinculantes, nos termos da citada Lei Complementar nº 73/1993, situa-se na principiologia constitucional da Separação de Poderes (CF, arts. 2º e 60, § 4º, III), pois, salvo em situações de relevância e urgência (medidas provisórias), o Chefe do Executivo não pode estabelecer normas gerais criadoras de deveres e obrigações, por ser função do Poder Legislativo; muito menos nas hipóteses dos pareceres da AGU, que somente vinculam os Órgãos da Administração Pública Federal.

36. Assim, o Parecer CGU/AGU nº 01/2008 RVJ, editado pela AGU, em 19 de agosto de 2010, e numerado como Parecer nº LA-01 da Advocacia Geral da União, aprovado pelo Presidente da República, não poderá alterar disposição legal – que, nos termos do art. 2º da LICC, não permite repristinação quando não houver expressa previsão legal, e, tampouco permite a criação por Órgão do Poder Executivo de novas obrigações e deveres diversos dos previstos em *disposição constitucional e/ou legislativa*, sequer vinculando particulares ou Órgãos externos à Administração Pública Federal.

37. Os regulamentos, e, entre eles, a partir da LC nº 73/1993, os Pareceres Vinculantes adotados pelo Presidente da República, são normas expedidas privativamente pelo Chefe do Poder Executivo, cuja finalidade precípua é facilitar a execução das leis, removendo eventuais obstáculos práticos que podem surgir em sua aplicação e exteriorizam-se por meio de decreto, sendo, pois, como relembra MARCELLO CAETANO, importante fonte do Direito Administrativo (*Manual de direito administrativo*. 9. ed. Coimbra: Coimbra Editora, 1970. p. 92).

38. Na clássica lição do MINISTRO CARLOS VELLOSO,

> "os regulamentos, na precisa definição de Oswaldo Aranha Bandeira de Mello, 'são regras jurídicas gerais, abstratas, impessoais, em desenvolvimento da lei, referentes à organização e ação do Estado, enquanto poder público'. Editados pelo Poder Executivo, visam tornar efetivo o cumprimento da lei, propiciando facilidades para que a lei seja fielmente executada. É que as leis devem, segundo a melhor técnica, ser redigidas em termos gerais, não só para abranger a totalidade das relações que nelas incidem, senão também, para poderem ser aplicadas, com flexibilidade correspondente, às mutações de fato das quais estas mesmas relações resultam. Por isso, as leis não devem descer a detalhes, mas, conforme acima ficou expresso, conter, apenas, regras gerais. Os regulamentos, estes sim, é que serão detalhistas. Bem por isso, leciona Esmein, 'são eles prescrições práticas que têm por fim preparar

a execução das leis, completando-as em seus detalhes, sem lhes alterar, todavia, nem o texto, nem o espírito'" (*Temas de direito público*. Belo Horizonte: Del Rey, 1994. p. 421).

39. A Lei Complementar nº 73/1993 permitiu que o Presidente da República regulamentasse – somente no âmbito da Administração Pública Federal – a aplicação de leis por meio de PARECERES VINCULANTES, ou seja, criou nova forma de regulamentação, porém, com as mesmas limitações constitucionais e legais da tradicional forma regulamentar, por Decretos e regulamentos.

40. O poder regulamentar somente será exercido quando alguns aspectos da aplicabilidade da lei são conferidos ao Poder Executivo, que deverá evidenciar e explicitar todas as previsões legais, decidindo a melhor forma de executá-la e, eventualmente, inclusive, suprindo suas lacunas de ordem prática ou técnica (BRANDÃO CAVALCANTI, Themístocles. Parecer do consultor geral da república. *Revista de Direito Administrativo*, nº 45, p. 426), pois como consagrado pelo SUPREMO TRIBUNAL FEDERAL, "decretos existem para assegurar a fiel execução das leis" (STF – Pleno – Adin nº 1.435-8/DF – medida liminar – Rel. Min. FRANCISCO REZEK, *Diário da Justiça*, Seção I, 6 ago. 1999, p. 5), uma vez que "os regulamentos têm por fim tornar possível a execução ou aplicação da lei, preenchendo lacunas de ordem prática ou técnica porventura nela existentes, sendo plenamente legítimas as regras destinadas à consecução dos objetivos visados pelo legislador. Essa é uma exigência conatural à atividade administrativa, e corresponde à dinâmica do Direito" (*RTJ* 158/59).

41. Na presente hipótese, o Parecer CGU/AGU nº 01/2008 RVJ, editado pela AGU, em 19 de agosto de 2010, e numerado como Parecer nº LA-01 da Advocacia Geral da União, aprovado pelo Presidente da República, atentou contra a Constituição Federal, pois, além de pretender proclamar uma inexistente repristinação, e, consequentemente, determinar o retorno da vigência do § 1º do art. 1º da Lei nº 5.709/1971, também pretendeu inovar no mundo jurídico, criando requisitos discriminatórios, até então não existentes na Constituição Federal e na legislação, restringindo a possibilidade de aquisição de terras por determinadas espécies de empresas nacionais, não só desrespeitando o PRINCÍPIO DA IGUALDADE, mas também os PRINCÍPIOS CONSTITUCIONAIS DA LEGALIDADE, DA SEPARAÇÃO DE PODERES E DISTRIBUIÇÃO DE COMPETÊNCIAS, por usurpar competência legislativa da UNIÃO a ser exercida pelo CONGRESSO NACIONAL.

42. Observe-se, que, em momento algum na presente hipótese, a Advocacia Geral da União afirmou a ilegalidade do anterior Parecer Vinculante da própria AGU, mas tão somente por questões absolutamente subjetivas e sem que houvesse qualquer alteração constitucional ou legislativa, alterou posicionamento de mais de década, repristinando o § 1º do art. 1º da Lei nº 5.709/1971, mesmo sem que houvesse EXPRESSA PREVISÃO LEGAL PARA TANTO, contrariando, dessa forma, pacífica jurisprudência e doutrina que NÃO PERMITEM A REPRISTINAÇÃO AUTOMÁTICA.

43. Igualmente, contrariando expressa previsão constitucional, Parecer de sua própria Consultora da República e entendimento do CONGRESSO NACIONAL – que, conforme verificamos, possui uma série de projetos de lei em andamento para regulamentar o assunto –, além de usurpar a função legiferante do PODER LEGISLATIVO, desrespeitou o PRINCÍPIO DA LEGALIDADE, podendo causar grande INSEGURANÇA JURÍDICA.

44. Como bem destacado por LUCIANO DE SOUZA GODOY,

> "As pessoas jurídicas constituídas no Brasil, sob o regime das leis brasileiras, mesmo que tenham capital estrangeiro, podiam adquirir terras brasileiras sem restrições, já que não eram consideradas pessoas jurídicas estrangeiras. Esta interpretação da norma, que é a correta a meu ver, foi explicitada em parecer da Advocacia Geral da União em 1998 e, desde a última segunda feira (23/8), alterado por outro parecer que interpreta a Constituição e as leis do país em sentido diverso [...]. Do ponto de vista jurídico, dúvida haverá da constitucionalidade da aplicação deste parecer jurídico. As empresas poderão questionar na Justiça Federal a submissão a este controle pelo Incra, já que a Constituição não mais diferencia as empresas brasileiras controladas por brasileiros das empresas brasileiras controladas por estrangeiros. A mesma dúvida de constitucionalidade se aplicaria a uma emenda constitucional que proíba a aquisição de terras por estrangeiro no país.
>
> Para aqueles que possuem terras no país, há proteção do direito de propriedade e do direito adquirido. O parecer jurídico, um projeto de lei e a emenda constitucional em tramitação não poderiam retroagir para atingir direitos adquiridos regularmente e já estabelecidos, o que seria inconstitucional. Para operações de aquisição de terras após a aprovação do parecer jurídico da Advocacia Geral da União, haverá certamente questionamentos com base no direito à igualdade, amparada em uma série de atos internacionais que garantem a reciprocidade de investimentos para cidadãos e companhias de países diversos. E mais: a mesma igualdade poderá ser alegada contra a discriminação de empresas brasileiras que possuam capital estrangeiro" (Artigo – Compra de áreas por estrangeiros é limitada pela economia, *Consultor Jurídico*, texto publicado quarta, dia 25 de agosto de 2010).

45. Igualmente, demonstrando sua grande preocupação com o desrespeito ao Princípio da Segurança Jurídica, MARCELO TERRA apontou que a alteração do quadro jurídico vigente,

> "mediante nova interpretação e emissão de um outro Parecer da AGU, em sentido contrário àquele de 1998, conforme fartamente espalhado pela mídia nacional, gerará uma indesejada insegurança jurídica, uma absolutamente não conveniente alteração de marcos regulatórios em momento econômico de suma importância para o Brasil comprovar a seus cidadãos e ao mundo ser um porto seguro para os investimentos, uma alternativa de prosperidade e de atração de capitais produtivos" (A empresa brasileira de capital estrangeiro e os imóveis rurais. *Revista Vida Imobiliária*, nº 2, nov./dez. 2008).

46. Agindo assim, o Governo Federal, arbitrariamente, pretendeu impor sua vontade subjetiva aos mandamentos constitucionais, e, em desrespeito às normas do Estado de Direito, acabou por criar deveres e obrigações por meio de Parecer Vinculante, em desrespeito à RESERVA LEGAL.

47. A Advocacia Geral da União atuou como verdadeiro órgão legislativo quando, no item 273, alínea *b*, do Parecer CGU/AGU nº 01/2008 RVJ, editado pela AGU, em 19 de agosto de 2010, e numerado como Parecer nº LA-01 da Advocacia Geral da União, aprovado pelo Presidente da República, enumera os requisitos necessários para decretar

a equiparação de determinada espécie de pessoa jurídica brasileira com pessoa jurídica estrangeira, a fim de que sejam estabelecidos limites e restrições à aquisição e ao arrendamento de imóveis rurais.

48. Não nos parece possível, em um ESTADO CONSTITUCIONAL, que as normas do Estado de Direito sejam afastadas, desrespeitando-se os Princípios da Legalidade e da Reserva Legal, que claramente se aplicam à presente hipótese, e impedem tanto a repristinação do citado texto normativo, quanto a criação de direitos e obrigações às determinadas espécies de empresas nacionais por Parecer da AGU, mesmo que adotado pelo Exmº Presidente da República.

49. O *Estado de Direito* caracteriza-se, entre outros requisitos, por apresentar algumas importantes premissas: (1) primazia da lei (*"Princípio da Legalidade"*); (2) sistema hierárquico de normas que preserva a segurança jurídica e que se concretiza na diferente natureza das distintas normas e em seu correspondente âmbito de validade; (3) observância obrigatória da legalidade pela administração pública.

50. Na presente hipótese, o afastamento do anterior Parecer AGU nº GQ-181, de 1998, também aprovado pelo Presidente da República e devidamente publicado, sem que houvesse qualquer alteração constitucional dos dispositivos aplicáveis à espécie, feriu frontalmente a *"primazia da lei"*, o *"sistema hierárquico de normas que preserva a segurança jurídica e que se concretiza na diferente natureza das distintas normas e em seu correspondente âmbito de validade"* – pois estaríamos dando precedência para eventuais condutas arbitrárias e abusivas de Órgãos do Poder Executivo em detrimento da Supremacia Constitucional e do Império da Lei, consagrando efetivo desrespeito à necessária observância obrigatória da legalidade pela administração pública (conferir a respeito: ENTERRIA, García de. O princípio da legalidade na constituição espanhola. *Revista de Direito Público*, nº 86, p. 6).

51. Assim, somente existirá o *ESTADO DE DIREITO* onde houver a Supremacia da Legalidade, ou, para o direito inglês, a *The Rule of Law*, para o direito francês, o *État Legal*, para o direito alemão, o *Rechtsstaat*, ou ainda, a *always under law* do direito norte-americano; sob pena de permitirmos autoritarismo e a concentração de poder nos órgãos do Poder Executivo, e, especialmente na hipótese, na ADVOCACIA GERAL DA UNIÃO, que a qualquer tempo e sem nenhuma alteração normativa constitucional e ausente a razoabilidade, poderia, subjetivamente, alterar sucessivamente seus entendimentos e criar direitos e obrigações aos particulares, que, recordemos, não estão vinculados a seus Pareceres, mesmo quando adotados pelo Presidente da República (cf. a respeito da necessidade de respeito ao Estado de Direito como forma de controlar o abuso e arbítrio estatal: CANOTILHO, J. J. Gomes; MOREIRA, Vital. *Fundamentos da Constituição*. Coimbra: Coimbra Editora, 1991. p. 195; CAETANO, Marcelo. *Direito constitucional*. 2. ed. Rio de Janeiro: Forense, 1987. v. 1, p. 169; VERGOTTINI, Giuseppe de. *Diritto costituzionale comparato*. Pádua: Cedam, 1981. p. 589; DUVERGER, Maurice. *Partidos políticos*. Rio de Janeiro: Zahar, 1970. p. 387).

52. *L'État legal* consagrou-se no constitucionalismo francês com a construção de hierarquia na ordem jurídica, prevendo no vértice da pirâmide as declarações de direitos e, posteriormente, o texto constitucional.

53. Nesse sentido, a doutrina francesa ensina que o princípio da legalidade é o grande limitador da amplitude do poder regulamentador do Executivo, pois, como salientado por JEAN RIVERO,

"a Administração é uma função essencialmente executiva: encontra na lei o fundamento e o limite da sua actividade. Isso não exclui, em relação a ela, a faculdade de estabelecer, tal como o legislador, regras gerais, na medida em que tais regras sejam necessárias para precisar as condições de execução das leis; mas as regras gerais de origem administrativa, ou *regulamentos,* estão inteiramente submetidas às leis" (*Direito administrativo.* Coimbra: Almedina, 1998. p. 20).

54. Mesmo em relação aos estrangeiros, os arts. 172 e 190 da Constituição Federal são extremamente claros quando exigem a edição de LEI FORMAL para a regulamentação dos investimentos do capital estrangeiro e para a aquisição ou o arrendamento de propriedade rural por pessoa física ou jurídica estrangeira, subtraindo com isso a possibilidade de utilização de outras fontes normativas àquela subordinada (cf. SILVA, José Afonso da. *Curso de direito constitucional positivo.* 9. ed. São Paulo: Malheiros, 1992. p. 368), como se vê a seguir:

"Art. 172. A lei disciplinará, com base no interesse nacional, os investimentos de capital estrangeiro, incentivará os reinvestimentos e regulará a remessa de lucros".

"Art. 190. A lei regulará e limitará a aquisição ou o arrendamento de propriedade rural por pessoa física ou jurídica estrangeira e estabelecerá os casos que dependerão de autorização do Congresso Nacional".

55. O texto constitucional estabeleceu, nessas hipóteses, reserva de lei absoluta, ou seja, exige para sua integral regulamentação a edição de lei formal (cf. em relação à exigência de lei formal em relação ao art. 190, STF, Ação Originária 768/RR, Rel. Min. ELLEN GRACIE), entendida como *ato normativo emanado do Congresso Nacional e elaborado de acordo com o devido processo legislativo constitucional,* pois, em algumas hipóteses, como lembra NUNO PIÇARRA, é essencial na separação de poderes que se evite a excessiva delegação legislativa ao órgão executivo (*A separação dos poderes como doutrina e princípio constitucional.* Coimbra: Coimbra Editora, 1989, p. 71).

56. O respeito ao devido processo legislativo na elaboração das espécies normativas é um dogma corolário à observância do PRINCÍPIO DA LEGALIDADE, ambos consagrados constitucionalmente para que prevaleça o interesse público, e para que, como recorda CARL J. FRIEDRICH, *"a res publica se qualifique como realidade",* uma vez que ninguém será obrigado a fazer ou deixar de fazer alguma coisa, senão em virtude de espécie normativa devidamente elaborada pelo Poder competente, segundo as normas do processo legislativo constitucional, determinando, desta forma, a CARTA MAGNA, quais os órgãos e quais os procedimentos de criação das normas gerais, como ressaltado por HANS KELSEN,

"não só os órgãos judiciais e administrativos e o processo judicial e administrativo, mas também os conteúdos das normas individuais, as decisões judiciais e os atos administrativos que devem emanar dos órgãos aplicadores do Direito" (*General Theory of Law state.* Londres: Harvard University Press, 1949. p. 130).

57. A substituição da necessária lei formal a ser aprovada pelo CONGRESSO NACIONAL pelo Parecer CGU/AGU nº 01/2008 RVJ, editado pela AGU, em 19 de agosto de 2010, e numerado como Parecer nº LA-01 da Advocacia Geral da União, e aprovado pelo

Presidente da República, é injustificável e fere flagrantemente o PRINCÍPIO DA LEGALIDADE, pois como ensinado por CANOTILHO e VITAL MOREIRA,

> "como toda a atividade pública, a Administração está subordinada à Constituição. O princípio da constitucionalidade da administração não é outra coisa senão a aplicação, no âmbito administrativo, do princípio geral da constitucionalidade dos actos do Estado: todos os poderes e órgãos do Estado (em sentido amplo) estão submetidos às normas e princípios hierarquicamente superiores da Constituição" (*Constituição da república portuguesa anotada.* 3. ed. Coimbra: Coimbra Editora, 1993. p. 922).

58. Esse é o entendimento pacífico do SUPREMO TRIBUNAL FEDERAL, quando afirma que:

> "o princípio da reserva de lei atua como expressiva limitação constitucional ao poder do Estado, cuja competência regulamentar, por tal razão, não se reveste de suficiente idoneidade jurídica que lhe permita restringir direitos ou criar obrigações. Nenhum ato regulamentar pode criar obrigações ou restringir direitos, sob pena de incidir em domínio constitucionalmente reservado ao âmbito de atuação material da lei em sentido formal" (STF, AC 1.033 – AgR – QO, Rel. Min. CELSO DE MELLO, *DJ*, 16-6-2006).

> "O princípio constitucional da reserva de lei formal traduz limitação ao exercício das atividades administrativas e jurisdicionais do Estado. A reserva de lei – analisada sob tal perspectiva – constitui postulado revestido de função excludente, de caráter negativo, pois veda, nas matérias a ela sujeitas, quaisquer intervenções normativas, a título primário, de órgãos estatais não legislativos. Essa cláusula constitucional, por sua vez, projeta em uma dimensão positiva, eis que a sua incidência reforça o princípio, que, fundado na autoridade da Constituição, impõe à administração e à jurisdição a necessária submissão aos comandos estatais emanados, exclusivamente, do legislador" (STF, ADI 2.075-MC, Rel. Min. CELSO DE MELLO, *DJ*, 27-6-2003).

59. Igualmente, não se justifica a afirmativa feita no item 255 do Parecer CGU/AGU nº 01/2008 RVJ, editado pela AGU, em 19 de agosto de 2010, e numerado como Parecer nº LA-01 da Advocacia Geral da União:

> "255. O fenômeno da mutação constitucional, de há muito migrou das frias páginas da teoria constitucional para o calor das decisões judiciais, aplicadas aos casos concretos, em que, jurisprudências pacificadas e cristalizadas são alteradas por força de um novo olhar hermenêutico lançado pelos julgadores sobre a tríade norma-fato-circunstâncias".

60. A alteração injustificada do entendimento pacificado pela própria Advocacia Geral da União – sem que houvesse, REPITA-SE, qualquer alteração constitucional, ou mesmo, qualquer decisão judicial – longe de configurar o *"fenômeno da mutação constitucional"*, conflita frontalmente, não só com os Princípios da Legalidade e Reserva Legal, mas também, com o Princípio constitucional da RAZOABILIDADE.

61. O PRINCÍPIO DA RAZOABILIDADE pode ser definido como aquele que exige proporcionalidade, Justiça e adequação entre os meios utilizados pelo Poder Público, no exercício de suas atividades – administrativas ou legislativas –, e os fins por ela almejados, levando-se em conta critérios racionais e coerentes (cf. BUCCI, Maria Paula Dallari. O princípio da razoabilidade em apoio à legalidade. *Cadernos de Direito Constitucional e Ciência Política*. São Paulo: Revista dos Tribunais, ano 4, nº 16, p. 173, jul./set. 1996; BANDEIRA DE MELLO, Celso Antônio. Regulamentação profissional: princípio da razoabilidade. *Revista de Direito Administrativo*, v. 204, p. 333 ss., abr./jun. 1996).

62. Conforme destacado pelo nosso hoje Ministro da Justiça, JOSÉ EDUARDO MARTINS CARDOZO (Princípios constitucionais da administração pública (de acordo com a emenda constitucional nº 19/1998. In: *Os 10 anos da Constituição Federal*. São Paulo: Atlas, 1998. p. 182), sob a óptica da Administração Pública, o PRINCÍPIO DA RAZOABILIDADE pode ser definido como "o princípio que determina à Administração Pública, no exercício de faculdades discricionárias, o dever de atuar em plena conformidade com critérios racionais, sensatos e coerentes, fundamentados nas concepções sociais dominantes".

63. O que se exige do Poder Público, e na presente hipótese da ADVOCACIA GERAL DA UNIÃO, é uma coerência lógica nas decisões e medidas administrativas, pois como apontado por AUGUSTIN GORDILLO (*Princípios gerais do direito público*. São Paulo: Revista dos Tribunais, 1977. p. 183), a decisão do Poder Público será sempre ilegítima, desde que irracional, mesmo que não transgrida explicitamente norma concreta e expressa, ou ainda, no dizer de ROBERTO DROMI (*Derecho administrativo*. 6. ed. Buenos Aires: Ciudad Argentina, 1997. p. 36), a razoabilidade engloba a prudência, a proporção, a indiscriminação, a proteção, a proporcionalidade, a causalidade, em suma, a não arbitrariedade.

64. O item 273 do referido Parecer CGU/AGU nº 01/2008 RVJ, editado pela AGU, em 19 de agosto de 2010, e numerado como Parecer nº LA-01 da Advocacia Geral da União, não só desrespeita a LEGALIDADE, mas também a RAZOABILIDADE, pois cria deveres e obrigações a particulares – pessoas físicas e jurídicas –, e a órgãos que não fazem parte da Administração Pública Federal, pretendendo sujeitá-los à vontade subjetiva da Advocacia Geral da União.

65. Como apontar *"coerência lógica nas decisões e medidas administrativas"* (GORDILLO), ou mesmo *"prudência, proporção, indiscriminação, proteção e não arbitrariedade"* (DROMI), ou ainda "critérios racionais, sensatos e coerentes" (JOSÉ EDUARDO MARTINS CARDOZO), se a ADVOCACIA GERAL DA UNIÃO altera subjetivamente e sem qualquer razoabilidade seu próprio posicionamento, mesmo inexistindo qualquer alteração constitucional ou legislativa, e, ainda, contrariamente ao posicionamento de sua Consultora da República e do CONGRESSO NACIONAL, que vem discutindo – conforme já visto – vários projetos de lei sobre o assunto? Não é possível.

66. O PRINCÍPIO DA RAZOABILIDADE, portanto, deve ser utilizado como parâmetro para se evitarem os tratamentos excessivos (*ubermassig*), inadequados (*unangemessen*), buscando-se sempre no caso concreto o tratamento necessariamente exigível (*erforderlich, unerlablich, unbedingt notwendig*), como corolário ao PRINCÍPIO DA IGUALDADE.

67. Como salientado pelo SUPREMO TRIBUNAL FEDERAL, somente

> "a norma estatal, que não veicula qualquer conteúdo de irrazoabilidade, ajusta-se ao princípio do devido processo legal, analisando na perspectiva de sua projeção

material (substantive due process of Law)" (STF, ADI 1407/DF, Rel. Min. CELSO DE MELLO), prosseguindo, ao afirmar que "a essência do substantive due process of Law reside na necessidade de proteger os direitos e as liberdades das pessoas contra qualquer modalidade de legislação que se revele opressiva ou, como no caso, destituída do necessário coeficiente de razoabilidade" (STF, ADI 1158/AM, Rel. Min. CELSO DE MELLO).

68. O Princípio da Razoabilidade, portanto, enquanto vetor interpretativo, deverá pautar a atuação do Poder Público, na hipótese a ADVOCACIA GERAL DA UNIÃO, garantindo--lhe a constitucionalidade de suas condutas e impedindo a prática de arbitrariedades, como seria a aplicação do novo entendimento esposado no Parecer CGU/AGU nº 01/2008 RVJ, editado pela AGU, em 19 de agosto de 2010, e numerado como Parecer nº LA-01 da Advocacia Geral da União, pois eventuais medidas nesse sentido estariam marcadas pelo traço da irrazoabilidade, transgressão à legalidade, permitindo, dessa forma, abuso do poder estatal e transgressão ao devido processo legal substantivo no exercício de suas funções.

## RESPOSTAS AOS QUESITOS

QUESITO 1 – O § 1º do art. 1º da Lei nº 5.709, de 7 de outubro de 1971, regulamentado pelo Decreto Federal nº 74.965, de 26 de novembro de 1974, foi recepcionado pela Constituição da República Federativa do Brasil de 1988, podendo, por conseguinte, ser aplicado nos termos do Parecer CGU/AGU nº 01/2008 RVJ, editado pela AGU, em 19 de agosto de 2010, e numerado como Parecer nº LA-01 da Advocacia Geral da União, aprovado pelo Presidente da República?

RESPOSTA: O § 1º do art. 1º da Lei nº 5.709, de 7 de outubro de 1971, não foi recepcionado pelo texto original do art. 171, inciso I, da Constituição da República Federativa do Brasil, em virtude do referido texto não mais permitir tratamentos diferenciados e discriminatórios entre empresas de capital nacional e de capital estrangeiro. Dessa forma, o citado artigo foi revogado de nosso ordenamento jurídico, deixando de ter vigência e eficácia, que não retornaram após a edição da EC nº 6, de 1995, uma vez que na legislação brasileira somente ocorre o fenômeno da repristinação quando houver expressa previsão legal, o que não ocorreu na presente hipótese. Em face disso, não é possível a aplicação do Parecer CGU/AGU nº 01/2008 RVJ, editado pela AGU, em 19 de agosto de 2010, e numerado como Parecer nº LA-01 da Advocacia Geral da União, aprovado pelo Presidente da República por flagrante inconstitucionalidade, uma vez que a restauração da eficácia do § 1º do art. 1º da Lei nº 5.709/1971 não ocorreu.

QUESITO 2 – O Parecer CGU/AGU nº 01/2008 RVJ, editado pela AGU, em 19 de agosto de 2010, e numerado como Parecer nº LA-01 da Advocacia Geral da União, aprovado pelo Presidente da República, nos termos em que foi publicado, é constitucional e legal?

RESPOSTA: O Parecer CGU/AGU nº 01/2008 RVJ, editado pela AGU, em 19 de agosto de 2010, e numerado como Parecer nº LA-01 da Advocacia Geral da União, aprovado pelo Presidente da República, é flagrantemente inconstitucional por contrariar frontalmente os Princípios da Legalidade, Reserva Legal, Segurança Jurídica e Razoabilidade, conforme analisados anteriormente, pois a vontade subjetiva da Administração Pública não pode se sobrepor às determinações Constitucionais sobre pena de grave ferimento ao Estado Constitucional.

QUESITO 3 – O Parecer CGU/AGU nº 01/2008 RVJ, editado pela AGU, em 19 de agosto de 2010, e numerado como Parecer nº LA-01 da Advocacia Geral da União, aprovado pelo Presidente da República, nos termos em que foi publicado, pode estabelecer novos deveres e obrigações, bem como criar novas restrições não previstas constitucionalmente?

RESPOSTAS: A previsão da Lei Complementar nº 73/1993, ao estabelecer a vinculação dos Órgãos da Administração Pública Federal aos pareceres vinculantes da Advocacia Geral da União aprovados pelo Presidente da República, permite certa discricionariedade na interpretação das normas aplicáveis no âmbito da administração, porém não podem ser utilizados como atos normativos autônomos para criação de novos deveres e obrigações, sob pena de abuso e arbitrariedade do Poder Executivo e desrespeito ao ordenamento constitucional.

QUESITO 4 – O Parecer CGU/AGU nº 01/2008 RVJ, editado pela AGU, em 19 de agosto de 2010, e numerado como Parecer nº LA-01 da Advocacia Geral da União, aprovado pelo Presidente da República, nos termos em que foi publicado, é de compulsória obrigatoriedade aos particulares – pessoas físicas e jurídicas – e aos demais Órgãos da Administração Pública Estadual e Municipal?

RESPOSTA: A previsão da Lei Complementar nº 73/1993 somente estabelece vinculação dos Órgãos da Administração Pública Federal aos pareceres vinculantes da Advocacia Geral da União aprovados pelo Presidente da República, não podendo, como citado no item anterior, criar novos deveres e obrigações aos particulares – sejam pessoas físicas ou jurídicas –, ou ainda, aos demais Órgãos das administrações estaduais e municipais.

# Irretroatividade de inelegibilidade legal do art. 1º, inciso I, letra *l*, da LC nº 64/1990 (Lei da Ficha Limpa)

# 7

O presente estudo foi apresentado na forma de *Parecer Jurídico* para análise da impossibilidade de aplicação retroativa da inelegibilidade legal prevista no art. 1º, inciso I, da letra *l*, da LC nº 64/1990, quando a ocorrência da condenação por improbidade administrativa por Órgão Colegiado tiver ocorrido após as eleições.

> IMPOSSIBILIDADE DE APLICAÇÃO RETROATIVA DA INELEGIBILIDADE LEGAL PREVISTA NO ARTIGO 1º, INCISO I, DA LETRA *L*, DA LC 64/90, QUANDO A OCORRÊNCIA DA CONDENAÇÃO POR IMPROBIDADE ADMINISTRATIVA POR ÓRGÃO COLEGIADO TIVER OCORRIDO APÓS AS ELEIÇÕES. Inelegibilidade decorrente da observância do Princípio Democrático e da fidelidade política aos cidadãos. OBRIGATORIEDADE DE OBSERVÂNCIA DA VIDA PREGRESSA DO CANDIDATO ATÉ O MOMENTO DA REALIZAÇÃO DAS ELEIÇÕES. Posicionamento pacificado no SUPREMO TRIBUNAL FEDERAL quando da declaração de constitucionalidade da "Lei da Ficha Limpa" (ADC 30/DF, Rel. Min. LUIZ FUX), ao diferenciar as hipóteses de "inelegibilidades", que não exigem trânsito em julgado, e as hipóteses de "privações de direitos políticos", que exigem trânsito em julgado. Inaplicabilidade retroativa ao pleito eleitoral já realizado, mas sim às eleições que vierem a se realizar nos próximos oito anos. IMPROVIMENTO DO RECURSO DE CASSAÇÃO DO DIPLOMA.

A análise da legislação constitucional e legal aponta não incidir a inelegibilidade superveniente, em virtude de decisão condenatória em ação civil pública por ato de improbidade administrativa ocorrida após o pleito eleitoral e ainda sem trânsito em julgado, uma vez que o termo final para análise da referida inelegibilidade ocorre com a realização das eleições, que constitui o TERMO FINAL PARA ANÁLISE DA VIDA PREGRESSA DO CANDIDATO, não sendo possível sua aplicação retroativa, conforme amplamente analisado no julgamento da ADC 30/DF, pelo SUPREMO TRIBUNAL FEDERAL.

Após longos debates e apresentação de substanciosos argumentos, que duraram 04 (quatro) sessões (9-11-2011, 1-12-2011, 15-2-2012 e 16-2-2012), o Plenário de nossa CORTE SUPREMA declarou, por maioria, a constitucionalidade da denominada "Lei da Ficha Limpa" (LC nº 135/2010), e determinou, também por maioria, sua aplicação imediata às eleições de 2012, inclusive no tocante à criação, nos termos do § 9º do art. 14 da Constituição Federal, de NOVA ESPÉCIE DE INELEGIBILIDADE LEGAL FUNDAMENTADA NA VIDA PREGRESSA DO CANDIDATO, para aqueles "que forem condenados à suspensão dos direitos políticos, em decisão proferida por órgão judicial colegiado, por ato doloso de improbidade administrativa que importe lesão ao patrimônio público e enriquecimento ilícito, desde a condenação até o transcurso do prazo de 08 (oito) anos após o cumprimento da pena".

Conforme é de notório conhecimento, duas correntes antagônicas se formaram no Pretório Excelso quanto à aplicabilidade imediata. Enquanto a corrente minoritária entendeu que a possibilidade de aplicação da nova previsão do art. 1º, inciso I, letra *l*, da LC nº 64/1990, sem que houvesse o trânsito em julgado da sentença condenatória, feria os Princípios da Presunção de Inocência e Irretroatividade, acabando por se equiparar à verdadeira sanção; a corrente vencedora definiu a nova hipótese como "inelegibilidade legal" relativa à análise da "vida pregressa" do "candidato" até o "momento da eleição".

Conforme definido no Acórdão, a lei estabeleceu novos "requisitos qualificados de inelegibilidade" para o "exercício do *ius honorum* (direito de concorrer a cargos eletivos)", levando em conta a "vida pregressa do candidato até o momento da disputa eleitoral", não equiparando essas INELEGIBILIDADES – que obrigatoriamente devem estar presentes até o momento das eleições – com a SUSPENSÃO OU PERDA DOS DIREITOS POLÍTICOS, incidentes inclusive durante o exercício do mandato político.

Enquanto a exigência de probidade administrativa para disputar as eleições pode ser afastada pela decisão condenatória de órgão colegiado, publicada até o momento das eleições (INELEGIBILIDADE), a exigência de probidade administrativa para manutenção do exercício do mandato somente pode ser afastada por decisão judicial transitada em julgado (PRIVAÇÃO DOS DIREITOS POLÍTICOS), em respeito ao Princípio da Presunção de Inocência.

IMPORTANTE RESSALTAR QUE O PLENÁRIO DO SUPREMO TRIBUNAL FEDERAL ENTENDEU QUE A "condenação por ato de improbidade por órgão colegiado, sem trânsito em julgado" CONSISTE EM NOVA INELEGIBILIDADE LEGAL BASEADA NA VIDA PREGRESSA DO CANDIDATO, E, PORTANTO, APLICÁVEL SOMENTE PARA AS ELEIÇÕES.

Sua excelência, MINISTRO LUIZ FUZ (relator), destacou o art. 14, § 9º, como substrato de validade para a aplicabilidade da inelegibilidade nas hipóteses de condenação por órgão colegiado, sem trânsito em julgado, em relação à "VIDA PREGRESSA DO CANDIDATO", de maneira a IMPEDI-LO DE DISPUTAR AS ELEIÇÕES; diferenciando-a, porém, das hipóteses de "suspensão" e "perda" de Direitos Políticos, aplicáveis a qualquer momento; tendo destacado:

> "tão somente, de imposição de um NOVO REQUISITO NEGATIVO PARA QUE O CIDADÃO POSSA CANDIDATAR-SE A CARGO ELETIVO, que não se confunde com o agravamento de pena ou com *bis in idem*", salientando ainda que "a interpretação sistemática dos dispositivos constitucionais impõe que seja a mencionada norma cotejada com o art. 15, incisos III e V, que trata dos casos de suspensão e perda de direitos políticos, envolvendo não apenas o *ius honorum* (direitos políticos passivos, isto é, o direito de candidatar-se e eleger-se), como também o *ius sufragii* (direitos políticos ativos – em síntese, o direito de eleger). A *inelegibilidade* tem as suas causas

previstas nos §§ 4º a 9º do art. 14 da Carta Magna de 1988, que se TRADUZEM EM *CONDIÇÕES OBJETIVAS CUJA VERIFICAÇÃO IMPEDE O INDIVÍDUO DE CONCORRER A CARGOS ELETIVOS* e, portanto, não se confunde com a *suspensão ou perda dos direitos políticos* [...]", concluindo que "impende prestigiar a solução legislativa, que admitiu, para o preenchimento do conceito de VIDA PREGRESSA DO CANDIDATO, a consideração da existência de condenação judicial não definitiva".

Esse entendimento foi absolutamente corroborado pelo MINISTRO JOAQUIM BARBOSA, que afirmou que "inelegibilidade não é pena", ressaltando sua aplicabilidade de maneira "prévia, anterior e prejudicial às eleições":

> "Inicialmente, relembro a conhecida afirmação de que 'inelegibilidade não é pena', ou seja, de que as hipóteses que tornam o indivíduo inelegível não são punições engendradas por um regime totalitário, mas sim distinções, baseadas em critérios objetivos, que traduzem a repulsa de toda a sociedade a certos comportamentos bastante comuns no mundo da política [...]. A inelegibilidade não constitui uma repercussão prática da culpa ou do dolo do agente político, mas apenas a reprovação prévia, anterior e prejudicial às eleições, do comportamento objetivamente descrito como contrário às normas de organização política".

Ressaltando a importância da nova lei, o MINISTRO AYRES BRITTO foi claro ao defini-la como criadora de pré-requisitos do próprio direito à candidatura:

> "a Constituição, pelo § 9º, do artigo 14, autorizou a lei complementar a criar, a estabelecer requisitos de constituição do direito de se candidatar. Não diz 'restrições ao exercício de direito'. Não. SÃO REQUISITOS QUE, SE NÃO PREENCHIDOS, AFASTAM O PRÓPRIO DIREITO À CANDIDATURA; NÃO HÁ SEQUER O DIREITO DE SE CANDIDATAR. Parece-me que a Constituição autorizou à lei que estabelecesse tais pré-requisitos; pré-requisitos do próprio direito à candidatura".

Posteriormente, nos debates, novamente o MINISTRO AYRES BRITTO apontou a necessidade da inelegibilidade se referir à vida pregressa do candidato e ser analisada antes das eleições:

> "Vossa Excelência disse: as condições de elegibilidade são aferidas quando do pedido do registro da candidatura. É o que diz a Constituição. A Constituição diz: 'considerada a vida pregressa do candidato'. Quando surge o candidato? Quando a convenção partidária o indica [...]. O candidato pede à Justiça Eleitoral o registro do seu nome. Ele já saiu candidato da convenção partidária. Quando do registro da candidatura – esse é o marco temporal para aferir as condições de elegibilidade do candidato, ou seja, é preciso que essas condições sejam aferidas à luz da legislação então vigente [...]. A CONSTITUIÇÃO FALOU DE VIDA PREGRESSA, COM TODAS AS LETRAS, VIDA PREGRESSA, VOLTAMOS A DIZER, NÃO É VIDA FUTURA, É VIDA PASSADA [...]. E a vida pregressa é aferida quando do momento indicado pela Constituição, o registro da candidatura".

Prosseguindo, ainda, o MINISTRO AYRES BRITO salientou a importância de sua análise até as eleições, para que o eleitor possa escolher no pleito eleitoral "candidatos respeitáveis", bem como a necessidade de sua presença e incidência na VIDA PREGRESSA DO CANDIDATO, para evitar que possa disputar as eleições:

> "A sua focada preocupação de proteger a probidade administrativa e a moralidade para o exercício do mandato. E foi uma preocupação focada, tão séria, que mandou considerar a vida pregressa do candidato – a vida pregressa do candidato. E vida pregressa, volto a dizer, é uma vida biográfica, é um histórico de vida, é toda a trajetória de vida do candidato [...]. Então a Lei da Ficha Limpa tem essa ambição de mudar uma cultura perniciosa, deletéria, de maltrato, de malversação da coisa pública para implantar no país o que se poderia chamar de qualidade de vida política, pela melhor seleção, pela melhor escolha de candidatos. Candidatos respeitáveis. Esse é um dos conteúdos do que estou chamando de princípio do devido processo legal eleitoral substantivo. O outro conteúdo é o direito que tem o eleitor de escolher pessoas em esse passado caracterizado por um estilo de vida de namoro aberto com a delitividade, com a delituosidade".

A MINISTRA ROSA WEBER, igualmente, salientou a necessidade da análise dessa INELEGIBILIDADE até a "ocasião do pleito eleitoral", por não se tratar de "sanção", mas sim de "condição negativa de elegibilidade":

> "Assim, porque, enquanto condição negativa de elegibilidade, de caráter objetivo e geral, a subsunção do fato à norma somente se opera a partir do momento em que o candidato pleiteia o seu registro [...]. A INELEGIBILIDADE NÃO É SANÇÃO QUE ESTÁ SENDO APLICADA RETROATIVAMENTE A FATOS PRETÉRITOS. VALE PARA ELEIÇÕES FUTURAS. A ELEGIBILIDADE É CONDIÇÃO QUE DEVE SER VERIFICADA POR OCASIÃO DO PLEITO ELEITORAL".

Da mesma forma, a MINISTRA CÁRMEN LÚCIA diferenciou "inelegibilidade" de "sanção", apontando sua característica de "circunstância impeditiva da oferta de alguém a candidatar-se" em virtude de sua "vida pregressa" em momento "anterior à formalização do pedido de registro":

> "O entendimento consolidado pelo Tribunal Superior Eleitoral, na interpretação e aplicação da Lei Complementar nº 135/2010 e com o qual me ponho de acordo, foi no sentido de que as normas do art. 1º e seus incisos não desobedecem o princípio constitucional da presunção da não culpabilidade penal exatamente porque a inelegibilidade não é penal, mas A AFIRMAÇÃO DE UMA CIRCUNSTÂNCIA IMPEDITIVA DA OFERTA DE ALGUÉM A CANDIDATAR-SE A CARGO ELETIVO [...] o enfraquecimento ou a postergação da forma normativa do art. 14, § 9º da Constituição Federal, poderia autorizar, por exemplo, que determinada pessoa condenada por órgão judicial colegiado pelos piores crimes ou improbidades (nova causa de inelegibilidade), VIESSE A TER SEU PEDIDO DE CANDIDATURA DEFERIDO, pela singela circunstância da inelegibilidade ter sido legalmente estatuída com base em VIDA PREGRESSA RECENTE, EMBORA ANTERIOR À FORMALIZAÇÃO DO PEDIDO DE REGISTRO, já submetido à lei nova, em vigor. [...] Daí não haver,

como penso, qualquer agravo à razoabilidade das normas ao definir o legislador casos de inelegibilidade baseados nos parâmetros constitucionais relativos À VIDA PREGRESSA DOS CIDADÃOS INTERESSADOS EM SE CANDIDATAR".

A mesma afirmação – referente a se tratar de INELEGIBILIDADE relativa à VIDA PREGRESSA DO CANDIDATO APLICÁVEL NECESSARIAMENTE EXISTENTE ATÉ AS ELEIÇÕES – foi feita pelo MINISTRO RICARDO LEWANDOWSKI, que destacou que os valores constitucionais estampados no art. 14, § 9º, da Carta Magna são exigidos daqueles que ALMEJAM cargo eletivo no Poder Executivo e no Poder Legislativo, ensinando que:

> "criou novas causas de inelegibilidade, mediante critérios objetivos, tendo em conta a 'VIDA PREGRESSA DO CANDIDATO', com amparo no art. 14, § 9º, da Constituição Federal [...]. Vê-se, assim, que as causas de inelegibilidade, enquanto normas de ordem pública, aplicam-se a todos indistintamente, contemplando, inclusive, situações jurídica anteriores à publicação da LC 135/2010, CABENDO À JUSTIÇA ELEITORAL VERIFICAR – NO MOMENTO DO PEDIDO DE REGISTRO DE CANDIDATURA – SE DETERMINADA CAUSA DE INELEGIBILIDADE PREVISTA EM ABSTRATO NA LEGISLAÇÃO INCIDE OU NÃO EM UMA SITUAÇÃO CONCRETA, TAL COMO SEMPRE OCORREU EM TODOS OS PLEITOS. [...] Ora, tratando-se de condições de elegibilidade ou causas de inelegibilidade, esses requisitos se perfazem NO MOMENTO DO REGISTRO DA CANDIDATURA. Tal entendimento alinha-se à decisão já proferida por esta Corte no sentido de que a lei a ser considerada é aquela vigente por ocasião do registro, quando serão levados em linha de conta o fato, o ato ou a decisão que acarretem eventual inelegibilidade [...]. Diante desse quadro, estou convencido de que não há falar em ofensa ao direito adquirido e ao ato jurídico perfeito, ambos abrigados no art. 5º, XXXVI, da Constituição, uma vez que as condições de elegibilidade ou causas de inelegibilidade, estabelecidas na LC 64/90, SÃO VERIFICADAS NO MOMENTO DO REGISTRO DE CANDIDATURA".

Ressalte-se que, mesmo sendo contrário a essa nova inelegibilidade pela ausência da exigência do trânsito em julgado, em seu voto, o MINISTRO GILMAR MENDES situou-a como INELEGIBILIDADE INCIDENTE ATÉ O MOMENTO DO ESCRUTÍNIO PÚBLICO:

> "O dispositivo em exame traz uma restrição grave a um direito político essencial, QUE É O DE SUBMETER-SE AO ESCRUTÍNIO PÚBLICO VISANDO A ELEGER-SE A CARGOS DE DIREÇÃO POLÍTICA, de modo que não há dúvida acerca da gravidade da restrição a direito de que se cuida".

Apesar de também ter afastado a retroatividade da lei, foi apontado pelo MINISTRO MARCO AURÉLIO que as novas inelegibilidades estariam a considerar "algo que apresenta conceito aberto: a vida pregressa do candidato", ou seja, "o que vem antes" das eleições, como afirmou:

> "Essa lei, Presidente, veio dezesseis anos após – foi ressaltado pelo Ministro Ayres Britto – a inserção, no § 9º do artigo 14 da Constituição Federal, de outros elementos, visando a preservar, acima de tudo, a coisa pública. Com a Emenda Constitucional de Revisão nº 4/93, inseriu-se na Carta Federal que se teria lei de

inelegibilidade a prever dados voltados a proteger – é o vocábulo do legislador – a probidade administrativa e a moralidade para o exercício do mandato. E, ENTÃO, PREVIU-SE QUE SE CONSIDERARIA ALGO QUE APRESENTA CONCEITO ABERTO: A VIDA PREGRESSA DO CANDIDATO [...] Tudo ocorre a partir do bom-senso, da ordem natural das coisas, da razoabilidade, da proporcionalidade, tendo em conta esse conceito que disse 'aberto', que é o alusivo À VIDA PREGRESSA, OU SEJA, O QUE VEM ANTES. [...] O que se contém no preceito não obstaculiza a consideração, não de uma simples denúncia recebida pelo juízo competente, como havia na lei complementar anterior à 64, para ter-se a inelegibilidade, e a referência a pronunciamento condenatória de colegiado, o que, quase sempre, ocorre no campo da revisão – não afasto a possibilidade de se ter a competência originária do colegiado –, PARA SABER SE AQUELE QUE SE APRESENTA VISANDO TER O NOME SUFRAGADO PELOS CONCIDADÃOS TEM, OU NÃO, VIDA PREGRESSA IRREPROCHÁVEL. PREGRESSO QUER DIZER O QUE SE PASSOU ANTES, ALGO A PRECEDER. VIDA PREGRESSA RECOMENDÁVEL É A QUE NÃO COLOQUE EM DÚVIDAS A ADEQUAÇÃO DO CANDIDATO PARA OCUPAR O CARGO".

Não foi outro o entendimento do MINISTRO DIAS TOFFOLI, ao afirmar que os novos requisitos trazidos pelas inelegibilidades

"devem ser aferidos em um momento único, como garantia de isonomia entre todos os postulantes à candidatura, e esse momento é e deve ser o do ato do registro da candidatura. Esse deve ser o MARCO TEMPORAL ÚNICO, POIS SOMENTE ASSIM SE COLOCAM EM PATAMAR DE IGUALDADE TODOS OS POSTULANTES".

Em conclusão, o SUPREMO TRIBUNAL FEDERAL declarou a constitucionalidade da nova previsão do art. 1º, inciso I, letra *l*, da LC nº 64/1990, por entendê-la como NOVA HIPÓTESE DE INELEGIBILIDADE BASEADA NA VIDA PREGRESSA DO CANDIDATO (CF, art. 14, § 9º), e, portanto, AFERÍVEL ATÉ AS ELEIÇÕES, sendo, consequentemente, VEDADA A POSSIBILIDADE DE APLICAÇÃO RETROATIVA DE CONDENAÇÃO DE ÓRGÃO COLEGIADO PUBLICADA APÓS AS ELEIÇÕES, DIPLOMAÇÃO E POSSE DO CANDIDATO. Esse posicionamento de nossa CORTE SUPREMA vem sendo seguido de maneira fiel pelo TRIBUNAL SUPERIOR ELEITORAL e por esse TRIBUNAL REGIONAL ELEITORAL, conforme os diversos precedentes juntados nos Memoriais anteriores.

# Limitações Constitucionais para cargos em comissão de livre provimento

# 8

O presente estudo foi apresentado na forma de *Parecer Jurídico* para análise de questões constitucionais nos autos da ADI ajuizada pelo Excelentíssimo Procurador-Geral de Justiça perante o Egrégio TRIBUNAL DE JUSTIÇA DE SÃO PAULO pleiteando a declaração de inconstitucionalidade parcial da Lei Complementar Municipal de Araçatuba nº 206, de 30 de junho de 2010, especificamente em relação aos cargos constantes do ANEXO II, Códigos CC1, CC2 e CC3, sob a argumentação de que os cargos em comissão criados pela referida Lei não guardam relação com funções de direção, chefia e assessoramento, mas com funções próprias de cargos de provimento efetivo, e, consequentemente, estaria o diploma legal municipal violando o art. 37, II e V, da Constituição da República Federativa do Brasil, e o art. 115, II e V, da Constituição do Estado de São Paulo.

Foram apresentados os seguintes quesitos a serem analisados:

QUESITO 1 – A LC nº 206/2010, do Município de Araçatuba, ao dispor sobre os cargos em comissão de livre provimento, observou os requisitos constitucionais exigidos para o afastamento de concurso público, nos termos dos incisos II e V do art. 37 da Constituição da República Federativa do Brasil e dos incisos II e V do art. 115 da Constituição do Estado de São Paulo?

QUESITO 2 – A LC nº 206/2010, do Município de Araçatuba, ao dispor sobre a proporcionalidade entre os cargos em comissão de provimento por servidor efetivo (70%) e os cargos em comissão de livre provimento (30%), respeitou o Princípio da Razoabilidade?

QUESITO 3 – A LC nº 206/2010 distingue-se da anterior LC nº 87/2001, ambas do Município de Araçatuba, que foi declarada inconstitucional pelo Tribunal de Justiça de São Paulo por desrespeito aos incisos II e V do art. 37 da Constituição da República Federativa do Brasil e dos incisos II e V do art. 115 da Constituição do Estado de São Paulo?

(I) FATOS

Trata-se de ADI ajuizada pelo Excelentíssimo Procurador-Geral de Justiça perante o Egrégio TRIBUNAL DE JUSTIÇA DE SÃO PAULO pleiteando a declaração de inconstitucionalidade parcial da Lei Complementar Municipal de Araçatuba nº 206, de 30 de junho de 2010, especificamente em relação aos cargos constantes do ANEXO II, Códigos CC1,

CC2 e CC3, sob a argumentação de que os cargos em comissão criados pela referida Lei não guardam relação com funções de direção, chefia e assessoramento, mas de funções próprias de cargos de provimento efetivo, e, consequentemente, estaria o diploma legal municipal violando os arts. 37, II e V, da Constituição da República Federativa do Brasil e o art. 115, II e V, da Constituição do Estado de São Paulo.

O MINISTÉRIO PÚBLICO DO ESTADO DE SÃO PAULO pleiteia a inconstitucionalidade parcial da LC nº 206/2010 alegando que:

a) Ao dispor sobre a Estrutura Administrativa e dos Cargos de Comando da Prefeitura Municipal de Araçatuba, a Lei Complementar nº 206, de 30 de junho de 2010, elencou os cargos que exigem especial relação de confiança com o Chefe do Poder Executivo (art. 7º);

b) Em seu art. 8º, a LC nº 206/2010 estabeleceu a forma de provimento dos referidos cargos;

c) A descrição dos cargos na LC nº 206/2010 demonstra a necessidade de serem exercidos em caráter permanente, ou seja, pelo quadro estável de servidores públicos municipais, em conformidade com o disposto no art. 115, inciso II, da Constituição do Estado de São Paulo;

d) O legislador municipal criou cargos de provimento em comissão para o exercício de funções estritamente técnicas ou profissionais, próprias dos cargos de provimento efetivo, cujo exercício das funções exige a natureza profissional do vínculo entre seus agentes e a Administração Pública e que, portanto, somente poderiam ser preenchidos por concurso público.

Em suas informações, o MUNICÍPIO DE ARAÇATUBA fez um breve resumo histórico da legislação municipal impugnada, apontando que:

a) Em 2009, houve ADI em face do art. 41, incisos I e V, e do Anexo I da Lei Complementar Municipal de Araçatuba nº 87/2001, igualmente movida pelo Procurador-Geral de Justiça, e julgada parcialmente procedente pelo COLENDO ÓRGÃO ESPECIAL DO TRIBUNAL DE JUSTIÇA, que declarou inconstitucionais os incisos II, III, IV e V do art. 41 e o Anexo 1 da referida LC nº 87/2001, com as sucessivas alterações legislativas, suspendendo a vigência dos citados dispositivos com efeitos *ex tunc*;

b) Com a decisão do COLENDO ÓRGÃO ESPECIAL DO TRIBUNAL DE JUSTIÇA, caracterizou-se situação de anomia no Município de Araçatuba, que deixou de apresentar disciplina legal para a regência dos cargos em comissão e funções de confiança;

c) Em virtude da possibilidade de graves prejuízos ao Município de Araçatuba, em face da situação de anomia causada pela declaração de inconstitucionalidade do art. 41 e Anexo 1 da LC nº 87/2001, que somente passou a permitir a livre nomeação para os cargos de Secretários Municipais, Chefe de Gabinete do Prefeito e Procurador-Geral do Município, foram elaborados estudos, com o auxílio do IBAM (Instituto Brasileiro de Administração Municipal), que resultaram na Lei Complementar nº 206, de 30 de junho de 2010;

d) A Lei Complementar nº 206, de 30 de junho de 2010, ao disciplinar os cargos em comissão e as funções de confiança, prevê que 70% (setenta por cento) dos mesmos sejam ocupados por servidores efetivos e 30% (trinta por cento) por pessoas sem a exigência de vínculo com a Administração;

e) A Prefeitura Municipal de Araçatuba possui um total de 2.971 (dois mil, novecentos e setenta e um) funcionários públicos, sendo que apenas 124 são cargos em comissão que podem ser ocupados livremente por pessoas estranhas ao quadro de servidores efetivos;

f) A análise dos cargos previstos na LC nº 206, de 30 de junho de 2010, demonstra sua constitucionalidade, em virtude da especialidade das funções de direção e chefia, bem como da presença do necessário vínculo de confiança como elemento caracterizador do cargo em comissão.

O Município de Araçatuba conclui pela constitucionalidade da LC nº 206/2010 e sua plena compatibilidade, tanto com o art. 37, II e V, da Constituição Federal, quanto com o art. 115, II e V, da Constituição do Estado de São Paulo.

(II) NOMEAÇÃO PARA CARGO EM COMISSÃO DECLARADO EM LEI DE LIVRE NOMEAÇÃO E EXONERAÇÃO

A Constituição Federal (CF, art. 37, II) e a Constituição do Estado de São Paulo (Cest/SP, art. 115, II) são intransigentes em relação à imposição à efetividade do princípio constitucional do concurso público, como *REGRA* a todas as admissões da administração pública, vedando expressamente tanto a ausência deste postulado, quanto seu afastamento fraudulento, por meio de qualquer artifício administrativo ou legislativo.

O princípio constitucional do concurso público constitui verdadeiro pressuposto de validade da admissão de pessoal não apenas pela administração direta, mas também pelos entes públicos da administração indireta, vinculando EXPRESSAMENTE os Estados-membros e os Municípios, em virtude de explícita previsão constitucional trazida pelo *caput* do art. 37 da Lei Maior.

A REGRA prevista pelo texto constitucional, portanto, estabelece a obrigatoriedade do concurso público.

Em relação ao art. 37, inciso II, da Carta Magna, o SUPREMO TRIBUNAL FEDERAL é absolutamente claro:

> "O Supremo Tribunal Federal é intransigente em relação à imposição à efetividade do princípio constitucional do concurso público" (STF, SS 1081-6/ES, Rel. Min. SEPÚLVEDA PERTENCE).

> "A Constituição Federal não permite o ingresso em cargo público – sem concurso" (*RTJ* 165/684).

Nossa CORTE SUPREMA, portanto, pacificou a jurisprudência no sentido de que o art. 37, II, da CF "rejeita qualquer burla à exigência de concurso público", não sendo possível, em regra, o afastamento dos órgãos da Administração Pública Direta e Indireta desse critério de seleção dos quadros do serviço público (cf. a respeito: Pleno, ADI 2689,

Rel. Min. ELLEN GRACIE, decisão: 9-10-2003; Pleno, ADI 1350-MC, Rel. Min. CELSO DE MELLO, decisão: 27-9-1995; Pleno, ADI 980-MC, Rel. Min. CELSO DE MELLO, decisão: 3-2-1994).

As EXCEÇÕES ao princípio constitucional do concurso público somente existirão com expressa previsão do próprio texto constitucional federal, sob pena de nulidade.

O inciso II do art. 37, *in fine*, do texto da Constituição da República Federativa do Brasil prevê uma dessas EXCEÇÕES, ao estabelecer que:

> "II – [...] ressalvadas as nomeações para cargo em comissão declarado em lei de livre nomeação e exoneração".

Trata-se de EXCEÇÃO constitucional ao primado do concurso público, não sendo permitido à legislação infraconstitucional estabelecer outras formas diferenciadas de acesso a cargos e funções públicos.

Ressalte-se, porém, que a EXCEÇÃO constitucional é admitida, ética e moralmente, tendo por finalidade possibilitar maior liberdade na escolha dos ocupantes de cargos de assessoramento, direção e chefia que auxiliarão o Chefe do Poder Executivo a implementar suas diretrizes políticas na Administração, como ressaltado por MANOEL GONÇALVES FERREIRA FILHO:

> "Tais cargos são aqueles pelos quais se transmitem as diretrizes políticas para a execução administrativa. Cumpre a seus titulares levar adiante sua fiel execução. Conforme é de bom senso, essas funções não serão bem exercidas por quem não estiver convencido de seu acerto, não partilhar da mesma visão política. É, pois, essencial para a democracia, na qual a linha política deve em última análise contar com o beneplácito do povo, que certos postos-chaves na administração sejam ocupados por servidores devotados ao programa posto em prática pelas autoridades eleitas. Por isso, todo cargo em comissão é de livre nomeação e exoneração, prescindindo, obviamente, de concurso para o seu preenchimento" (*Comentários à Constituição brasileira de 1988*. 2. ed. São Paulo: Saraiva, 1997. v. 1, p. 241).

No mesmo sentido, aponta WALLACE PAIVA MARTINS JÚNIOR que:

> "Cargo de provimento em comissão é uma espécie de cargo público criado por lei, cujo núcleo de atribuições é o exercício de funções de assessoria, chefia ou direção em nível superior, em virtude da necessidade de relação de confiança entre seu ocupante e a autoridade superior para o incremento das diretrizes políticas desta, e cujo preenchimento, marcado pela precariedade e pela instabilidade, pode recair sobre qualquer pessoa, servidor de carreira ou não, observadas as exigências legais" (Cargos de Provimento em Comissão. *Revista Síntese – Direito Administrativo*. São Paulo: Síntese – IOB, nº 64, p. 11, abr. 2011).

A Constituição Federal exige que diploma legal específico determine expressamente quais as *funções de confiança* e *os cargos em comissão* que poderão ser providos por pessoas estranhas ao funcionalismo público e sem a necessidade de concurso público, pois a exigência constitucional de prévio concurso público não pode ser ludibriada pela criação arbitrária de funções de confiança e cargos em comissão para o exercício de funções que não pressuponham o VÍNCULO DE CONFIANÇA que explica o regime de livre nomeação e exoneração que os caracteriza, como bem destacado por CELSO BASTOS:

> "De fato, a própria doutrina reconhece que para que os agentes políticos de mais alta hierarquia possam bem exercer suas funções é necessário que disponham de auxiliares diretos que lhes sejam de uma confiança supostamente maior que aquela que poderia ser presumida no dever de lealdade a que todo servidor está sujeito. Esta válvula de fuga ao concurso público tem se prestado a abusos manifestamente inconstitucionais. Não é possível haver criação de cargos em comissão sem que estejam presentes as razões profundas que justificam tal sorte de regime" (*Comentários à Constituição do Brasil*. São Paulo: Saraiva, 1992. v. 3, t. III, p. 73).

Esse é o mesmo entendimento de pacífica jurisprudência do SUPREMO TRIBUNAL FEDERAL:

> "Somente os cargos que pressuponham o vínculo de confiança a autorizar a livre nomeação e exoneração é que podem ser instituídos em comissão" (Pleno, ADI 1269/GO – medida liminar – Rel. Min. CARLOS VELLOSO, *RTJ* 166/749).

> "Ofende o disposto no art. 37, II, da CF norma que cria cargos em comissão cujas atribuições não se harmonizam com o princípio da livre nomeação e exoneração, que informa a investidura em comissão. Necessidade de demonstração efetiva, pelo legislador estadual, da adequação da norma aos fins pretendidos, de modo a justificar a exceção à regra do concurso público para a investidura em cargo público. Precedentes. Ação julgada procedente" (Pleno, ADI 3.233, Rel. Min. JOAQUIM BARBOSA, decisão: 10-5-2007).

Dessa forma, a previsão legal para cargos em comissão declarados de livre nomeação e exoneração deve, obrigatoriamente, respeitar a existência de *vínculo de confiança* entre a função a ser realizada e autoridade nomeante; bem como não deve existir efetividade na função assumida, que se caracteriza pelo *caráter passageiro* de quem assume, como ensina JOSÉ AFONSO DA SILVA, ao afirmar que:

> "justifica-se a exceção, porquanto tais cargos devem ser providos por pessoas de confiança da autoridade a que são imediatamente subordinadas. Demais, o titular assume-os em caráter passageiro" (*Curso de direito constitucional positivo*. 9. ed. São Paulo: Malheiros, 1992. p. 660).

Na presente hipótese, deve ser indagado se a Lei Complementar Municipal nº 206/2011, ao estabelecer os cargos em comissão e funções de confiança, em seu ANEXO II, respeitou os requisitos constitucionais para a incidência da EXCEÇÃO ao princípio do concurso público.

Dessa forma, deve ser analisado se há a presença do vínculo de confiança, ou seja, da necessidade dos cargos serem providos por pessoas de confiança da autoridade; além da existência do caráter passageiro na assunção dos referidos cargos ou funções, que devem ser de assessoramento, chefia ou direção, para se concluir pela constitucionalidade do ato normativo.

## (III) CARGOS EM COMISSÃO E FUNÇÕES DE CONFIANÇA DA LEI COMPLEMENTAR Nº 206/2011 DO MUNICÍPIO DE ARAÇATUBA

A LC nº 206/2011 prevê, em seu art. 7º, complementado pelo ANEXO II, constantes dos Códigos CC1, CC2 e CC3, a relação de cargos de provimento em comissão.

Nos termos do art. 8º, § 1º, da referida lei, o *caráter passageiro* dos cargos em comissão fica expressamente garantido:

> "Art. 8º [...]
>
> § 1º Os cargos de comando no governo municipal criados por esta Lei Complementar, conforme disposto no Anexo II, são de ocupação transitória, feita por meio da nomeação do Chefe do Executivo Municipal que provê e exonera seus ocupantes segundo critérios de confiança, para com ele dividir, por delegação, as atribuições políticas e de gestão da máquina pública municipal".

No aditamento de sua petição inicial, o Excelentíssimo Procurador-Geral de Justiça do Estado de São Paulo descreveu – a pedido de Sua Excelência, Desembargador-Relator – as atribuições previstas na Lei Complementar nº 206, de 30 de junho de 2010, do Município de Araçatuba, relativamente a cada um dos cargos em comissão questionados.

A análise detalhada dos cargos em comissão de livre provimento previstos pela LC nº 206/2011 demonstra estarem presentes os requisitos exigíveis pelo SUPREMO TRIBUNAL FEDERAL para efetivo cumprimento dos incisos II e V do art. 37 da Constituição Federal e dos incisos II e V do art. 115 da Constituição do Estado de São Paulo, pois, conforme jurisprudência pacífica de nossa CORTE SUPREMA, somente será inconstitucional a lei que criar cargos em comissão de livre provimento que não possuam caráter de assessoramento, chefia ou direção e não apontem o necessário vínculo de confiança:

> "é inconstitucional a criação de cargos em comissão que não possuem caráter de assessoramento, chefia ou direção e que não demandam relação de confiança entre o servidor nomeado e o seu superior hierárquico" (Pleno, ADI 3602, Rel. Min. JOAQUIM BARBOSA, decisão: 14-4-2011).

> "Viola o art. 37, incisos II e V, norma que cria cargo em comissão, de livre nomeação e exoneração, o qual não possua o caráter de assessoramento, chefia ou direção" (Pleno, ADI 2682, Rel. Min. GILMAR MENDES, decisão: 12-2-2009).

> "A criação de cargos em comissão para o exercício de atribuições técnicas e operacionais, que dispensam a confiança pessoal da autoridade pública no servidor nomeado, contraria o art. 37, inc. V, da Constituição da República" (Pleno, ADI 4125, Rel. Min. CÁRMEN LÚCIA, decisão: 10-06-2010).

Na presente hipótese (LC nº 206/2010), não bastasse a presença dos dois requisitos a permitir a aplicação da EXCEÇÃO CONSTITUCIONAL DO PROVIMENTO DE CARGOS EM COMISSÃO SEM CONCURSO PÚBLICO, quais sejam, a TRANSITORIEDADE DA NOMEAÇÃO EM CARGOS DE ASSESSORAMENTO, CHEFIA OU DIREÇÃO e a PRESENÇA DO VÍNCULO DE CONFIANÇA, conforme se verifica no § 3º do art. 8º da LC nº 206/2010, há plena razoabilidade entre a proporção dos cargos em comissão de livre provimento e os cargos em comissão de provimento por servidor efetivo, sendo que, dos 277 (duzentos e setenta e sete) cargos em comissão apontados pelo Ministério Público, somente 37 (trinta e sete) cargos em comissão são de livre provimento, pois os demais 240 (duzentos e quarenta) cargos em comissão deverão – OBRIGATORIAMENTE – ser preenchidos por servidor efetivo, conforme se verifica no ANEXO II, códigos CC1, CC2 e CC3, da referida Lei:

> "No 4º nível. Código CC1: R$ 2.588,57
>
> 30% dos Cargos em Comissão de Livre Provimento: 24 cargos
>
> 70% dos Cargos em Comissão de Provimento por servidor efetivo: 56 cargos
>
> Total de Cargos: 80 cargos."

> "No 5º nível. Código CC2: R$ 1.966,59
>
> Cargos em Comissão de Provimento por Servidor Efetivo
>
> Total de Cargos: 155 cargos."

> "No 6º nível. Código CC3: R$ 1.345,37
>
> 30% dos Cargos em Comissão de Livre Provimento: 13 cargos
>
> 70% dos Cargos em Comissão de Provimento por Servidor Efetivo: 29 cargos
>
> Total de cargos: 42 cargos."

A LC nº 206/2001 define, portanto, expressamente a excepcionalidade dos cargos em comissão de livre provimento, com absoluto respeito à proporcionalidade exigida entre estes cargos e os cargos efetivos; bem como sua transitoriedade e precariedade; características essas essenciais à legalidade na criação dos denominados "cargos em comissão", como apontado por WALLACE PAIVA MARTINS JÚNIOR:

> "O cargo de provimento em comissão é instituído de modo permanente, mas seu exercício é, do ponto de vista do sujeito, instável, transitório e precário quanto à duração da respectiva investidura. Em sua essência, o cargo em comissão reflete a necessidade de os governantes disporem de postos no estamento administrativo para a execução de tarefas e funções em que se exige a relação de confiança, porque tem conexões no estabelecimento de diretrizes políticas que serão determinantes para a atuação administrativa. Por isso, diz-se que ele é de livre provimento ou exoneração, porquanto a presença ou cessação da confiança, respectivamente, entre a pessoa e a autoridade. [...] é deveras relevante controlar a criação de cargos comissionados à luz da proporcionalidade [...]. Chama a atenção a excessiva quantidade de cargos de provimento em comissão nas mais variadas esferas administrativas da federação cujo número é indicativo de que as disposições constitucionais são subvertidas pelas infraconstitucionais, o que é inadmissível sob o pálio de princípios como moralidade, supremacia da Constituição e hierarquia normativa" (Cargos de Provimento em Comissão. *Revista Síntese – Direito Administrativo*. São Paulo: Síntese – IOB, nº 64, p. 10 e 18, abr. 2011).

Não é outro o entendimento pacificado pelo SUPREMO TRIBUNAL FEDERAL, que aponta no sentido da necessidade de ser observada a correlação entre o número de cargos efetivos e em comissão, em respeito à proporcionalidade:

"Princípio da proporcionalidade. Ofensa. Incompatibilidade entre o número de servidores efetivos e em cargos em comissão. I – Cabe ao Poder Judiciário verificar a regularidade dos atos normativos e de administração do Poder Público em relação às causas, aos motivos e à finalidade que os ensejam. II – Pelo Princípio da proporcionalidade, há que ser guardada correlação entre o número de cargos efetivos e em comissão, de maneira que exista estrutura para atuação do Poder Legislativo local" (STF, 1ª T., RE 365368 AgR, Rel. Min. RICARDO LEWANDOWSKI, decisão: 22-5-2007).

"A criação de 28.177 cargos, sendo 79 de natureza especial e 28.098 em comissão, não tem respaldo no princípio da moralidade administrativa, pressuposto de legitimação e validade constitucional dos atos estatais. A criação de cargos em comissão para o exercício de atribuições técnicas e operacionais, que dispensam a confiança pessoal da autoridade pública no servidor nomeado, contraria o art. 37, inc. V, da Constituição da República" (STF, Pleno, ADI 4125, Rel. Min. CÁRMEN LÚCIA, decisão: 10-6-2010).

Observe-se que a expressa previsão de separação dos 277 (duzentos e setenta e sete) cargos em comissão apontados pelo Ministério Público, em cargos em comissão de livre provimento e cargos em comissão preenchidos por servidores efetivos, demonstra que a Lei Complementar Municipal nº 206/2010 respeitou as normas constitucionais, estabelecendo, de maneira HARMÔNICA e RAZOÁVEL, que, somente 37 (trinta e sete) cargos em comissão são de livre provimento, pois os demais 240 (duzentos e quarenta) cargos em comissão deverão – OBRIGATORIAMENTE – ser preenchidos por servidor efetivo, conforme se verificou no já citado ANEXO II, códigos CC1, CC2 e CC3 da referida Lei.

O respeito dos dispositivos da LC nº 206/2010 às normas constitucionais foi integral, pois havendo, em tese, CONTRADIÇÃO DE PRINCÍPIOS, por aparente conflito entre normas constitucionais, não se mostraria desproporcional a utilização do PRINCÍPIO DA CONCORDÂNCIA PRÁTICA, também conhecido como PRINCÍPIO DA HARMONIZAÇÃO, de forma a coordenar e combinar os bens jurídicos em conflito, evitando o SACRIFÍCIO TOTAL de uma previsão constitucional excepcional (possibilidade de cargos em comissão de livre provimento) em relação à outra (REGRA: princípio do concurso público), sendo possível uma redução proporcional do âmbito de alcance de cada qual, sempre em busca do verdadeiro significado da norma e da harmonia do texto constitucional com sua finalidade precípua.

Não é outro o entendimento do SUPREMO TRIBUNAL FEDERAL, em julgado já citado, onde afirma existir ofensa ao disposto no art. 37, II, da Constituição Federal, somente em relação à lei que cria cargos em comissão cujas atribuições não se harmonizem com o princípio da livre nomeação e exoneração:

"Ofende o disposto no art. 37, II, da CF norma que cria cargos em comissão cujas atribuições não se harmonizam com o princípio da livre nomeação e exoneração, que informa a investidura em comissão. Necessidade de demonstração efetiva, pelo legislador estadual, da adequação da norma aos fins pretendidos, de modo a justificar a exceção à regra do concurso público para a investidura em cargo público. Precedentes. Ação julgada procedente" (Pleno, *ADI 3.233*, Rel. Min. JOAQUIM BARBOSA, decisão: 10-5-2007).

Na presente hipótese, o Legislador Municipal estabeleceu com razoabilidade os cargos em comissão de livre provimento a serem ocupados de acordo com as condições, quantidades, percentagens, denominações e referências estabelecidas no Anexo 2, nos termos do § 4º do art. 8º da LC nº 206/2010, respeitando os requisitos constitucionais exigidos para a exceção prevista no próprio inciso II do art. 37 da Constituição da República Federativa do Brasil e a devida proporção (70% × 30%) para sua ocupação, que deve, sempre, como ensinado por PINTO FERREIRA, ser preferencial aos servidores efetivos:

> "Os cargos em comissão não dependem de concurso público para o seu provimento. A lei determinará quando o cargo é em comissão, havendo então liberdade de provimento do mesmo. Assim, os chamados *cargos de confiança* podem ser providos por pessoas estranhas ao quadro do funcionalismo. Contudo, eles devem ser ocupados preferencialmente por ocupantes de cargos de carreira técnica ou profissional, conforme dispuser a lei" (*Comentários à Constituição Brasileira*. São Paulo: Saraiva, 1990. v. 2, p. 373).

A LC nº 206/2010, ao estabelecer de maneira excepcional a existência de cargos em comissão de livre provimento (37 em um total de 277 cargos em comissão, e em um quadro geral de 2.847 servidores públicos efetivos), descrevendo-os com o necessário vínculo de confiança e transitoriedade de exercício, evitou contradições entre os dois preceitos previstos no próprio inciso II do artigo 37 da Constituição Federal, quais sejam, a REGRA (concurso público) e a EXCEÇÃO (cargos em comissão de livre provimento).

Assim agindo, o Legislador Municipal colmatou as normas constitucional federal (CF, art. 37, incisos II e V) e constitucional estadual (Cest/SP, art. 115, II e V), evitando contradições entre ambos os preceitos previstos no mesmo inciso II do art. 37 da Carta Magna (Método da Unidade da Constituição), pois, como salienta CANOTILHO, o intérprete deve

> "considerar a Constituição na sua globalidade e procurar harmonizar os espaços de tensão existentes entre as normas constitucionais a concretizar" (*Direito Constitucional e teoria da Constituição*. 2. ed. Coimbra: Almedina, 1998).

A LC nº 206/2010, observando o mandamento constitucional, regulamentou a EXCEÇÃO constitucional, que é admitida com a nítida finalidade de permitir maior flexibilidade na escolha dos cargos e funções de assessoramento, direção e chefia, como destaca SAMARA XAVIER:

> "a forma de provimento se caracteriza pela confiança e lealdade que o detentor do cargo deposita no nomeado. Ainda que o vínculo desse servidor seja precário e de caráter transitório, observamos que a doutrina, de forma geral, confirma que, além de legal, a existência desses cargos permite maior flexibilidade da própria máquina administrativa" (Cargo em comissão: uma abordagem histórica e contemporânea do provimento de confiança na Administração Pública. *Fórum Administrativo – Direito Público*. Belo Horizonte: Fórum, ago. 2008, ano 8, nº 90, p. 75).

Igualmente, o PODER JUDICIÁRIO não poderá, ao analisar a constitucionalidade da referida Lei Complementar Municipal nº 206/2010, ignorar a interdependência e complementaridade das normas constitucionais previstas nos incisos II e V do art. 37 da

Constituição Federal e incisos II e V do art. 115 da Constituição do Estado de São Paulo, que não deverão, como nos lembra GARCÍA DE ENTERRÍA, ser interpretadas isoladamente, sob pena de desrespeito à vontade do legislador constituinte (*Reflexiones sobre la ley e los princípios generales del derecho*. Madri: Civitas, 1996. p. 30), sendo impositivo e primordial a análise semântica do texto Magno – e, na espécie, principalmente, a análise da plena RAZOABILIDADE do estabelecido na LC nº 206/2010.

(IV) LEI COMPLEMENTAR MUNICIPAL Nº 206/2010 E ABSOLUTO RESPEITO AO PRINCÍPIO DA RAZOABILIDADE

O PRINCÍPIO DA RAZOABILIDADE pode ser definido como aquele que exige Proporcionalidade, Justiça e Adequação entre os meios utilizados pelo Poder Público, no exercício de suas atividades – na hipótese, atividade legislativa –, e os fins por ela almejados, levando-se em conta critérios racionais e coerentes (cf. DALLARI BUCCI, Maria Paula. O princípio da razoabilidade em apoio à legalidade. *Cadernos de Direito Constitucional e Ciência Política*. Revista dos Tribunais, São Paulo, ano 4, nº 16, p. 173, jul./set. 1996; BANDEIRA DE MELLO, Celso Antônio. Regulamentação profissional: princípio da razoabilidade. *Revista de Direito Administrativo*, v. 204, p. 333 ss., abr./jun. 1996).

Conforme destacado pelo nosso hoje Ministro da Justiça, JOSÉ EDUARDO MARTINS CARDOSO (Princípios constitucionais da administração pública (de acordo com a emenda constitucional nº 19/98). In: *Os 10 anos da Constituição Federal*. São Paulo: Atlas, 1998. p. 182), sob a óptica da Administração Pública, o PRINCÍPIO DA RAZOABILIDADE pode ser definido como "o princípio que determina à Administração Pública, no exercício de faculdades discricionárias, o dever de atuar em plena conformidade com critérios racionais, sensatos e coerentes, fundamentados nas concepções sociais dominantes".

O que se exige do Poder Público, e na presente hipótese do PODER LEGISLATIVO MUNICIPAL, ao editar Lei Complementar criadora de "Cargos em Comissão de Livre Provimento", é uma coerência lógica entre as funções exercidas e os requisitos constitucionais exigíveis (vínculo de confiança, transitoriedade e funções de assessoramento, chefia e direção), pois como apontado por AUGUSTIN GORDILLO (*Princípios gerais do direito público*. São Paulo: Revista dos Tribunais, 1977. p. 183), a decisão do Poder Público será sempre ilegítima, desde que irracional, mesmo que não transgrida explicitamente norma concreta e expressa, ou ainda, no dizer de ROBERTO DROMI (*Derecho administrativo*. 6. ed. Buenos Aires: Ciudad Argentina, 1997. p. 36), a razoabilidade engloba a prudência, a proporção, a indiscriminação, a proteção, a proporcionalidade, a causalidade, em suma, a não arbitrariedade.

A previsão excepcional de 37 (trinta e sete) cargos em comissão de livre provimento, somente em hipóteses onde há o vínculo de confiança, transitoriedade e funções de assessoramento, chefia e direção, em um total de 277 (duzentos e setenta e sete) cargos em comissão e 2.847 (dois mil, oitocentos e quarenta e sete) servidores efetivos, demonstra a não arbitrariedade da LC nº 206/2010, e, consequentemente, sua plena constitucionalidade.

161. A RAZOABILIDADE, portanto, deve ser utilizada como parâmetro para se evitarem os tratamentos excessivos (*ubermassig*), inadequados (*unangemessen*), buscando-se sempre no caso concreto o tratamento necessariamente exigível (*erforderlich, unerlablich, unbedingt notwendig*), como se verificou na presente hipótese.

A plena compatibilidade da LC nº 206/2010 com o texto constitucional está patente em sua "coerência lógica" (GORDILLO), ou mesmo na "prudência, proporção, indiscriminação, proteção e não arbitrariedade" (DROMI), ou ainda nos "critérios racionais, sensatos e coerentes" (JOSÉ EDUARDO CARDOSO) utilizados pelo Legislador Municipal para definir EXCEPCIONALMENTE os cargos em comissão de livre provimento.

O Princípio da Razoabilidade, igualmente, enquanto vetor interpretativo, deverá servir à interpretação do PODER JUDICIÁRIO, garantindo a constitucionalidade da LC Municipal nº 206/2010, por inexistir qualquer irrazoabilidade ou transgressão à legalidade, tendo sido respeitado, na edição da norma municipal, o devido processo legal substantivo (cf. nesse sentido: DI PIETRO, Maria Sylvia Zanella. *Discricionariedade administrativa na Constituição de 1988*. São Paulo: Atlas, 1991. p. 151).

Como salientado pelo SUPREMO TRIBUNAL FEDERAL, somente

> "a norma estatal, que não veicula qualquer conteúdo de irrazoabilidade, ajusta-se ao princípio do devido processo legal, analisando na perspectiva de sua projeção material (*substantive due process of Law*)" (STF, ADI 1407/DF, Rel. Min. CELSO DE MELLO).

(V) CONSTITUCIONALIDADE DA LEI COMPLEMENTAR Nº 206/2010

A análise do presente caso concreto demonstra que a Lei Complementar nº 206/2010 do Município de Araçatuba é constitucional, pois observou fielmente os requisitos constitucionais para a definição dos cargos em comissão de livre provimento, bem como respeitou a proporcionalidade entre os cargos efetivos e os cargos em comissão, respeitando tanto a jurisprudência do SUPREMO TRIBUNAL FEDERAL, quanto do TRIBUNAL DE JUSTIÇA DE SÃO PAULO.

A jurisprudência do Colendo ÓRGÃO ESPECIAL do Egrégio TRIBUNAL DE JUSTIÇA foi absolutamente respeitada na edição da LC nº 206/2010, não havendo como se apontar inconstitucionalidades por ausência do requisito de "relação de confiança" (TJ, ADI 0099974-16.2000.8.26.0000, Rel. DI PROSPERO GENTIL LEITE, decisão: 19-8-2004; TJ, ADI 0439122-09.2010.8.26.0000, Rel. Des. AMADO FARIA, decisão: 25-5-2011; TJ, ADI 0005426-17.2008.8.26.0453, Rel. Des. ANTONIO RULLI, decisão: 1-6-2011; TJ, ADI 9032795-91.2009.8.26.0000, Rel. Des. MAURICIO VIDIGAL, decisão: 11-5-2011; TJ, ADI 0223305-20.2009.8.26.0000, Rel. Des. XAVIER DE AQUINO, decisão: 9-2-2011) ou pela presença de situações de "cargos com caráter técnico" (TJ, ADI 0325308-19.2010.8.26.0000, Rel. Des. SAMUEL JÚNIOR, decisão: 11-5-2011, TJ, ADI 0000737-23.2011.8.26.0000, Rel. Des. RENATO NALINI, decisão: 25-5-2011; ADI 994.09.221010-0, Rel. Des. PALMA BISSON, decisão: 11-03-2010, essa inclusive em relação à LC nº 87/2001 do próprio Município da Araçatuba), que deveriam ser preenchidos por "ocupantes de cargos efetivos" (TJ, ADI 0427910-88.2010.8.26.0000, Rel. Des. SOUSA LIMA, decisão: 25-5-2011; TJ ADI 0172524-57.2010.8.26.000, Rel. Des. JOSÉ ROBERTO BEDRAN, decisão: 11-5-2011).

Conforme demonstrado, na presente hipótese, fica plenamente caracterizado o instrumento da "distinção" em relação aos precedentes do TRIBUNAL DE JUSTIÇA apontados no item anterior; ou, como define a CORTE SUPREMA NORTE-AMERICANA, o instrumento do *"distinguishing"* (ALLEN, Carleton Kemp. Precedent and logic. *The Law Quarterly Review*, v. 41, p. 334, 1925).

Assim, está caracterizada a RAZOABILIDADE de afastamento de precedentes do TRIBUNAL DE JUSTIÇA DE SÃO PAULO, que apresentam peculiaridades diversas da LC nº 206/2010, pois, para aplicação automática de um precedente é necessário, como salienta ANA LAURA MAGALONI KERPEL, "formular uma regra geral, aplicável a um litígio similar, implica dotar de certa generalidade os fatos que deram origem à disputa" (*El precedente constitucional en el sistema judicial norteamericano*. Madrid: McGraw-Hill, 2001. p. 83), o que não ocorre na presente hipótese.

A LC nº 206/2010, pelo contrário, observou todos os requisitos exigíveis para criação de cargos em comissão de livre provimento apontados, tanto pelos precedentes do EGRÉGIO SUPREMO TRIBUNAL FEDERAL, quanto pelos precedentes do COLENDO TRIBUNAL DE JUSTIÇA DE SÃO PAULO.

A presente hipótese, portanto, apresenta-se substancialmente análoga ao posicionamento pacificado pela jurisprudência e, como ressaltado por EDWARD H. LEVI, deve levar o PODER JUDICIÁRIO a apreciar comparativamente os argumentos principais dos casos concretos, bem como seus motivos, afastando eventuais distinções consideradas razoáveis e idôneas para a conservação de ambos (*The nature of judicial reasoning*. *The University of Chicago Law Review*, v. 32, n. 3, p. 400, Spring 1965); e escolhendo os fatos determinantes e convertendo-os em hipótese abstrata e geral (SCHAEUR, Frederick F. *Playing by the rules*: a philosophical examination of rule-based decision-making in law and in life. Oxford-New York: Clarendon, 2010. p. 183; SIMPSON, A. *The ratio decidendi of a case and the doctrine of binding precedent*, p. 156-159), para, então, concluir pela plena constitucionalidade da norma municipal de Araçatuba, por absoluto respeito ao art. 37, II e V, da Constituição Federal e ao art. 115, II e V, da Constituição do Estado de São Paulo; bem como por fiel observância ao Princípio da Razoabilidade.

## RESPOSTAS AOS QUESITOS

QUESITO 1 – A LC nº 206/2010, do Município de Araçatuba, ao dispor sobre os cargos em comissão de livre provimento observou os requisitos constitucionais exigidos para o afastamento de concurso público, nos termos dos incisos II e V do art. 37 da Constituição da República Federativa do Brasil e dos incisos II e V do art. 115 da Constituição do Estado de São Paulo?

RESPOSTA: A possibilidade constitucional para a criação de cargos em comissão de livre provimento está estabelecida no art. 37, incisos II e V, da Constituição da República Federativa do Brasil, de observância obrigatória pelos Estados-membros e Municípios, e cujos moldes são repetidos nos incisos II e V, do art. 115 da Constituição do Estado de São Paulo. Os textos constitucionais federal e estadual exigem a criação de cargos em comissão de livre provimento por lei formal, bem como a observância do necessário "vínculo de confiança", "caráter transitório e passageiro na ocupação do cargo ou função" e "finalidade de assessoramento, chefia ou direção". A LC nº 206/2010, em seus arts. 7º e 8º, complementados pelo ANEXO

II, constantes dos Códigos CC1, CC2 e CC3, preenche todos os requisitos, sendo compatível com os textos constitucionais federal e estadual.

QUESITO 2 – A LC nº 206/2010, do Município de Araçatuba, ao dispor sobre a proporcionalidade entre os cargos em comissão de provimento por servidor efetivo (70%) e os cargos em comissão de livre provimento (30%), respeitou o Princípio da Razoabilidade?

RESPOSTA: A previsão excepcional de 37 (trinta e sete) cargos em comissão de livre provimento, somente em hipóteses onde há o vínculo de confiança e a transitoriedade, em um total de 277 (duzentos e setenta e sete) cargos em comissão e 2.847 (dois mil, oitocentos e quarenta e sete) servidores efetivos, demonstra a coerência lógica e não arbitrariedade da LC nº 206/2010, em absoluto respeito ao Princípio da Razoabilidade.

QUESITO 3 – A LC nº 206/2010 distingue-se da anterior LC nº 87/2001, ambas do Município de Araçatuba, que foi declarada inconstitucional pelo Tribunal de Justiça de São Paulo por desrespeito aos incisos II e V do art. 37 da Constituição da República Federativa do Brasil e dos incisos II e V do art. 115 da Constituição do Estado de São Paulo?

RESPOSTA: A análise do presente caso concreto demonstra que a Lei Complementar nº 206/2010 do Município de Araçatuba é constitucional, pois observou fielmente os requisitos constitucionais para a definição dos cargos em comissão de livre provimento, bem como respeitou a proporcionalidade entre os cargos efetivos e os cargos em comissão, respeitando tanto a jurisprudência do Supremo Tribunal Federal, quanto do Tribunal de Justiça de São Paulo, não havendo como se apontar inconstitucionalidades por ausência do requisito de "relação de confiança" ou pela presença de situações de "cargos com caráter técnico", que deveriam ser preenchidos por "ocupantes de cargos efetivos", motivos esses que levaram o Tribunal de Justiça de São Paulo a declarar a inconstitucionalidade da LC nº 87/2001 do Município de Araçatuba (ADI 994.09.221010-0, Rel. Des. PALMA BISSON, decisão: 11-3-2010). Trata-se, pois, de clara hipótese de distinção ("*distinguishing*") em relação ao julgamento anterior.

# Possibilidade de Constituição de Eireli em cooperativas de transporte público coletivo

## 9

O presente estudo foi apresentado na forma de *Parecer Jurídico* para análise sobre a constitucionalidade e legalidade da associação de pessoas jurídicas constituídas na forma de Empresa Individual de Responsabilidade Limitada (EIRELI) em cooperativas de transporte público coletivo.

Informa a Consulente que, caso a participação de Empresas Individuais de Responsabilidade Limitada (EIRELI) seja possível na Cooperativa, as mesmas serão criadas com a finalidade única de atuação no ramo de transporte coletivo de passageiros e farão parte de uma única Cooperativa, que passará a contar em seus quadros tanto com pessoas físicas, quanto com pessoas jurídicas.

A Consulente apresentou-nos os seguintes quesitos:

> QUESITO 1 – Nos termos do art. 6º da Lei nº 5.754/1971, é possível a constituição de Cooperativas Singulares compostas por pessoas físicas e pessoas jurídicas (EIRELI – Empresa Individual de Responsabilidade Limitada) para exercer a atividade de transporte público coletivo remunerado de pessoas?
>
> QUESITO 2 – Em sendo positiva a reposta ao quesito anterior, qual o regime tributário a que estaria sujeita a EIRELI que participasse da Cooperativa?

Nos termos do art. 5º, inciso XVIII, da Constituição Federal, "a criação de associações e, na forma da lei, a de cooperativas independem de autorização, sendo vedada a interferência estatal em seu funcionamento".

A liberdade de associação é plena e absolutamente livre, pois ninguém poderá ser compelido a associar-se ou mesmo a permanecer associado (STJ – MS nº 1.291-0/DF – 1ª Seção – Rel. Min. Garcia Vieira – *Ementário STJ*, nº 6/280), desde que para fins lícitos, sendo vedada constitucionalmente a associação de caráter paramilitar.

A lei poderá estabelecer requisitos objetivos para a criação das associações, sociedades e cooperativas, que, porém, independem de qualquer autorização discricionária do poder público, sendo, igualmente, vedada a interferência estatal em seu funcionamento (cf. a respeito: PATRONE REGULES, Luis Eduardo. Perfil constitucional do direito à livre associação. *Caderno de Direito Constitucional e Ciência Política*, São Paulo: Revista dos Tribunais, ano 6, nº 25, p. 205, out./dez. 1998).

Ressalte-se, como fez o SUPREMO TRIBUNAL FEDERAL, que mesmo a possibilidade de regulamentação legal prevista no inciso XVIII do art. 5º da CF não poderá jamais ser utilizada arbitrariamente, como bem salientado pelo MIN. CELSO DE MELLO:

> "A primeira Constituição política do Brasil a dispor sobre a liberdade de associação foi, precisamente, a Constituição republicana de 1891, e, desde então, essa prerrogativa essencial tem sido contemplada nos sucessivos documentos constitucionais brasileiros, com a ressalva de que, somente a partir da Constituição de 1934, a liberdade de associação ganhou contornos próprios, dissociando-se do direito fundamental de reunião, consoante se depreende do art. 113, § 12, daquela Carta Política. Com efeito, a liberdade de associação não se confunde com o direito de reunião, possuindo, em relação a este, plena autonomia jurídica [...]. Diria, até, que, sob a égide da vigente Carta Política, intensificou-se o grau de proteção jurídica em torno da liberdade de associação, na medida em que, ao contrário do que dispunha a Carta anterior, nem mesmo durante a vigência do estado de sítio se torna lícito suspender o exercício concreto dessa prerrogativa. [...] Revela-se importante assinalar, neste ponto, que a liberdade de associação tem uma dimensão positiva, pois assegura a qualquer pessoa (física ou jurídica) o direito de associar-se e de formar associações. Também possui uma dimensão negativa, pois garante a qualquer pessoa o direito de não se associar, nem de ser compelida a filiar-se ou a desfiliar-se de determinada entidade. Essa importante prerrogativa constitucional também possui função inibitória, projetando-se sobre o próprio Estado, na medida em que se veda, claramente, ao Poder Público, a possibilidade de interferir na intimidade das associações e, até mesmo, de dissolvê-las, compulsoriamente, a não ser mediante regular processo judicial" (STF, ADI 3.045, voto do Rel. Min. CELSO DE MELLO, julgamento em 10-8-2005, Plenário, *DJ*, de 1º-6-2007).

O direito à livre associação, embora atribuído a cada pessoa (titular), somente poderá ser exercido de forma coletiva, com várias pessoas.

A existência de uma associação como pessoa jurídica depende somente do ato voluntário de seus membros e não do reconhecimento do Estado, do mesmo modo que o nascimento das pessoas naturais não se confunde com seu registro.

Assim, o Estado não pode limitar a existência de associação, salvo nos casos previstos na Constituição, podendo tão só estabelecer requisitos para classificação das associações em diversas categorias (sociedades cooperadas, civis, mercantis – sociedades anônimas, responsabilidade limitada etc.), que consequentemente produzirão efeitos jurídicos diversos.

O Texto Constitucional consagra a ampla liberdade de associação como Direito Fundamental, tanto em seu aspecto comissivo, no sentido de permitir a todos se associarem livremente, quanto em seu aspecto omissivo, ou seja, como preceito impeditivo aos Poderes Públicos de edição de normas e prática de condutas que inviabilizem o pleno exercício dessa clássica Liberdade Pública.

A interferência arbitrária do Poder Público no exercício desse direito individual, inclusive, acarretará responsabilidade tríplice: (a) de natureza penal, constituindo, eventualmente, crime de abuso de autoridade, tipificado na Lei nº 4.898/1965; (b) de natureza político-administrativa, caracterizando-se, em tese, crime de responsabilidade, definido na Lei nº 1.079/1950; e (c) de natureza civil, possibilitando aos prejudicados indenizações por danos materiais e morais.

Importante observar que mesmo sendo a "Cooperativa" uma das espécies do gênero "Associação", como definido pela Aliança Cooperativa Internacional (ACI) ao apontá-la como "uma associação autônoma de pessoas que se unem voluntariamente, para satisfazer necessidades e aspirações econômicas, sociais e culturais comuns, através de uma empresa de propriedade conjunta e democraticamente controlada" (cf., ainda: ENAMORADO, Rui. *Cooperativismo*: um horizonte possível. Estudos de direito cooperativo e cidadania. Curitiba: UFPR, 2005. p. 19), em face de sua crescente importância, o legislador constituinte entendeu necessário destacá-las no texto constitucional, e, expressamente no inciso XVIII do art. 5º, apontou as cooperativas como espécie constitucionalmente protegida de associação, encerrando, dessa forma, como recorda ALFREDO DE ASSIS GONÇALVES NETO, "*o intervencionismo estatal*", que "*era sua marca registrada, só desaparecendo com o advento da Constituição de 1988 (art. 5º, XVIII)*" (*Direito de empresa*. 4. ed. São Paulo: Revista dos Tribunais, 2012. p. 469).

A liberdade de criação e participação em Cooperativas, porém, não impede que a legislação estabeleça requisitos para sua criação, pois a convivência entre os Princípios da Ordem Econômica estabelecidos pela Constituição Federal de 1988 não deixa dúvidas, como bem salientado pelo MINISTRO RICARDO LEWANDOWSKI, de que "*qualquer atividade econômica se sujeita ao poder regulamentar do Estado*" (STF, Pleno, ADI 3112, *DJ*, de 26-10-2007), podendo o princípio da liberdade de iniciativa ser balizado pelos interesses sociais e da livre concorrência, como bem destacado pelo MINISTRO CEZAR PELUSO (STF, Pleno, AC 1657/MC, *DJ*, de 31-8-2007).

Dessa forma, é possível ao legislador ordinário fixar requisitos necessários para a constituição, organização e funcionamento das formas associativas, inclusive das Cooperativas, sem que isso signifique afastamento do Princípio da Livre Iniciativa, como bem decidiu o SUPREMO TRIBUNAL FEDERAL:

> "É certo que a ordem econômica na Constituição de 1.988 define opção por um sistema no qual joga um papel primordial a livre iniciativa. Essa circunstância não legitima, no entanto, a assertiva de que o Estado só intervirá na economia em situações excepcionais. Mais do que simples instrumento de governo, a nossa Constituição enuncia diretrizes, programas e fins a serem realizados pelo Estado e pela sociedade. Postula um plano de ação global normativo para o Estado e para a sociedade informado pelos preceitos veiculados pelos seus artigos 1º, 3º e 170. A livre iniciativa é expressão de liberdade titulada não apenas pela empresa, mas também pelo trabalho. Por isso a Constituição, ao contemplá-la, cogita, também da 'iniciativa do Estado'; não a privilegia, portanto, como bem pertinente apenas a empresa [...]. Na composição entre esses princípios e regras há de ser preservado o interesse da coletividade, interesse público primário" (Pleno, ADI 1950, Rel. Min. EROS GRAU, *DJ*, de 2-6-2006).

A regulamentação, porém, jamais poderá ser arbitrária e abusiva e deverá sempre ser razoável e segundo suas finalidades associativas, pois o direito de propriedade, a livre iniciativa e a valorização social do trabalho possibilitam, como nos lembra TIAGO SCHERER, "liberdade de fins e de meios" a formas associativas, pois "essa garantia de liberdade econômica servirá para o desenvolvimento econômico e, em última instância, para promover a dignidade humana e a justiça social" (A inserção da Empresa Individual de Responsabilidade Limitada no Direito Brasileiro. *Síntese*, publicado em 28 de janeiro de 2013).

CALIXTO SALOMÃO FILHO bem aponta as finalidades do movimento cooperativista ("o movimento cooperativista surgiu como forma de potencializar a atuação e eficiência do sistema econômico" – Sociedade cooperativa e disciplina da concorrência. *Revista dos Tribunais ON LINE* – Thomson Reuters, v. 693, p. 28, jul. 1993), enquanto JOSÉ MANOEL DE ARRUDA ALVIM NETO nos ensina o objetivo precípuo das cooperativas ("é o de prestar serviços aos associados que se obrigarem 'a contribuir com bens ou serviços para o exercício de sua atividade econômica, de proveito comum, sem objetivo de lucros'" – Desvio de finalidade de cooperativa. *Revista dos Tribunais ON LINE* – Thomson Reuters, v. 3, p. 25, ago. 2011); ambas as características que devem sempre ser observadas pela legislação ordinária.

Consagrando a necessidade de razoabilidade no estabelecimento de requisitos para a criação das diversas formas associativas, proclamou o SUPREMO TRIBUNAL FEDERAL que:

> "as normas inscritas no art. 5º, XVII a XXI, da atual CF protegem as associações, inclusive as sociedades, da atuação eventualmente arbitrária do legislador e do administrador" (STF, ADI 3.045, voto do Rel. Min. CELSO DE MELLO, julgamento em 10-8-2005, Plenário, *DJ*, de 1º-6-2007).

Em absoluto respeito a esses preceitos e no exercício de sua competência constitucional, o Congresso Nacional editou a Lei nº 5.764, de 16 de novembro de 1971, definindo as cooperativas, em seu art. 4º, como "sociedades de pessoas, com forma e natureza jurídica próprias, de natureza civil, não sujeitas a falência, constituídas para prestar serviços aos associados", e estabelecendo, nos vários incisos do citado artigo, as características próprias das Cooperativas, que sempre devem atentar para suas finalidades e para seu objetivo precípuo.

Em seu art. 6º, a Lei nº 5.754/1971 previu as três espécies de sociedades cooperativas: singulares, cooperativas centrais ou federações de cooperativas e confederações de cooperativas.

Em relação às *cooperativas singulares*, estabeleceu o legislador – no inciso I do referido art. 6º – serem as mesmas *"as constituídas pelo número mínimo de 20 (vinte) pessoas físicas, sendo excepcionalmente permitida a admissão de pessoas jurídicas que tenham por objeto as mesmas ou correlatas atividades econômicas das pessoas físicas ou, ainda, aquelas sem fins lucrativos"*.

O inciso I do art. 6º, portanto, estabelece três possibilidades de *cooperativas singulares*:

(a) *Cooperativas singulares puras:* formadas exclusivamente por pessoas naturais, sendo necessário para sua constituição o número mínimo de 20 (vinte) pessoas físicas;

(b) *Cooperativas mistas de atividades correlatas:* formadas de pessoas naturais (no mínimo 20) e pessoas jurídicas que, obrigatoriamente, tenham por objeto as mesmas ou correlatas atividades econômicas das pessoas físicas;

(c) *Cooperativas mistas com exclusão de finalidade lucrativa:* formadas de pessoas naturais (no mínimo 20) e pessoas jurídicas sem fins lucrativos.

A análise da legislação demonstra que tanto são permitidas *cooperativas puras* quanto *cooperativas mistas* em nosso ordenamento jurídico, sendo que em relação a estas a possibilidade de participação de *pessoas jurídicas* não é generalizada – *é por esse motivo que a lei utiliza a expressão "excepcionalmente permitida"* –, pois são exigidos requisitos autônomos e diferenciados, seja para a criação de *cooperativas mistas de atividades correlatas* (as pessoas jurídicas devem ter por objeto as mesmas ou correlatas atividades econômicas das pessoas físicas), seja para a criação de *cooperativas mistas com exclusão de finalidade lucrativa* (somente aceitam pessoas jurídicas sem fins lucrativos).

Os tratamentos normativos diferenciados são compatíveis com a Constituição Federal somente quando verificada a existência de uma finalidade razoavelmente proporcional ao fim visado (cf. a respeito: BANDEIRA DE MELLO, Celso Antonio. Princípio da isonomia: desequiparações proibidas e permitidas. *Revista Trimestral de Direito Público*, nº 1, p. 79), não sendo constitucionalmente admitida a dissonância entre as finalidades dos direitos fundamentais e os comandos legais regulamentadores. Essa dissonância estaria caracterizada caso houvesse a total exclusão da participação de pessoas jurídicas em cooperativas.

Como bem salientado por GARCIA DE ENTERRÍA, no sentido da obediência rigorosa dos comandos legais às finalidades dos Direitos Fundamentais:

"quanto ao conteúdo das leis, a que o princípio da legalidade remete, fica também claro que não é tampouco válido qualquer conteúdo (*dura lex, sed lex*), não é qualquer comando ou preceito normativo que se legitima, mas somente aqueles (arts. 161.1.*a*, 163 e 164) que se produzem 'dentro da Constituição' e especialmente de acordo com sua 'ordem de valores' que, com toda explicitude, expressem e, principalmente, não atentem, mas que pelo contrário sirvam aos direitos fundamentais" (O princípio da legalidade na constituição espanhola. *Revista de Direito Público*, nº 86, p. 6).

Portanto, seguindo os mandamentos constitucionais e respeitando as finalidades e objetivos das cooperativas, o legislador ordinário autorizou a participação de pessoas jurídicas nas *cooperativas mistas*.

Ora, assim como não caberia ao legislador ordinário excluir arbitrariamente a participação de pessoas jurídicas em cooperativas, não poderá o intérprete – em especial as Autoridades Administrativas – abusivamente, restringir o exercício do Direito Fundamental de Livre Associação, onde não o fizeram o legislador constituinte e o Congresso Nacional.

As autoridades públicas não poderão aplicar a legislação referente às cooperativas de forma a criar ou aumentar desigualdades arbitrárias e discriminatórias ao vedarem de forma absoluta a participação de pessoas jurídicas quando a lei permite, sob pena de estarem criando OBSTÁCULOS ABSOLUTAMENTE INCONSTITUCIONAIS AO LIVRE EXERCÍCIO DO DIREITO FUNDAMENTAL DE ASSOCIAÇÃO.

Não bastasse o direito de pessoas jurídicas em participar de cooperativas, uma vez preenchidos os requisitos legais, estar lastreado no DIREITO FUNDAMENTAL À LIVRE ASSOCIAÇÃO, também, na presente hipótese, está resguardado pelo PRINCÍPIO DA LEGALIDADE, pois "*ninguém será obrigado a fazer ou deixar de fazer alguma coisa senão em virtude de lei*" (art. 5º, inciso II), de total aplicação às pessoas jurídicas, pois, como consagrado pelo SUPREMO TRIBUNAL FEDERAL, "*o princípio da reserva de lei formal traduz limitação ao exercício das atividades administrativas do Estado*", impondo a Administração integral "*submissão aos comandos estatais*":

"O princípio constitucional da reserva de lei formal traduz limitação ao exercício das atividades administrativas e jurisdicionais do Estado. A reserva da lei – analisada sob tal perspectiva – constitui postulado revestido de função excludente, de caráter negativo, pois veda, nas matérias a ela sujeitas, quaisquer intervenções normativas, a título primário, de órgãos estatais não legislativos. Essa cláusula constitucional, por sua vez, projeta-se em uma dimensão positiva, eis que a sua incidência reforça o princípio, que, fundado na autoridade da Constituição, impõe à administração e à jurisdição a necessária submissão aos comandos estatais emanados, exclusivamente, do legislador" (STF – Pleno – ADI 2.075-MC – Rel. Min. CELSO DE MELLO, decisão: 7-2-2001).

Observe-se que, em absoluto respeito ao DIREITO FUNDAMENTAL DE LIVRE ASSOCIAÇÃO e ao PRINCÍPIO DA LEGALIDADE, a RECEITA FEDERAL, respeitando a plena efetividade do preceito constitucional previsto no inciso XVIII do art. 5º e regulamentado pela Lei nº 5.764/1971, admite a participação de pessoas jurídicas em cooperativas, desde que tenha por objeto as mesmas atividades econômicas que os demais associados pessoas físicas (*cooperativas mistas de atividades correlatas*) ou atividades correlatas (*cooperativas mistas com exclusão de finalidade lucrativa*), nos termos de seu ENUNCIADO 637(www.receita.fazenda.gov.br/pessoasjurídicas):

| 637 | Qualquer pessoa jurídica poderá ingressar nas sociedades cooperativas? |
|---|---|
| | Não. Somente excepcionalmente é permitida a admissão de pessoas jurídicas como associadas de cooperativas. Para ingressar em uma cooperativa, a pessoa jurídica deverá ter por objeto as mesmas atividades econômicas que os demais associados pessoas físicas (ou atividades correlatas). São também admitidas nas cooperativas as pessoas jurídicas sem fins lucrativos (Lei nº 5.764, de 1971, art. 6º, inciso I). |

Trata-se do mesmo entendimento do DNRC – Departamento Nacional de Registro do Comércio (INSTRUÇÃO NORMATIVA 101) – e da JUCESP – Junta Comercial do Estado de São Paulo (ENUNCIADO II.2) –, ambos consagrando o efetivo respeito ao art. 6º, inciso I, da Lei nº 5.764/1971:

INSTRUÇÃO NORMATIVA 101 – DNRC: "É excepcionalmente permitida a admissão de pessoas jurídicas que tenham por objeto as mesmas ou correlatas atividades econômicas das pessoas físicas, ou ainda, aquelas sem fins lucrativos" (inciso I do art. 6º da Lei nº 5.764/1971).

ENUNCIADO JUCESP II.2 – "A Eireli pode participar, como cotista ou acionista, do capital das sociedades personificadas".

Sendo absolutamente constitucional e legal a participação de pessoas jurídicas nas cooperativas, nos resta analisar se as EIRELIs (Empresas Individuais de Responsabilidade Limitada) se enquadram nesse conceito de *"pessoa jurídica"*, podendo, consequentemente, ingressarem em cooperativas, desde que tenham por objeto as mesmas ou correlatas atividades econômicas das pessoas físicas.

A Lei nº 12.441, de 11 de julho de 2011, inovou em nosso ordenamento jurídico, introduzindo a denominada Empresa Individual de Responsabilidade Ltda. – EIRELI – no Código Civil, constituída por uma única pessoa com titularidade do capital social e destinando-a à exploração de atividade econômica prevista em seu objeto social.

Ao permitir a participação de pessoas jurídicas em cooperativas – tanto nas *cooperativas mistas de atividades correlatas* (as pessoas jurídicas devem ter por objeto as mesmas ou correlatas atividades econômicas das pessoas físicas), quanto nas *cooperativas mistas com exclusão de finalidade lucrativa* (somente aceitam pessoas jurídicas sem fins lucrativos) –, a lei autorizou o ingresso, inclusive nas cooperativas, de sociedades unipessoais existentes em nosso ordenamento jurídico, entre elas, a prevista pela Lei nº 12.441/2011, ou seja, a Empresa Individual de Responsabilidade Limitada, desde que *"as empresas tenham por objeto social atividade econômica idêntica ou correlata àquela da cooperativa"*, conforme disciplinado em seu art. 6º, inciso I.

Para o pleno entendimento da Empresa Individual de Responsabilidade Limitada como "pessoa jurídica", importante a análise histórica do momento da edição da Lei nº 5.764/1971.

A ideia tradicional de "pessoa jurídica" englobava a conotação de ente criado pela vontade de duas ou mais pessoas, inexistindo a conceituação da pessoa natural como pessoa jurídica mesmo quando desenvolvesse atividade econômica, inclusive com a finalidade de lucro em sentido estrito. Nessas hipóteses, estávamos diante de uma simples "firma individual" que só se equipararia à pessoa jurídica para fins tributários.

Mesmo na vigência do Código Civil de 1916, as pessoas jurídicas, definidas por sociedades de responsabilidade limitada com participação no capital de duas ou mais pessoas, da mesma família ou não, eram consideradas como sociedades de pessoas e não de capital.

Por consequência, a Lei nº 5.764/1971 não criou qualquer restrição para que a pessoa natural, estruturada em firma individual, tivesse ingresso na cooperativa, uma vez que sua atividade se identificasse com a da cooperativa.

O tratamento excepcional (*cooperativas mistas*) foi endereçado às pessoas jurídicas constituídas mediante participação de duas ou mais pessoas. A estas é que foram endereçadas as restrições legais (*"mesmas ou correlatas atividades econômicas das pessoas físicas ou, ainda, aquelas sem fins lucrativos"*).

A adoção por parte de diversos ordenamentos jurídicos de formas substitutivas de *"empresários individuais"* ganhou força na Europa a partir da década de 70. Assim ocorreu na Dinamarca (1973), Alemanha (1980), França (1985), Holanda (1986), Bélgica

(1987) padronizando um modelo europeu e culminando com a edição da XII Diretiva sobre Matéria Societária da União Europeia (Diretiva 89/667/CEE), que estabeleceu a possibilidade de um Estado membro poder "não permitir a sociedade unipessoal quando sua legislação preveja, para os empresários individuais, a possibilidade de constituir empresas de responsabilidade limitada ao patrimônio afetada a uma atividade determinada".

O novo Código Civil de 2002 não trouxe grandes alterações em seu texto original, estabelecendo a discriminação do rol de pessoas jurídicas em seu art. 43, que não abrangeu a pessoa natural que exerça a atividade empresarial (art. 966), sendo de rigor considerar-se o conceito do art. 981 para as sociedades.

A atual figura do empresário individual, na forma de pessoa jurídica, nada mais representa do que a antiga figura da pessoa natural estruturada como firma individual, pois, como bem destacado por OSCAR VALENTE CARDOSO, "apesar de ser uma pessoa jurídica, a EIRELI não é uma sociedade empresária, mas sim uma forma diferenciada de constituição de empresário individual (que, ao contrário daquela, é pessoa natural)" (Empresa Individual de Responsabilidade Limitada "EIRELI": características, aspectos controvertidos e lacunas legais. *Jus Navigandi*, Texto 21285).

Vislumbrando a mesma e importante finalidade, decorrente da evolução histórica do tema, TAUÃ LIMA VERDAN RANGEL expõe que:

> "a criação do empresário individual de responsabilidade limitada poderá incentivar a formação de um número considerável de empreendedores, produzindo, consequentemente, reflexos na órbita econômica, de modo geral, tal como na arrecadação de impostos" (*A empresa individual de responsabilidade limitada (EIRELI)*: as inovações inauguradas pela Lei nº 12.441/11. www.conteudojuridico.com.br).

TIAGO SCHERER concorda com essa afirmação, ao ensinar que:

> "A recente criação da Empresa Individual de Responsabilidade Limitada – Eireli veio atender a um antigo anseio da classe empresária: a viabilidade legal de se criar uma pessoa jurídica unipessoal, com limitação da responsabilidade patrimonial, de tal forma que os débitos advindos da atividade profissional não comprometam os bens particulares do seu titular. Imagina-se que a criação legal da empresa individual de responsabilidade limitada contribuirá para a dinamização da economia formal, oferecendo um caminho de regularização de empreendimentos econômicos administrados singularmente pelo empresário" (A inserção da Empresa Individual de Responsabilidade Limitada no Direito Brasileiro. *Síntese*, publicado em 28 de janeiro de 2013).

Por essa razão, a previsão da constituição da EURELI por pessoas naturais, como salientado pelo ENUNCIADO 468 DA V JORNADA DE DIREITO CIVIL DO CONSELHO DA JUSTIÇA FEDERAL:

> "468. Art. 980-A. A empresa individual de responsabilidade limitada só poderá ser constituída por pessoa natural".

É a mesma previsão existente em Portugal (Decreto-lei nº 248/1986) e no Chile (Lei nº 19.857/2003) que reservam esse instituto para as pessoas naturais.

A Lei Federal nº 12.441/2011, ao criar as EIRELIs, visou o incentivo ao empreendedorismo – com a proteção ao patrimônio pessoal do empreendedor –, sem descuidar de proteger a coletividade, mas não afastou o fato da empresa individual de responsabilidade limitada ser um desdobramento de uma pessoa natural existente.

Como bem destacado pela SUBPROCURADORA GERAL DA REPÚBLICA, Deborah Macedo Duprat de Britto Pereira, em parecer proferido nos autos da ADI 4.637 (cujo objeto é o art. 980-A da Lei nº 10.406/2002, com a redação dada pelo art. 2º da Lei nº 12.441, de 11 de julho de 2011 – requisitos para constituição da EIRELI), em 28 de setembro de 2012 e aprovado pelo PROCURADOR-GERAL DA REPÚBLICA,

> "a concepção legal da sociedade limitada individual é, a um tempo, medida que protege a coletividade e os bens particulares do empresário".

Essa ideia protetiva do empreendedorismo das EIRELIs foi expressa no parecer aprovado pela Comissão de Constituição e Justiça (CCJ) do SENADO FEDERAL, durante o processo legislativo de aprovação da atual Lei nº 1.244/2011, que apontou as dificuldades do empresário (pessoa natural) exercer sua atividade econômica com a responsabilidade ilimitada.

A intenção do legislador brasileiro foi auxiliar e proteger a pessoa natural, permitindo sua organização em EIRELI, sem, porém, estabelecer qualquer limitação em sua atuação, pois, como bem observado por MARCELO FORTES BARBOSA FILHO, a EIRELI é *"desdobramento da personalidade de uma pessoa existente"*, ensinando que:

> "Apesar de ser apenas um desdobramento da personalidade de uma pessoa existente, a empresa individual de responsabilidade limitada detém um nome, para que, frente a terceiro, fique clara a segregação patrimonial e, portanto, a limitação da responsabilidade" (*Código Civil comentado* – doutrina e jurisprudência. PELUSO, Cezar (Coord.). 6. ed. São Paulo: Manole, 2012. p. 991).

A EIRELI não é sociedade, mas sim novo ente jurídico personificado, como também bem definido pelo ENUNCIADO 469 DA V JORNADA DE DIREITO CIVIL DO CONSELHO DA JUSTIÇA FEDERAL:

> "469. Arts. 44 e 980-A. A empresa individual de responsabilidade limitada (EIRELI) não é sociedade, mas novo ente jurídico personificado".

A Lei Federal nº 12.441/2011, por conseguinte, inseriu, por alteração do Código Civil, a figura das empresas individuais de responsabilidade limitada no rol das pessoas jurídicas (inciso VI, art. 44), mandando aplicar as regras das sociedades limitadas (§ 6º do art. 980-A).

A novidade do instituto, portanto, consagrou a EIRELI, por ficção legal, como pessoa jurídica de direito privado (cf.: SCHERER, Tiago. A inserção da Empresa Individual de Responsabilidade Limitada no Direito Brasileiro. *Síntese*, publicado em 28 de janeiro de 2013), com o objetivo de introduzir uma fórmula que permitisse a convivência de dois patrimônios: o pessoal do empresário e o social da pessoa jurídica.

A finalidade do legislador foi evidente, qual seja, a proteção do patrimônio pessoal do empresário enquanto meio de sobrevivência sua e de sua família, no caso de vir a pessoa jurídica a se tornar inadimplente ou insolvente, apesar de se manter a possibilidade de desconsideração da personalidade nas diversas hipóteses previstas em lei.

Em nenhum momento, pretendeu o legislador restringir a atividade do empresário individual ou da pessoa jurídica sociedade individual, impedindo-o de reunir-se em cooperativas; mas sim pretendeu auxiliar a pessoa natural (empresário) a constituir uma empresa individual para preservação de seu patrimônio pessoal, na condição de ENTE JURÍDICO PERSONIFICADO e não de verdadeira SOCIEDADE.

O ingresso do empresário individual na *cooperativa,* na forma de EIRELI, não alteraria a natureza jurídica da mesma, pois as cooperativas já são consideradas como sociedade de pessoas.

A EIRELI somente deverá, nos termos do já citado art. 6º, inciso I, da Lei Federal nº 5.754/1971, estabelecer como seu objeto as mesmas ou correlatas atividades econômicas das pessoas físicas, de maneira a participar de uma *cooperativa mista de atividades correlatas,* formadas de pessoas naturais (no mínimo 20) e pessoas jurídicas (EIRELI).

Como bem aponta ALFREDO DE ASSIS GONÇALVES NETO:

"A célula do sistema cooperativo está na cooperativa singular, que é constituída, essencialmente, por um mínimo de 20 pessoas naturais e, excepcionalmente, por algumas pessoas jurídicas sem fins lucrativos ou que tenham as mesmas ou correlatas atividades das pessoas naturais associadas, que se reúnem para o fim de buscar a melhoria econômica e social de si próprias, através de uma organização estruturada sob a base da ajuda mútua" (*Direito de empresa.* 4. ed. São Paulo: Revista dos Tribunais, 2012. p. 469).

A plena satisfação desse requisito (*"mesmas ou correlatas atividades das pessoas naturais associadas"*) estará presente com a indicação do objeto da EIRELI em seu ato constitutivo, de modo, como aponta ALFREDO DE ASSIS GONÇALVES NETO, *"preciso e completo",* pois "não basta o ramo de atividade econômica genericamente considerado, mas há de ser especificado o negócio efetivo a que se irá dedicar. E, nessa indicação, é preciso que adote um ramo da atividade econômica próprio de empresário, eis que é nesse ambiente que ela se situa" (A empresa individual de responsabilidade limitada. *Revista dos Tribunais Online.* THOMSON REUTERS, v. 915, p. 153, jan. 2012).

O empresário individual poderá exercer a atividade individual de transporte público coletivo ou individual remunerado de pessoas, na forma de pessoa jurídica e como tal não haverá qualquer restrição para ser admitido na *cooperativa,* pois, nos termos do § 5º do art. 980-A do Código Civil, trazido pela Lei nº 12.441/2012, a EIRELI pode ser criada para a "prestação de serviços de qualquer natureza", como bem apontam TIAGO SCHERER (A inserção da Empresa Individual de Responsabilidade Limitada no Direito Brasileiro. *Síntese,* publicado em 28 de janeiro de 2013), OSCAR VALENTE CARDOSO (Empresa Individual de Responsabilidade Limitada "EIRELI": características, aspectos controvertidos e lacunas legais. *Jus Navigandi,* Texto 21285), MARCO TULIO RIOS CARVALHO (*EIRELI – A empresa individual e sua adequação ao contexto do Direto Empresarial*. www.conteudojudirico.c.br/ artigo), MARCELO SIQUEIRA (*Empresa individual de responsabilidade limitada*. www.nhh. com.br/pub/societário), HAROLDO DUCLERC VERÇOSA (A empresa individual de responsabilidade limitada. *Migalhas*, 18 de fevereiro de 2013), HERON CHARNESKI (*Reflexões sobre a EIRELI – Empresa individual de responsabilidade limitada – da Lei nº 12.441/11*. FISCOSoft Online – 2012/3148) e JEAN CARLOS FERNANDES, que inclusive salienta a inexistência de "motivo para restringir o seu objeto" (Empresa individual – sociedade unipessoal – de responsabilidade limitada. *Carta Forense*, 12/02/2012. www.cartaforense.com.br).

Por fim, importante analisar a sujeição tributária da empresa individual de responsabilidade limitada – EIRELI, que, por ser pessoa jurídica de direito privado e ter a natureza de sociedade de pessoa, com a finalidade de facilitar a atividade do simples empresário permitindo a constituição de uma sociedade consigo mesmo (cf. nesse sentido: RODRIGUES, Aldenir Ortiz et al. *Manual da empresa individual de responsabilidade limitada – EIRELI*. São Paulo: IOB, 214), se sujeita ao modelo aplicável às pessoas jurídicas, pois, nos termos do art. 147, I, do Decreto nº 3.000/1999 (Regulamento do Imposto de Renda – RIR), consideram-se pessoas jurídicas, para efeito de tributação de renda, "as pessoas jurídicas de direito privado domiciliadas no País, sejam quais forem seus fins, nacionalidade ou participantes no capital".

Dessa forma, a EIRELI fica sujeita a tributação pelo Imposto de Renda Pessoa Jurídica, pois sua situação é ABSOLUTAMENTE IDÊNTICA à das demais pessoas jurídicas, não se tratando de hipótese de elisão fiscal, mas sim de TRATAMENTO ABSOLUTAMENTE ISONÔMICO COM AS DEMAIS PESSOAS JURÍDICAS.

Devemos observar, ainda, que a Lei Complementar nº 123/2006, com a redação dada pela Lei Complementar nº 139/2011, passou a possibilitar o enquadramento legal da EIRELI como microempresa ou empresa de pequeno porte, estabelecendo que:

> "Para os efeitos desta Lei Complementar, consideram-se microempresas ou empresas de pequeno porte a sociedade empresária, a sociedade simples, a empresa individual de responsabilidade limitada e o empresário a que se refere o art. 966 da Lei nº 10.406, de 10 de janeiro de 2002 (Código Civil), devidamente registradas no Registro de Empresas Mercantis ou no Registro Civil de Pessoas Jurídicas, conforme o caso".

A EIRELI poderá, portanto, ser enquadrada no SIMPLES, podendo ainda optar pelos regimes tributários do lucro real (art. 246 e seguintes do Decreto nº 3.000/1999) ou do lucro presumido (art. 516 e seguintes do Decreto nº 3.000/1999), pois, como aponta CARLOS HENRIQUE ABRÃO:

> "mais uma vantagem que se afigura no sentido de aquilatar o exercício da atividade da empresa individual, no propósito de não estabelecer faturamento específico para fins de enquadramento tributário. O que significa dizer, na prática, que o recolhimento poderá obedecer a regimes tributários variados e sopesar o enquadramento do Simples Nacional, sem qualquer minínculo, ou prejuízo respeitante ao próprio faturamento. Ao se estabelecer, na Constituição Federal, o regime da livre iniciativa, permeado pela concorrência, não estamos vinculando modelo que se desgarra da empresa individual convencional, da sociedade limitada, ou do

microempreendedor individual, porquanto a Lei nº 12.441/2011, singularmente, identificou, na empresa individual de responsabilidade limitada, premissas vantajosas" (*Empresa individual*. São Paulo: Atlas, 2012. p. 10-11).

Na condição de pessoa jurídica terá sua carga tributária diferenciada em relação à pessoa natural, como reconheceu o próprio Parecer da Comissão de Constituição e Justiça – CCJ, do SENADO FEDERAL, durante a aprovação do projeto que resultou na Lei nº 12.441/2011.

A possibilidade de redução fática da carga tributária com a constituição de EIRELI, em face das *"premissas vantajosas"*, é plenamente possível, uma vez que a partir de sua criação se trata de pessoa jurídica, e como tal será tributada (cf. nesse sentido: OSCAR VALENTE CARDOSO (Empresa Individual de Responsabilidade Limitada "EIRELI": características, aspectos controvertidos e lacunas legais. *Jus Navigandi*, Texto 21285).

## RESPOSTAS AOS QUESITOS

QUESITO 1 – Nos termos do art. 6º da Lei nº 5.754/1971, é possível a constituição de Cooperativas Singulares compostas por pessoas físicas e pessoas jurídicas (EIRELI – Empresa Individual de Responsabilidade Limitada) para exercer a atividade de transporte público coletivo remunerado de pessoas?

RESPOSTA: Sim. A liberdade de associação é plena e absolutamente livre, nos termos do art. 5º, inciso XVIII, da Constituição Federal, sendo que a lei poderá estabelecer requisitos objetivos para a criação das associações, sociedades e cooperativas, que, porém, independem de qualquer autorização discricionária do poder público, sendo, igualmente, vedada a interferência estatal em seu funcionamento. Em relação às cooperativas, em razão de sua crescente importância, o legislador constituinte entendeu necessário destacá-las no texto constitucional, e expressamente, no inciso XVIII do art. 5º, apontou as cooperativas como espécie constitucionalmente protegida de associação, permitindo ao legislador ordinário a fixação de requisitos necessários para sua constituição, organização e funcionamento. O art. 6º da Lei nº 5.754/1971 autorizou tanto as *cooperativas puras* quanto as *cooperativas mistas* em nosso ordenamento jurídico, sendo que em relação a estas a possibilidade de participação de *pessoas jurídicas* não é generalizada – *é por esse motivo que a lei utiliza a expressão "excepcionalmente permitida"* –, pois são exigidos requisitos autônomos e diferenciados, seja para a criação de *cooperativas mistas de atividades correlatas* (as pessoas jurídicas devem ter por objeto as mesmas ou correlatas atividades econômicas das pessoas físicas), seja para a criação de *cooperativas mistas com exclusão de finalidade lucrativa* (somente aceitam pessoas jurídicas sem fins lucrativos). Portanto, seguindo os mandamentos constitucionais e respeitando as finalidades e objetivos das cooperativas, o legislador ordinário autorizou a participação de pessoas jurídicas nas *cooperativas mistas* para exercer a atividade de transporte público coletivo remunerado de pessoas, desde que atendidos os requisitos legais.

QUESITO 2 – Em sendo positiva a reposta ao quesito anterior, qual o regime tributário a que estaria sujeita a EIRELI que participasse da Cooperativa?

RESPOSTA: O empresário individual poderá exercer a atividade individual de transporte público coletivo ou individual remunerado de pessoas, na forma de pessoa jurídica, e como tal não haverá qualquer restrição para ser admitido na *cooperativa*, pois, nos termos do § 5º do art. 980-A do Código Civil, trazido pela Lei nº 12.441/2012, a EIRELI pode ser criada para a "prestação de serviços de qualquer natureza". Nessas hipóteses, a empresa individual de responsabilidade limitada – EIRELI – estará sujeita a tributação idêntica de todas as demais pessoas jurídicas de direito privado, nos termos do art. 147, I, do Decreto nº 3.000/1999 (Regulamento do Imposto de Renda – RIR). Observadas as Leis Complementares nºs 123/2006 e 139/2011, a EIRELI poderá ser enquadrada no SIMPLES, podendo ainda optar pelos regimes tributários do lucro real (art. 246 e seguintes do Decreto nº 3.000/1999) ou do lucro presumido (art. 516 e seguintes do Decreto nº 3.000/1999), tendo, portanto, direito ao tratamento absolutamente isonômico a todas as demais pessoas jurídicas.

# Princípio do juiz natural e mandado de busca e apreensão na sede do poder legislativo estadual

# 10

O presente estudo foi apresentado na forma de *Parecer Jurídico* para análise da questão constitucional referente a princípios, direitos e garantias fundamentais previstos na Constituição da República Federativa do Brasil de 1988, em especial sobre a possibilidade de Juiz de Direito de 1º grau autorizar a busca no interior da Sede da Assembleia Legislativa estadual, para apreensão de "documentos (em papel ou em meio magnético/eletrônico) oficiais ou não, documentos bancários, agendas ou quaisquer papéis contendo anotações alusivas à aventada quadrilha, objetos produtos de crime ou adquiridos com o provento destes, arquivos magnéticos (disquetes, *pen drives*, CPUs de computadores, etc.), além de outros objetos capazes de fazer prova da infração investigada ou de outros crimes que possam estar sendo praticados".

Em virtude de a diligência ter sido realizada de maneira generalizada e indiscriminada na sede do Poder Legislativo estadual, sem autorização do Presidente da Assembleia Legislativa e sem ordem judicial emitida pelo Tribunal de Justiça, foram apresentados os seguintes quesitos a serem analisados:

> QUESITO 1 – Em relação a documentos, computadores e demais materiais de propriedade e posse da Assembleia Legislativa, para que sejam respeitados os Princípios da Independência do Poder Legislativo e do Juízo Natural, bem como a garantia constitucional da inviolabilidade domiciliar (CF, art. 5º, XI), quem é a autoridade competente para a expedição de mandado de busca e apreensão?

> QUESITO 2 – As provas obtidas a partir de cumprimento de mandado de busca e apreensão emitido por Juiz de 1º grau contra a sede da Assembleia Legislativa podem ser utilizadas na ação penal?

A Constituição Federal em seu art. 2º consagra a independência e harmonia entre os Poderes de Estado, importante Princípio Sensível (CF, art. 34, IV) e imutável Cláusula Pétrea (CF, art. 60, III) na organização federalista brasileira, ambos extensíveis a todos os Estados membros.

A separação das funções estatais visa evitar o arbítrio e o desrespeito aos Direitos Fundamentais do Homem e garantir o bom funcionamento das Instituições, prevendo o texto constitucional a existência dos Poderes do Estado, independentes e harmônicos entre si, repartindo entre eles as funções estatais para que bem possam exercê-las, bem como criando mecanismos de controles recíprocos, sempre como garantia da perpetuidade do

Estado Democrático de Direito, pois, como bem apontado por MONTESQUIEU, a independência entre os poderes é essencial para o necessário equilíbrio harmônico entre eles, sendo necessário *"combinar os poderes, regrá-los, temperá-los, fazê-los agir; dar a um poder, por assim dizer, um lastro, para pô-lo em condições de resistir a um outro. É uma obra-prima de legislação, que raramente o acaso produz, e raramente se deixa a prudência produzir"* (*O espírito das leis*. 3. ed. São Paulo: Saraiva, 1994. p. 25-26).

Dessa forma, ao afirmar que os Poderes da União são independentes e harmônicos, o texto constitucional consagrou, respectivamente, as teorias da *separação dos poderes* (independência) e dos *freios e contrapesos* (harmonia).

Os poderes de Estado, em especial no presente caso concreto, os poderes Legislativo e Judiciário devem atuar de maneira harmônica, privilegiando a cooperação e a lealdade institucional, evitando as práticas de guerrilhas institucionais, que acabam minando a coesão governamental e a confiança popular na condução dos negócios públicos pelos agentes políticos. Essa é a razão da Constituição Federal consagrar um complexo mecanismo de controles recíprocos entre os três poderes, de forma que, ao mesmo tempo, um Poder controle os demais e por eles seja controlado, sem que ocorram abusos ou desvios ilegais, como ocorrido na presente hipótese.

A independência entre os Poderes consagra ao Poder Legislativo estadual, sem ingerência de quaisquer outros Poderes, sua autogestão e administração própria, com a plena possibilidade por parte do Presidente da Assembleia Legislativa estadual de estabelecer as regras de controle de acesso às suas próprias dependências, bem como garantir a posse e guarda de seus utensílios e documentos, enquanto a harmonia entre os Poderes consagra a existência de mecanismos de freios e contrapesos em prol do interesse público, dentre eles, a possibilidade de determinação coercitiva de invasão no prédio da Assembleia Legislativa e busca e apreensão de documentos e utensílios do Poder Legislativo, no âmbito de investigação criminal, desde que respeitada a cláusula de reserva jurisdicional prevista pelo inciso XI do art. 5º da Constituição Federal em consonância com o Principio do Juiz Natural (CF, art. 5º, XXXVII e LIII).

Em âmbito estadual, o Presidente da Assembleia Legislativa é a única autoridade competente para autorizar o ingresso da Polícia Civil e do Ministério Público estadual nas dependências da Assembleia Legislativa para realização de atividades próprias de persecução penal, tais como a apreensão de documentos, arquivos, computadores e demais utensílios do Poder Legislativo, sob pena de desrespeito à cláusula de inviolabilidade domiciliar consagrada historicamente em nossos textos constitucionais.

O preceito constitucional que consagra a INVIOLABILIDADE DE DOMICÍLIO é direito fundamental enraizado mundialmente e expressamente previsto no texto constitucional brasileiro, com base nas tradições inglesas, conforme verificamos no histórico discurso de LORD CHATHAM no Parlamento britânico: *"o homem mais pobre desafia em sua casa todas as forças da Coroa, sua cabana pode ser muito frágil, seu teto pode tremer, o vento pode soprar entre as portas mal ajustadas, a tormenta pode nela penetrar, mas o Rei da Inglaterra não pode nela entrar".*

A inviolabilidade domiciliar constitui uma das mais antigas e importantes garantias individuais de uma sociedade civilizada, pois engloba a tutela da dignidade da pessoa humana, da honra, da intimidade e da vida privada, aplicando-se integralmente às instituições, de maneira a efetivar a independência dos Poderes, que não poderiam ficar à mercê de eventual persecução penal ilegal e abusiva, em desrespeito às suas inviolabilidades constitucionais.

No sentido constitucional, o termo "CASA" tem amplitude maior do que no direito privado ou do senso comum, não sendo somente a residência, mas também, a habitação com intenção definitiva de estabelecimento, escritórios e as sedes de órgãos públicos, Instituições e Poderes de Estado (cf. a respeito: GROTTI, Dinorá Adelaide Musetti. Algumas considerações sobre o princípio constitucional da inviolabilidade do domicílio. *Cadernos de Direito Constitucional e Ciência Política*. Instituto Brasileiro de Direito Constitucional. Revista dos Tribunais, ano 3, nº 11, p. 8, abr./jun. 1995; DE DEO, Marta Luiza Reimão. *Inviolabilidade do domicílio*: aspectos constitucionais: 1980. Dissertação de Mestrado – Fadusp, São Paulo).

É esse o sentido consagrado pelo SUPREMO TRIBUNAL FEDERAL para uma das mais importantes garantias constitucionais:

> "Para os fins da proteção constitucional a que se refere o art. 5º, XI, da Carta Política, o conceito normativo de 'casa' revela-se abrangente e, por estender-se a qualquer compartimento privado onde alguém exerce profissão ou atividade (CP, art. 150, § 4º, III) [...]. A imprescindibilidade da exibição de mandado judicial revelar-se-á providência inafastável [...], a qualquer tipo de perícia ou à apreensão de quaisquer objetos que possam interessar ao Poder Público, sob pena de absoluta ineficácia jurídica da diligência probatória que vier a ser executada em tal local [...]. Sendo assim, nem a Polícia Judiciária, nem o Ministério Público, nem a administração tributária, nem quaisquer outros agentes públicos podem, a não ser afrontando direitos assegurados pela Constituição da República, ingressar em domicílio alheio, sem ordem judicial ou sem o consentimento de seu titular (como ocorreu no caso, segundo reconheceram, em juízo, os próprios agentes policiais – fls. 211/212), com o objetivo de, no interior desse recinto, procederem a qualquer tipo de perícia (é a hipótese dos autos) ou de apreenderem, sempre durante o período diurno, quaisquer objetos que possam interessar ao Poder Público" (STF – RE nº 251.4454/GO – Rel. Min. CELSO DE MELLO).

Reafirme-se, como bem destacado pelo Decano do Supremo Tribunal Federal, MINISTRO CELSO DE MELLO, que *"nem a Polícia Judiciária, nem o Ministério Público, nem a administração tributária, nem quaisquer outros agentes públicos podem, a não ser afrontando direitos assegurados pela Constituição da República, ingressar em domicílio alheio, sem ordem judicial ou sem o consentimento de seu titular".*

O conteúdo de bens, pertences, computadores, documentos institucionais ou pessoais existentes dentro da "CASA LEGISLATIVA", cuja proteção constitucional é histórica, se relaciona institucionalmente à própria INDEPENDÊNCIA DO PODER LEGISLATIVO e suas características de AUTOGOVERNO e AUTOGESTÃO, estando sob posse e guarda do Presidente da Assembleia Legislativa.

Dessa maneira, na presente hipótese, não havendo consentimento ou pressupondo-se o dissenso do Presidente da Assembleia Legislativa, a diligência de busca e apreensão no interior da "CASA LEGISLATIVA" do Paraná somente poderia ter sido realizada com a devida ordem da autoridade judicial competente.

Certamente, não foi por outro motivo que o texto constitucional exige para afastar a discordância daquele que poderia autorizar o ingresso na "CASA" o absoluto respeito à cláusula de reserva jurisdicional, ou seja, exigindo que somente o Poder Judiciário possa afastar, por decisão de seu órgão competente, o dissenso daquele que se nega a permitir ou dificulta o ingresso no estabelecimento objeto da diligência policial ou ministerial, como bem aponta o SUPREMO TRIBUNAL FEDERAL:

> "A cláusula constitucional de reserva de jurisdição – que incide sobre determinadas matérias, como a busca domiciliar (CF, art. 5º, XI), a interceptação telefônica (CF, art. 5º, XII) e a decretação da prisão de qualquer pessoa, ressalvada a hipótese de flagrância (CF, art. 5º, LXI) – traduz a noção de que, nesses temas específicos, assiste ao Poder Judiciário, não apenas o direito de proferir a última palavra, mas, sobretudo, a prerrogativa de dizer, desde logo, a primeira palavra, excluindo-se, desse modo, por força e autoridade do que dispõe a própria Constituição, a possibilidade do exercício de iguais atribuições por parte de quaisquer outros órgãos ou autoridades do Estado" (MS 23.452 – Rel. Min. CELSO DE MELLO, julgamento em 16-9-1999).

A cláusula de reserva jurisdicional exige, portanto, decisão do Órgão Jurisdicional competente para substituir o possível dissenso ou recusa daquele que estava legalmente autorizado a determinar o ingresso ou impedir o acesso, que no caso em questão, se tratava do Presidente da Assembleia Legislativa.

A questão analisada, certamente, diz respeito às seguintes indagações: (a) Por que houve necessidade de mandado judicial de busca e apreensão no interior da Assembleia Legislativa? (b) A cláusula de reserva jurisdicional, representada pelo mandado judicial de busca e apreensão, substituiu a vontade de qual autoridade do Poder Legislativo que possuía legalmente a atribuição de autorizar ou impedir o livre acesso da Polícia e do Ministério Público? (c) Qual seria o Juízo Natural para expedir o referido mandado de busca e apreensão em substituição da vontade da autoridade competente?

Não há dúvidas de que a ordem judicial visava substituir eventual dissenso ou oposição do Presidente da Assembleia Legislativa, a quem compete a administração do Poder Legislativo, bem como a posse e guarda final de seus documentos, móveis, utensílios, inclusive computadores e arquivos, ao ingresso da Polícia e do Ministério Público ao interior da "CASA LEGISLATIVA", para realização de busca e apreensão.

O próprio DD. Magistrado de 1ª instância, em sua r. decisão, deixa cristalino que sua ordem mandamental visou evitar qualquer dissenso ou oposição do Presidente da "CASA LEGISLATIVA", afirmando que:

> "Por outro lado, a prévia requisição dos dados ao presidente da Casa de Leis é providência que se situa no campo da oportunidade e conveniência, e não do da validade da medida cautelar. No caso *sub judice*, o ato de deferência importaria em alto risco de dissipação de provas, pois a medida visava funcionários do alto escalão, tais como Diretor-Geral e os diretores do setor Administrativo e Pessoal (cujas dependências eram os locais de efetivação das ordens) daquela Casa de Leis [...]. Em suma, a providência proposta era altamente contraindicada."

Ora, se o destinatário final da ordem foi, como não resta qualquer dúvida pela fundamentação da decisão do Magistrado de 1º grau, o Chefe do Poder Legislativo, o Juiz Natural para expedi-la, igualmente sem qualquer dúvida, somente poderia ser o TRIBUNAL DE JUSTIÇA, pois a eventual recusa ao cumprimento de tal ordem poderia acarretar a responsabilidade criminal (desobediência) do Presidente da Assembleia Legislativa, a ser investigada em inquérito sob a supervisão do Tribunal de Justiça (Constituição Estadual, art. 57, § 4º), ou mesmo, possibilitar ajuizamento de mandado de segurança contra o Presidente da "CASA LEGISLATIVA", igualmente de competência do Tribunal de Justiça (Constituição Estadual, art. 101, VII, *b*).

Na hipótese do Presidente da Assembleia Legislativa, na condição de Chefe Administrativo do Poder Legislativo, se recusar a cumprir ordem judicial devidamente emanada do órgão competente por entendê-la manifestamente ilegal, as únicas atuações possíveis ao Ministério Público (GAECO) e a Polícia Civil seriam, no âmbito criminal, solicitar ao Tribunal de Justiça apuração criminal contra o mesmo, pois não seria possível a prisão em flagrante do parlamentar, em face de sua imunidade processual em relação a prisão, consagrada constitucionalmente nos arts. 27, § 1º, e 53, § 2º, da Constituição Federal.

Dessa forma, a atuação criminal juridicamente possível por parte dos órgãos de persecução do Estado seria o pedido do Procurador-Geral de Justiça ao Tribunal de Justiça para instauração de inquérito contra o Presidente da Assembleia e a determinação de nova busca e apreensão, sob pena de afastamento judicial cautelar do Chefe do Poder Legislativo, no caso de eventual recebimento de denúncia pelo Poder Judiciário.

No âmbito civil, a atuação juridicamente possível seria o ajuizamento do competente mandado de segurança pelo Procurador-Geral de Justiça no Tribunal de Justiça, pois nos termos do art. 101, VII, *b*, da Constituição Estadual, compete ao Tribunal de Justiça processar e julgar, originariamente, os mandados de segurança contra atos da Presidência da Assembleia Legislativa.

Ora, se em hipótese menos traumática ao equilíbrio entre os Poderes, ou seja, caso o Presidente da Assembleia Legislativa se recusasse a enviar determinado documento, arquivo ou informação à Polícia ou ao próprio Ministério Público, não seria possível ordem de Juiz de 1º grau impondo essa obrigação, devendo o *Parquet* ajuizar mandado de segurança no Tribunal de Justiça, para obter a ordem mandamental, obviamente, em hipótese mais traumática ao equilíbrio entre os Poderes, tratada na presente análise jurídica, ou seja, ordem mandamental de invasão da "CASA LEGISLATIVA" sem prévia autorização de seu Presidente para busca e apreensão de documentos, pertences e computadores, igualmente, o *Parquet* necessitaria de ordem do próprio Tribunal de Justiça e não do juízo de 1ª instância.

Ora, se a Constituição Estadual estabelece explicitamente como competência originária do Tribunal de Justiça do Paraná a possibilidade de, via mandado de segurança, determinar ao Presidente da Assembleia Legislativa a cessação de uma ação ou omissão ilegal, inclusive no tocante à entrega de documentos, não restam dúvidas da ampla aplicação da Teoria dos Poderes Implícitos – *inherent powers* –, surgida na Corte Suprema Americana, *Myers v. Estados Unidos* (US 272 – 52, 118), para garantir ao próprio Tribunal de Justiça a competência para expedição de mandados de busca e apreensão na CASA LEGISLATIVA, em consonância com os necessários freios e contrapesos garantidores da harmonia entre os poderes, pois a Constituição Federal garante a independência e a inviolabilidade da

Assembleia Legislativa, ao mesmo tempo que permite o afastamento da inviolabilidade domiciliar por decisão do Juiz competente, que, nesse caso, pelo equilíbrio entre os Poderes e pela própria previsão simétrica do art. 101, VII, *b*, da Constituição Estadual, seria de competência jurisdicional do Tribunal de Justiça, que estaria autorizado a exercer seu poder originário de fontes não enumeradas na Constituição Estadual ("expedição de mandado de busca e apreensão contra a sede do Legislativo"), contanto que não proibidas pelo texto constitucional federal.

Necessário insistir, seja no âmbito criminal, seja no âmbito civil, a atuação somente seria juridicamente possível no TRIBUNAL DE JUSTIÇA, JAMAIS NO JUÍZO DE 1º GRAU, pois, sendo necessário substituir o possível dissenso daquele que está legalmente autorizado a determinar o ingresso ou superar eventual impedimento de acesso por parte do Presidente da Casa Legislativa, somente a autoridade judicial competente poderá expedir mandado de busca e apreensão, dentro dos mecanismos de *freios e contrapesos* constitucionalmente consagrados.

Não há dúvidas, portanto, da possibilidade de decisão judicial para substituir a discordância do Presidente da Assembleia Legislativa, afastando a inviolabilidade domiciliar ("cláusula de reserva jurisdicional" – CF, art. 5º, XI), porém, em respeito ao Princípio do Juiz Natural, essa autoridade competente é o TRIBUNAL DE JUSTIÇA, uma vez que o intérprete está obrigado a evitar contradições entre princípios, preceitos e regras estabelecidos no ordenamento jurídico constitucional (Método da Unidade da Constituição), pois, como salienta CANOTILHO, o intérprete constitucional sempre deve *"considerar a Constituição na sua globalidade e procurar harmonizar os espaços de tensão existentes entre as normas constitucionais a concretizar"* (*Direito constitucional e teoria da Constituição*. 2. ed. Coimbra: Almedina, 1998).

Ao intérprete é obrigatório aplicar as necessárias interdependência e complementaridade das normas constitucionais federais e estaduais sobre independência e harmonia entre os Poderes, cláusula de reserva jurisdicional e Princípio do Juiz Natural, que não deverão, como nos lembra GARCÍA DE ENTERRÍA, ser interpretadas isoladamente, sob pena de desrespeito à vontade do legislador constituinte (*Reflexiones sobre la ley e los princípios generales del derecho*. Madri: Civitas, 1996. p. 30), sendo impositiva e primordial a análise semântica do texto, garantindo à mesma autoridade judiciária (TRIBUNAL DE JUSTIÇA) tanto a competência para o mandado de segurança contra ato do Presidente da Assembleia Legislativa, quanto a supervisão sobre eventual investigação criminal por desobediência do Chefe do Legislativo estadual e, finalmente, a possibilidade de expedição de mandado de busca e apreensão ("cláusula de reserva jurisdicional"), para afastar a discordância do Presidente da Assembleia Legislativa com essa medida.

Na presente hipótese, portanto, o Juízo Natural para substituir eventual "DISSENSO OU negativa de acesso pleno à Casa Legislativa PELO CHEFE DO PODER LEGISLATIVO ESTADUAL", em observância à cláusula de reserva jurisdicional seria sempre o TRIBUNAL DE JUSTIÇA, e o desrespeito a esse importante princípio constitucional acabou por gerar hipótese de perigosa *guerrilha institucional* e *desrespeito institucional*, que devem sempre ser afastados em prol da *lealdade institucional*, como salientam CANOTILHO e MOREIRA:

> "um sistema de governo composto por uma pluralidade de órgãos requer necessariamente que o relacionamento entre os vários centros do poder seja pautado por normas de lealdade constitucional (*Verfassungstreue*, na terminologia alemã). A

lealdade institucional compreende duas vertentes, uma positiva, outra negativa. A primeira consiste em que os diversos órgãos do poder devem cooperar na medida necessária para realizar os objectivos constitucionais e para permitir o funcionamento do sistema com o mínimo de atritos possíveis. A segunda determina que os titulares dos órgãos do poder devem respeitar-se mutuamente e renunciar a práticas de guerrilha institucional, de abuso de poder, de retaliação gratuita ou de desconsideração grosseira. Na verdade, nenhuma cooperação constitucional será possível sem uma deontologia política, fundada no respeito das pessoas e das instituições e num apurado sentido da responsabilidade de Estado (*statesmanship*)" (*Os poderes do presidente da república*. Coimbra: Coimbra Editora, 1991. p. 71).

A expedição de mandado de busca e apreensão contra a sede do Poder Legislativo estadual por Juiz de 1º grau feriu flagrantemente a interdependência e complementaridade entre os Princípios da Independência e Harmonia entre os Poderes, o Princípio do Juiz Natural e a cláusula de reserva jurisdicional, afastando a necessária imparcialidade do Judiciário – por ter sido emanada ordem de autoridade incompetente –, e desrespeitou as prerrogativas institucionais do Legislativo, entre elas o direito ao Devido Processo Legal.

A imparcialidade do Judiciário é verdadeira segurança do povo contra o arbítrio estatal que encontram no Devido Processo Legal e no princípio do Juiz Natural, proclamadas, nos incisos LV, XXXVII e LIII do art. 5º da Constituição Federal, suas garantias indispensáveis.

Como consagrado pelo SUPREMO TRIBUNAL FEDERAL:

"O princípio da naturalidade do Juízo – que traduz significativa conquista do processo penal liberal, essencialmente fundado em bases democráticas – atua como fator de limitação dos poderes persecutórios do Estado e representa importante garantia de imparcialidade dos juízes e tribunais" (STF – 1ª T. – HC nº 69.601/SP – Rel. Min. CELSO DE MELLO, *Diário da Justiça*, Seção I, 18 dez. 1992, p. 24.377).

O Juiz Natural é somente aquele integrado no Poder Judiciário, com todas as garantias institucionais e pessoais previstas na Constituição Federal, devendo ser interpretado em sua plenitude, de forma a não só proibir a criação de Tribunais ou juízos de exceção, como também exigir respeito absoluto às regras objetivas de determinação de competência, para que não seja afetada a independência e a imparcialidade do órgão julgador.

É o mesmo entendimento do TRIBUNAL CONSTITUCIONAL FEDERAL ALEMÃO:

"O mandamento 'ninguém será privado de seu juiz natural', bem como ocorre com a garantia da independência dos órgãos judiciários, deve impedir intervenções de órgãos incompetentes na administração da Justiça e protege a confiança dos postulantes e da sociedade na imparcialidade e objetividade dos tribunais: a proibição dos tribunais de exceção, historicamente vinculada a isso, tem a função de atuar contra o desrespeito sutil a esse mandamento. Como esses dispositivos em sua essência concretizam o princípio do Estado de Direito no âmbito da constituição (organização) judiciária, elas já foram introduzidas na maioria das Constituições estaduais alemãs do século XIX, dando-lhes, assim, a dignidade de norma constitucional. O art. 105 da Constituição de Weimar deu prosseguimento a esse legado. À medida que os princípios do Estado de Direito e Separação de Poderes se foram aprimorando, também as prescrições relativas ao juiz natural foram sendo aperfeiçoadas. A lei de organização judiciária, os códigos de processo e os planos de distribuição das causas (definidos nas *Geschäftsordnungen* – regimentos internos) dos tribunais determinavam sua competência territorial e material (o sistema de), a distribuição das causas, bem como a composição dos departamentos individualizados, câmaras e senados. Se originalmente a determinação 'ninguém será privado de seu juiz natural' era dirigida sobretudo para fora, principalmente contra qualquer tipo de 'justiça de exceção' (*Kabinettsjustiz*), hoje seu alcance de proteção estendeu-se também à garantia de que ninguém poderá ser privado do juiz legalmente previsto para sua causa por medidas tomadas dentro da organização judiciária" (Decisão – *Urteil* – do Primeiro Senado de 20 de março de 1956 – 1 BvR 479/55 – *Cinquenta anos de Jurisprudência do Tribunal Constitucional Federal Alemão*. Coletânea Original: Jürgen Schwabe. Organização e Introdução: Leonardo Martins. Konrad-Adenauer-Stiftung – Programa Estado de Derecho para Sudamérica, p. 900-901).

Assim, reafirme-se, como bem destacado pelo TRIBUNAL CONSTITUCIONAL FEDERAL ALEMÃO, que *"ninguém poderá ser privado do juiz legalmente previsto para sua causa por medidas tomadas dentro da organização judiciária",* que na presente hipótese exigia a COMPETÊNCIA DO TRIBUNAL DE JUSTIÇA DO PARANÁ COMO ÓRGÃO JURISDICIONAL PARA A EXPEDIÇÃO DE MANDADO DE BUSCA E APREENSÃO NA SEDE DO PODER LEGISLATIVO ESTADUAL ("CASA LEGISLATIVA").

Importante ressaltar que a garantia do JUIZ COMPETENTE E IMPARCIAL está consagrada em nosso ordenamento jurídico, não só pela previsão constitucional expressa do princípio do Juiz Natural e do Devido Processo Legal, mas também pela Convenção Americana de Direitos Humanos – Pacto de San José da Costa Rica –, devidamente incorporada em 1992; que, conforme decidiu o SUPREMO TRIBUNAL FEDERAL, tem *status* supralegal:

> "O *status* normativo supralegal dos tratados internacionais de direitos humanos subscritos pelo Brasil torna inaplicável a legislação infraconstitucional com ele conflitante, seja ela anterior ou posterior ao ato de adesão" (STF, Pleno, RE 349703/RS, Rel. Min. CARLOS BRITTO, decisão: 3-12-2008).

Em seu art. 8º, o Pacto de San José da Costa Rica prevê, expressamente, o PRINCÍPIO DO JUIZ NATURAL:

> "Artigo 8. Garantias Judiciais:
> 1. Toda pessoa terá o direito de ser ouvida, com as devidas garantias e dentro de um prazo razoável, por um juiz ou Tribunal competente, independente e imparcial, estabelecido anteriormente por lei, na apuração de qualquer acusação penal formulada contra ela, ou na determinação de seus direitos e obrigações de caráter civil, trabalhista, fiscal ou de qualquer outra natureza".

O ferimento ao Princípio do Juiz Natural afastou da "CASA LEGISLATIVA" a garantia do Devido Processo Legal, que configura dupla proteção ao indivíduo, atuando tanto no âmbito material de proteção ao direito de liberdade e propriedade quanto no âmbito formal, ao assegurar-lhe paridade total de condições com o Estado-persecutor e plenitude de defesa, visando salvaguardar a liberdade individual e impedir o arbítrio do Estado.

Como salientado pelo SUPREMO TRIBUNAL FEDERAL, a persecução penal não é instrumento de arbitrariedade e abuso estatal, devendo se pautar pelo absoluto e irrestrito respeito ao ordenamento jurídico, pois:

> "A submissão de uma pessoa à jurisdição penal do Estado coloca em evidência a relação de polaridade conflitante que se estabelece entre a pretensão punitiva do Poder Público e o resguardo à intangibilidade do *jus libertatis* titularizado pelo réu. A persecução penal rege-se, enquanto atividade estatal juridicamente vinculada, por padrões normativos, que, consagrados pela Constituição e pelas leis, traduzem limitações significativas ao poder do Estado. Por isso mesmo, o processo penal só pode ser concebido – e assim deve ser visto – como instrumento de salvaguarda da liberdade do réu. O processo penal condenatório não é um instrumento de arbítrio do Estado. Ele representa, antes, um poderoso meio de contenção e de delimitação dos poderes de que dispõem os órgãos incumbidos da persecução penal. Ao delinear um círculo de proteção em torno da pessoa do réu – que jamais se presume culpado –, até que sobrevenha irrecorrível sentença que, condicionada por parâmetros ético-jurídicos, impõe ao órgão acusador o ônus integral da prova, ao mesmo tempo em que faculta ao acusado que jamais necessita demonstrar a sua inocência o direito de defender-se e de questionar, criticamente, sob a égide do contraditório, todos os elementos probatórios produzidos pelo MP. A própria exigência de processo judicial representa poderoso fator de inibição do arbítrio estatal e de restrição ao poder de coerção do Estado. A cláusula *nulla poena sine judicio* exprime, no plano do processo penal condenatório, a fórmula de salvaguarda da liberdade individual" (STF – 1ª T. – HC nº 73.338/RJ – Rel. Min. CELSO DE MELLO – *RTJ* 161/264).

O desrespeito aos princípios e garantias constitucionais afasta a necessária observância ao Devido Processo Legal, que é exigência primordial em um Estado de Direito, no sentido de se evitar abusos e desvios de legalidade, como também bem ressaltado pelo TRIBUNAL CONSTITUCIONAL FEDERAL ALEMÃO:

> "Sua inserção na *Grundgesetz* teve o escopo de tornar impossível abusos em processos judiciais, tais quais aqueles que foram perpetrados sob o regime nacional--socialista, reconstruindo a confiança do povo numa administração imparcial da Justiça" (Decisão – *Beschluss* – do Primeiro Senado de 8 de janeiro de 1959 – 1 BvR 396/53 – *Cinquenta anos de Jurisprudência do Tribunal Constitucional Federal Alemão*. Coletânea Original: Jürgen Schwabe. Organização e Introdução: Leonardo Martins. Konrad-Adenauer-Stiftung – Programa Estado de Derecho para Sudamérica, p. 900-901).

Indubitável o grave ferimento à Constituição Federal e à Declaração Americana de Direitos Humanos, com a obtenção de provas no interior da "CASA LEGISLATIVA" a partir de mandado de busca e apreensão expedido por Juiz incompetente contra a sede da Assembleia Legislativa, em FLAGRANTE DESRESPEITO AO PRINCÍPIO DO JUIZ NATURAL NO CUMPRIMENTO DA CLÁUSULA DE RESERVA JURISDICIONAL EXIGIDA PARA A INVASÃO DA SEDE DO PODER LEGISLATIVO ESTADUAL, com a consequência constitucionalmente prevista da ilicitude da prova, nos termos do art. 5º, inciso LVI, da Constituição Federal, pois a efetiva aplicação dos princípios consagrados na CARTA MAGNA pretende tornar impossíveis abusos e desvios em investigações criminais e processos judiciais.

Não houve nos autos NENHUMA AUTORIZAÇÃO JUDICIAL DO JUIZ COMPETENTE (TRIBUNAL DE JUSTIÇA) para que a Polícia Civil e o Ministério Público pudessem cumprir o mandado de busca e apreensão no interior da Sede do Poder Legislativo Estadual, configurando desrespeito ao art. 5º, XI e LVI, do texto Magno e tornando IMPRESTÁVEIS as provas obtidas, pois adquiridas de forma ilícita, e, consequentemente, inadmissíveis no processo.

Nos termos da Constituição da República Federativa do Brasil, são inadmissíveis no processo as provas obtidas por meios ilícitos. É o que garante o art. 5º, LVI, do Texto Maior, entendendo-as como PROVAS ILÍCITAS aquelas colhidas em infringência às normas do direito material, configurando-se importante garantia em relação à ação persecutória do Estado.

Como ensina a Professora ADA PELLEGRINI GRINOVER,

> "Deve-se observar, em primeiro lugar, que a Constituição, ao estabelecer a inadmissibilidade das 'provas obtidas por meios ilícitos', trata inquestionavelmente das provas obtidas com violação do direito material. Em segundo lugar, ao prescrever expressamente a inadmissibilidade processual das provas ilícitas, a Constituição brasileira considera a prova materialmente ilícita também processualmente ilegítima, estabelecendo desde logo uma sanção processual (a *inadmissibilidade*) para a ilicitude material" (Diligência e inspeção no processo administrativo: observações sobre o devido processo legal. *Revista dos Tribunais OnLine*, Thomson Reuters, v. 43, p. 353, jul. 2010).

A inadmissibilidade das provas ilícitas no processo deriva da posição preferente dos Direitos Humanos Fundamentais no ordenamento jurídico, tornando impossível a violação de um Princípio Constitucional ("independência dos poderes") e de liberdades públicas ("inviolabilidade domiciliar" e "Juízo Natural") para obtenção de qualquer prova, como ocorreu na presente hipótese, pois como destacado por CARLOS ALBERTO MOLINARO,

> "Um direito fundamental à prova não comporta a ilicitude na sua produção [...]. Toda obtenção de prova ilícita, reprise-se à exaustão, por consequência, agride direitos fundamentais constitucionais expressamente reconhecidos" (A questão da prova ilícita vista pelos tribunais. *Revista dos Tribunais OnLine*, Thomson Reuters, v. 145, p. 276, mar. 2007).

Esses exatos termos são, igualmente, apontados por RODRIGO GARCIA DA FONSECA:

> "Ou colocado o problema de outra forma, o devido processo legal, na forma abrigada pela Constituição do Brasil, força a exclusão do processo das provas ilícitas, vedando a sua consideração pelo eventual julgador [...] a proibição da utilização de provas obtidas ilicitamente tem forte conteúdo ético e é, em última instância, um sub-princípio de um princípio maior, o princípio da Dignidade Humana [...]. Assim, além de representar uma garantia formal à veracidade do conteúdo das

provas examinadas pelo julgador, a proibição das provas obtidas ilicitamente tem o mérito de resguardar as pessoas contra a intromissão de terceiros em suas vidas privadas e de garantir a sua própria integridade física e moral, tendo estreita relação, portanto, com o princípio da dignidade humana" (Das provas ilícitas no Direito Brasileiro. *Revista de Informação Legislativa*, Senado Federal: Brasília, ano 42, nº 167, p. 59 e 62, jul./set. 2005).

A PROVA ILÍCITA É NULA, IMPRESTÁVEL para a formação do convencimento do magistrado, que deverá afastá-la para solucionar o processo somente com as demais provas lícitas constantes nos autos, conforme proclamado pelo DECANO DO SUPREMO TRIBUNAL FEDERAL, MINISTRO CELSO DE MELLO:

> "É indubitável que a prova ilícita, entre nós, não se reveste da necessária idoneidade jurídica como meio de formação do convencimento do julgador, razão pela qual deve ser desprezada, ainda que em prejuízo da apuração da verdade, no prol do ideal maior de um processo justo, condizente com o respeito devido a direitos e garantias fundamentais da pessoa humana, valor que se sobreleva, em muito, ao que é representado pelo interesse que tem a sociedade em uma eficaz repressão aos delitos. É um pequeno preço que se paga por viver-se em estado de direito democrático [...] a norma inscrita no art. 5º, LVI, da Lei Fundamental promulgada em 1988, consagrou, entre nós, com fundamento em sólido magistério doutrinário (Ada Pellegrini Grinover, *Novas tendências do direito processual*, p. 60/82, 1990, Forense Universitária; Mauro Cappelletti, Efficacia di prove illegittimamente ammesse e comportamento della parte, em *Rivista di Diritto Civile*, p. 112, 1961; Vicenzo Vigoriti, Prove illecite e costituzione, em *Rivista di Diritto Processuale*, p. 64 e 70, 1968), o postulado de que a prova obtida por meios ilícitos deve ser repudiada – e repudiada sempre – pelos juízes e Tribunais, por mais relevantes que sejam os fatos por ela apurados, uma vez que se subsume ela ao conceito de inconstitucionalidade (Ada Pellegrini Grinover, op. cit., p. 62, 1990, Forense Universitária). A cláusula constitucional do *due process of law* – que se destina a garantir a pessoa do acusado contra ações eventualmente abusivas do Poder Público – tem, no dogma da inadmissibilidade das provas ilícitas, uma de suas projeções concretizadoras mais expressivas, na medida em que o réu tem o impostergável direito de não ser denunciado, de não ser julgado e de não ser condenado com apoio em elementos instrutórios obtidos ou produzidos de forma incompatível com os limites impostos, pelo ordenamento jurídico, ao poder persecutório e ao poder investigatório do Estado. A absoluta invalidade da prova ilícita infirma-lhe, de modo radical, a eficácia demonstrativa dos fatos e eventos cuja realidade material ela pretende evidenciar. Trata-se de consequência que deriva, necessariamente, da garantia constitucional que tutela a situação jurídica dos acusados em juízo penal e que exclui, de modo peremptório, a possibilidade de uso, em sede processual, da prova – de qualquer prova – cuja ilicitude venha a ser reconhecida pelo Poder Judiciário. A prova ilícita é prova inidônea. Mais do que isso, prova ilícita é prova imprestável. Não se reveste, por essa explícita razão, de qualquer aptidão jurídico-material. Prova ilícita, sendo providência instrutória eivada de inconstitucionalidade, apresenta-se destituída de qualquer grau, por mínimo que seja, de eficácia jurídica. Tenho tido a oportunidade de enfatizar, neste Tribunal, que a Exclusionary Rule, considerada

essencial pela jurisprudência da Suprema Corte dos Estados Unidos da América na definição dos limites da atividade probatória desenvolvida pelo Estado, destina-se, na abrangência de seu conteúdo, e pelo banimento processual de evidência ilicitamente coligida, a proteger os réus criminais contra a ilegítima produção ou a ilegal colheita de prova incriminadora (Garrity v. New Jersey, 385 U.S. 493, 1967; Mapp v. Ohio, 367 U.S. 643, 1961; Wong Sun v. United States, 371 U.S. 471, 1962, *v.g.*)" (STF, Ação Penal 307-3-DF – Plenário, Rel. Min. ILMAR GALVÃO – *DJU*, 13 out. 1995, em lapidar voto, o Min. CELSO DE MELLO). Conferir ainda, no mesmo sentido: STF – 2ª T. – HC nº 82.788/RJ – Rel. Min. CELSO DE MELLO, *Diário da Justiça*, Seção I, 2 jun. 2006, p. 43; STF – 1ª T. – HC nº 84.417/RJ – Rel. Min. SEPÚLVEDA PERTENCE, *Diário da Justiça*, Seção I, 17 ago. 2004, p. 13; STF – Inq nº 1.996/PR – Rel. Min. CARLOS VELLOSO, *Diário da Justiça*, Seção I, 25 jun. 2003, p. 70; STF – Pleno – Pet nº 2.702/RJ – Rel. Min. SEPÚLVEDA PERTENCE, *Diário da Justiça*, Seção I, 20 set. 2002, p. 117; STF – Pleno – RE 418416/SC – Rel. Min. SEPÚLVEDA PERTENCE, decisão: 10-5-2006.

NÃO BASTASSE O MANDADO JUDICIAL TER SIDO EXPEDIDO POR AUTORIDADE INCOMPETENTE, HOUVE ORDEM DE DEVASSA INDISCRIMINADA à INTIMIDADE e VIDA PRIVADA de todos os membros e servidores do Poder Legislativo, de maneira vedada expressamente pelo SUPREMO TRIBUNAL FEDERAL (cf. a respeito: STF – Inq. nº 2245 AgR/MG – Rel. Min. JOAQUIM BARBOSA, Rel. p/ acórdão Min. CÁRMEN LÚCIA, decisão: 29112006 – *Informativo STF* nº 450, Seção I, p. 1), pois, conforme proclamado por nossa SUPREMA CORTE, não é possível a *"busca generalizada"* e a *"devassa indiscriminada"*:

> "A quebra de sigilo não pode ser manipulada, de modo arbitrário, pelo Poder Público ou por seus agentes. É que, se assim fosse, a quebra de sigilo converter-se-ia, ilegitimamente, em instrumento de busca generalizada e de devassa indiscriminada da esfera de intimidade das pessoas, o que daria ao Estado, em desconformidade com os postulados que informam o regime democrático, o poder absoluto de vasculhar, sem quaisquer limitações, registros sigilosos alheios" (HC 84.758, Rel. Min. CELSO DE MELLO, julgamento: 25-5-2006).

Os excessos na realização de mandado, expedido por autoridade incompetente, de busca e apreensão indiscriminadas são notórios, uma vez que o próprio Ministério Público utilizou com prova emprestada na área cível documentos apreendidos na Assembleia Legislativa para a propositura de ações de improbidade contra parlamentares, que não eram sujeitos da investigação criminal.

A *"busca generalizada"* e a *"devassa indiscriminada"* constituem EXCESSOS VEDADOS nos mandados de busca e apreensão, pois a garantia da inviolabilidade domiciliar NÃO PERMITE A CONCESSÃO JUDICIAL DE VERDADEIRAS "CARTAS EM BRANCO" à autoridade policial ou ao Ministério Público, como já definido pelo SUPREMO TRIBUNAL FEDERAL:

> "De que vale declarar a Constituição que 'a casa é o asilo inviolável do indivíduo' (art. 5º, XI) se moradias são invadidas por policiais municiados de mandados que consubstanciem verdadeiras cartas brancas, mandando com poderes de a tudo devassar, só porque o habitante é suspeito de crime? [...] Esses mandados ordinariamente autorizam a apreensão de computadores, nos quais fica indelevelmente

gravado tudo quanto respeite à intimidade das pessoas e possa vir a ser, quando e se oportuno, no futuro, usado contra quem se pretenda atingir. De que vale a Constituição dizer que 'é inviolável o sigilo da correspondência' (art. 5º, XII) se ela, mesmo eliminada ou 'deletada', é neles encontrada? E a apreensão de toda a sorte de coisas, o que eventualmente privará a família do acusado da posse de bens que poderiam ser convertidos em recursos financeiros com os quais seriam eventualmente enfrentados os tempos amargos que se seguem a sua prisão. A garantia constitucional da pessoalidade da pena (art. 5º, XLV) para nada vale quando esses excessos tornam-se rotineiros" (STF – Pleno – HC 95.009 – Rel. Min. EROS GRAU, decisão: 6-11-2008).

Na presente hipótese, são inadmissíveis como meios de prova os dados obtidos a partir da apreensão ilícita, indiscriminada e generalizada de bens, pertences, computadores, dados e documentos no interior da Assembleia Legislativa do Paraná por ordem de JUIZ INCOMPETENTE, pois como definido nosso SUPREMO TRIBUNAL FEDERAL, no referido e histórico julgamento da AP 307-3:

"Inadmissibilidade, como prova, de laudos de degravação de conversa telefônica e de registros contidos na memória de microcomputador, obtidos por meios ilícitos (art. 5º, LVI, da CF). [...] e, no segundo caso, por estar-se diante de microcomputador que, além de ter sido apreendido com violação de domicílio, teve a memória dele contida sido degravada ao arrepio da garantia da inviolabilidade da intimidade das pessoas (art. 5º, X e XI da CF)" (AP 307, Rel. Min. ILMAR GALVÃO, julgamento: 13-12-1994).

As provas obtidas mediante o cumprimento de mandado judicial de busca e apreensão no interior da "CASA LEGISLATIVA" somente seriam lícitas se houvesse EXPRESSA E ESPECÍFICA AUTORIZAÇÃO DO TRIBUNAL DE JUSTIÇA, único ÓRGÃO COMPETENTE, na presente hipótese, para determinar essa providência cautelar.

Nos termos expostos, não restam dúvidas sobre a ILEGALIDADE e ARBITRARIEDADE da APREENSÃO GENERALIZADA E INDISCRIMINADA de bens, pertences e documentos institucionais e pessoais que se encontravam no interior da Assembleia Legislativa do Paraná, pois o mandado foi expedido por autoridade incompetente, em desrespeito aos Princípios da Independência e Harmonia entre os Poderes, do Juiz Natural e do Devido Processo Legal, tornando, portanto, ILÍCITAS as provas lá obtidas, e, consequentemente, NULAS e IMPRESTÁVEIS em processo judicial.

## RESPOSTAS AOS QUESITOS

QUESITO 1 – Em relação a documentos, computadores e demais materiais de propriedade e posse da Assembleia Legislativa, para que sejam respeitados os Princípios da Independência do Poder Legislativo e do Juízo Natural, bem como a garantia constitucional da inviolabilidade domiciliar (CF, art. 5º, XI), quem é a autoridade competente para a expedição de mandado de busca e apreensão?

RESPOSTA: A independência entre os Poderes consagra ao Poder Legislativo estadual, sem ingerência de quaisquer outros Poderes, sua autogestão e administração própria, com a plena possibilidade por parte do Presidente da Assembleia Legislativa estadual de estabelecer as regras de controle de acesso às suas próprias dependências, bem garantir a posse e guarda de seus utensílios e documentos, enquanto a harmonia entre os Poderes consagra a existência de mecanismos de freios e contrapesos em prol do interesse público, dentre eles, a possibilidade de determinação coercitiva de invasão no prédio da Assembleia Legislativa e busca e apreensão de documentos e utensílios do Poder Legislativo, no âmbito de investigação criminal, desde que respeitada a cláusula de reserva jurisdicional prevista pelo inciso XI do artigo 5º da Constituição Federal em consonância com o Princípio do Juiz Natural (CF, art. 5º, XXXVII e LIII), por mandado de busca e apreensão expedido pelo Tribunal de Justiça. A inviolabilidade domiciliar, bem como do conteúdo de bens, pertences, computadores, documentos institucionais ou pessoais existentes dentro da Assembleia Legislativa se relaciona institucionalmente à própria independência do Poder Legislativo e suas características de autogoverno e autogestão, estando sob posse e guarda do Presidente da Assembleia Legislativa. Em não havendo consentimento ou pressupondo-se o dissenso do Presidente da Casa Legislativa, a diligência de busca e apreensão no interior da sede do Poder Legislativo do Paraná somente poderia ter sido realizada com a devida ordem da autoridade judicial competente ("cláusula de reserva jurisdicional"), qual seja, o Tribunal de Justiça estadual.

QUESITO 2 – As provas obtidas a partir de cumprimento de mandado de busca e apreensão emitido por Juiz de 1º grau contra a sede da Assembleia Legislativa podem ser utilizadas na ação penal?

RESPOSTA: O desrespeito aos Princípios da Independência do Poder Legislativo e do Juízo Natural e da garantia constitucional de inviolabilidade domiciliar na presente ação penal afastou a necessária observância ao Devido Processo Legal, tornando inadmissíveis como meios de prova os dados obtidos a partir da apreensão ilícita, indiscriminada e generalizada de bens, pertences, computadores, dados e documentos no interior da Assembleia Legislativa do Paraná por ordem de Juiz incompetente de 1º grau, que deverão ser declaradas ilícitas, nos termos do artigo 5º, LVI, da Constituição Federal. São flagrantes a ilegalidade e arbitrariedade da apreensão generalizada e indiscriminada de bens, pertences e documentos institucionais e pessoais que se encontravam no interior da Assembleia Legislativa do Paraná, pois o mandado foi expedido por autoridade incompetente e genericamente permitiu a apreensão de documentos e pertences de parlamentares e servidores indiscriminadamente, em desrespeito aos Princípios da Independência e Harmonia entre os Poderes, do Juiz Natural e do Devido Processo Legal, tornando, portanto, ilícitas as provas lá obtidas, e, consequentemente, nulas e imprestáveis em processo judicial.

# Requisitos para nomeação de conselheiro do tribunal de contas

## 11

O presente estudo foi apresentado na forma de *Parecer Jurídico* para análise de questões constitucionais sobre a interpretação constitucional do art. 77, § 1º, III e IV, da Constituição do Estado do Paraná, que, nos termos da norma de observância obrigatória estabelecida no art. 73 da Constituição Federal, estabelece os requisitos para nomeação dos Conselheiros dos Tribunais de Contas dos Estados, a saber:

> Constituição Estadual do Paraná – Art. 77. O Tribunal de Contas, integrado por 7 (sete) conselheiros, tem sede na Capital de Estado, quadro próprio de pessoal e jurisdição em todo o território estadual, exercendo, no que couber, as atribuições previstas no art. 101 desta Constituição. § 1º Os conselheiros, auditores e controladores do Tribunal de Contas do Estado serão nomeados dentre brasileiros que satisfaçam os seguintes requisitos: III – notórios conhecimentos jurídicos, econômicos, financeiros, contábeis ou de administração pública; IV – mais de 10 (dez) anos de exercício de função ou de efetiva atividade profissional que exija os conhecimentos mencionados nos incisos anteriores.

Os seguintes quesitos foram apresentados para análise:

QUESITO 1 – O ordenamento jurídico brasileiro, ao estabelecer para a investidura ao cargo de Conselheiro do Tribunal de Contas do Estado o requisito de notórios conhecimentos jurídicos, econômicos, financeiros, contábeis ou de administração pública, exige a presença de qualificação formal, consistente em diploma de curso superior?

QUESITO 2 – Quem é a autoridade competente para analisar a presença dos requisitos constitucionalmente exigidos para o cargo de Conselheiro do Tribunal de Contas do Estado?

QUESITO 3 – É possível a revisão judicial na análise do mérito do requisito de notórios conhecimentos jurídicos, econômicos, financeiros, contábeis ou de administração pública realizada pelo Governador do Estado ou pela Assembleia Legislativa?

Nos termos do art. 75 da Constituição da República Federativa do Brasil, as normas estabelecidas em seu texto para a organização, composição e fiscalização dos Tribunais de Contas dos Estados deverão ser observadas pelas respectivas Constituições Estaduais, ao disporem sobre a matéria.

Trata-se de normas de observância obrigatória, tanto em relação à composição, quanto em relação aos requisitos para investidura (conferir a respeito: STF – Pleno – ADI 374/DF, Rel. Min. DIAS TOFFOLI, 22-3-2012; ADI nº 1.044/MA – Rel. Min. Néri da Silveira, decisão: 461998. *Informativo STF*, nº 113, jun. 1998, p. 2; STF – Pleno – ADI. nº 3976/SP – Medida liminar – Rel. Min. CÉLIO BORJA, *Diário da Justiça*, Seção I, 22 fev. 1991; STF – Pleno – ADI nº 1.5664/SC – Rel. Min. MOREIRA ALVES, *Diário da Justiça*, Seção I, 23 abr. 1999, p. 2; STF – Pleno – ADI nº 8927/RS – Medida liminar – Rel. Min. CELSO DE MELLO; STF – Pleno – ADI nº 2.209/PI – Medida cautelar – Rel. Min. MAURÍCIO CORRÊA, decisão: 2162000. *Informativo STF*, nº 19).

No tocante à composição do Tribunal de Contas da União, o art. 73, § 1º, incisos III e IV, da Constituição Federal estabelece:

> "Art. 73. O Tribunal de Contas da União, integrado por nove Ministros, tem sede no Distrito Federal, quadro próprio de pessoal e jurisdição em todo o território nacional, exercendo, no que couber, as atribuições previstas no art. 96.
>
> § 1º Os Ministros do Tribunal de Contas da União serão nomeados dentre brasileiros que satisfaçam os seguintes requisitos:
>
> III – notórios conhecimentos jurídicos, contábeis, econômicos e financeiros ou de administração pública;
>
> IV – mais de dez anos de exercício de função ou de efetiva atividade profissional que exija os conhecimentos mencionados no inciso anterior".

Em âmbito federal, a Lei nº 8.443, de 16 de julho de 1992 (Lei Orgânica do Tribunal de Contas da União), estabelece em seu art. 71 que:

> "Os ministros do Tribunal de Contas da União serão nomeados dentre brasileiros que satisfaçam os seguintes requisitos: notórios conhecimentos jurídicos, contábeis, econômicos e financeiros ou de administração pública e contar mais de dez anos de exercício de função ou de efetiva atividade profissional que exija os conhecimentos mencionados no inciso anterior."

Igualmente, o Decreto Legislativo nº 6, de 1993, ao regulamentar a escolha a ser realizada pelos Congressistas, ESTABELECEU A NECESSIDADE DE NOTÓRIOS CONHECIMENTOS EM PELO MENOS UMA ÁREA PREVISTA PELA CONSTITUIÇÃO FEDERAL, estabelecendo em seu art. 1º que:

> "A escolha dos Ministros do Tribunal de Contas da União, a que se refere ao art. 73, § 2º, inciso II da Constituição Federal, ocorrerá dentre os brasileiros que preencham os seguintes requisitos: 'notórios conhecimentos em uma das seguintes áreas: a) jurídica; b) contábil; c) econômica; d) financeira; ou e) de administração pública'; além de, mais de dez anos de exercício de função ou de efetiva atividade profissional que exija os conhecimentos mencionados no inciso anterior".

Em âmbito estadual, a Constituição do Estado do Paraná – respeitando a obrigatória observância do art. 73 da Constituição Federal – estabeleceu em seu art. 77 que:

> "Art. 77. O Tribunal de Contas, integrado por 7 (sete) conselheiros, tem sede na Capital de Estado, quadro próprio de pessoal e jurisdição em todo o território estadual, exercendo, no que couber, as atribuições previstas no art. 101 desta Constituição.
>
> § 1º Os conselheiros, auditores e controladores do Tribunal de Contas do Estado serão nomeados dentre brasileiros que satisfaçam os seguintes requisitos:
>
> I – mais de 35 (trinta e cinco) e menos de 65 (sessenta e cinco) anos de idade;
>
> II – idoneidade moral e reputação ilibada;
>
> III – notórios conhecimentos jurídicos, econômicos, financeiros, contábeis ou de administração pública;
>
> IV – mais de 10 (dez) anos de exercício de função ou de efetiva atividade profissional que exija os conhecimentos mencionados nos incisos anteriores".

Dessa forma, o ordenamento jurídico brasileiro exige para a investidura ao cargo de membro do Tribunal de Contas, seja na União, seja nos Estados, requisitos objetivos e subjetivos, entre eles, o objeto da presente Consulta Jurídica: "NOTÓRIOS CONHECIMENTOS JURÍDICOS, ECONÔMICOS, FINANCEIROS, CONTÁBEIS OU DE ADMINISTRAÇÃO PÚBLICA".

Resta-nos definir exatamente qual o significado e o real alcance dessa exigência constitucional, em pelo menos uma das seguintes áreas: "notórios conhecimentos jurídicos, econômicos, financeiros, contábeis ou de administração pública".

---

A CONSTITUIÇÃO FEDERAL EXIGE PARA OS MEMBROS DOS TRIBUNAIS DE CONTAS A NECESSÁRIA E COMPROVADA EXPERIÊNCIA NO EXERCÍCIO DE FUNÇÃO OU DE EFETIVA ATIVIDADE PROFISSIONAL QUE EXIJA NOTÓRIOS CONHECIMENTOS JURÍDICOS, ECONÔMICOS, FINANCEIROS, CONTÁBEIS OU DE ADMINISTRAÇÃO PÚBLICA.

---

Obviamente, o texto constitucional não está a exigir que o candidato ao cargo de Ministro ou Conselheiro do Tribunal de Contas tenha "NOTÓRIOS CONHECIMENTOS" em todas essas áreas, mas sim em pelo menos uma delas. NEM TAMPOUCO AGREGOU AOS REQUISITOS A EXIGÊNCIA DE TITULAÇÃO FORMAL EM UMA DESSAS ÁREAS.

Ao interpretarmos o texto constitucional, estamos obrigados a evitar contradições entre princípios, preceitos e regras estabelecidos em seu texto (Método da Unidade da Constituição), garantindo a plena eficácia das normas constitucionais e a segura observância e atuação de todos os órgãos do Poder Público (CANOTILHO, J. J. Gomes. *Direito constitucional e teoria da Constituição*. 2. ed. Coimbra: Almedina, 1998), pois, como ensinado por CARLOS MAXIMILIANO, a *hermenêutica* é a *"teoria científica da arte de interpretar"* (*Hermenêutica e aplicação do direito*. Rio de Janeiro: Forense, 1988. p. 1), com a finalidade de integração do sistema normativo, e como apontado por VICENTE RÁO, "tendo por objetivo investigar e coordenar por modo sistemático os princípios científicos e leis decorrentes, que disciplinam a apuração do conteúdo, do sentido e dos fins das normas jurídicas e a restauração do conceito orgânico do direito" (*O direito e a vida dos direitos*. São Paulo: Max Limonad, 1952. v. 2, p. 542).

Na investidura político-constitucional desse importante cargo público, o Legislador constituinte adotou CONCEITO ORGÂNICO DO DIREITO, exigindo que os requisitos para o cargo estivessem diretamente relacionados com as áreas de atuação do TRIBUNAL DE CONTAS, ou seja, que o candidato a Ministro ou Conselheiro possuísse, nos últimos 10 (dez) anos, COMPETÊNCIA COMPROVADA PARA SEU EXERCÍCIO, independentemente da existência de qualificação formal.

Não é outro o entendimento consagrado pela *práxis*, em diversos Tribunais de Contas estaduais, onde se verifica, pela simples consulta nos sítios institucionais, que os currículos de diversos DD. Conselheiros apontam a existência de COMPETÊNCIA COMPROVADA PARA O EXERCÍCIO DA FUNÇÃO, SEM A NECESSIDADE OBRIGATÓRIA DE QUALIFICAÇÃO FORMAL ("DIPLOMA").

> Assim, a título exemplificativo, NÃO HÁ MENÇÃO DE CURSO SUPERIOR NOS CURRÍCULOS DE VÁRIOS CONSELHEIROS, entre eles, Mauri José Torres Duarte (TCE/MG), Wilson Rogério Wan-Dall (TCE/SC), Júlio Cesar Garcia (TCE/SC), José Valdomiro Távora de Castro Jr. (TCE/CE), Anilcéia Luzia Machado (TCE/DF), José Antônio Almeida Pimentel (TCE/ES).
> 
> Por outro lado, diversos membros dos Tribunais de Contas NÃO POSSUEM QUALIFICAÇÃO FORMAL ("DIPLOMA") EM ÁREAS CONEXAS COM AS ATRIBUIÇÕES A SEREM EXERCIDAS, apesar da análise dos respectivos currículos demonstrar a COMPETÊNCIA COMPROVADA PARA O EXERCÍCIO DA FUNÇÃO, como por exemplo o Ministro Aroldo Cedraz do Tribunal de Contas da União, formado em veterinária, Henrique Manoel Fernandes Machado (TCE/RR – Licenciatura em Pedagogia), Reinaldo Fernandes Neves Filho (TCE/RR – odontologia), Pedro Augusto Timbó Camelo (TCE/CE – medicina), Carla Cíntia Santillo (TCE/GO – odontologia), Raimundo Nonato de Carvalho Lago Junior (TCE/MA – medicina), Anfrísio Lobão Castelo Branco (TCE/PI – medicina), Adroaldo Mousquer Loureiro (TCE/RS – cirurgião dentista), Sebastião Ramos de Castro (TCE/MG – medicina), Cláudio Couto (TCE/MG – Militar da Aeronáutica), José Alves de Lima (TCE/MG – medicina).

A matéria foi amplamente discutida pelo SUPREMO TRIBUNAL FEDERAL em dois importantíssimos julgamentos (RE 167.137, de Relatoria do Min. PAULO BROSSARD, especificamente em relação ao art. 235, III, da CF e AO – 476-4, de Redatoria do Min. NELSON JOBIM, relacionado ao art. 73 da CF), onde foram pacificados os principais pressupostos para o fiel cumprimento do requisito constitucional:

> (a) DESNECESSIDADE DA EXIGÊNCIA DE COMPETÊNCIA ANUNCIADA, consistente em qualificação formal, ou seja, na comprovação de títulos e diplomas de universidade.
>
> (b) NECESSIDADE DA EXIGÊNCIA DE COMPETÊNCIA COMPROVADA, consistente no exercício de uma atividade conexa com as atribuições do Tribunal de Contas.
>
> (c) IMPOSSIBILIDADE DO PODER JUDICIÁRIO VALORAR O MÉRITO DA ANÁLISE DO GOVERNADOR OU DA ASSEMBLEIA LEGISLATIVA QUANTO À PRESENÇA DA COMPETÊNCIA COMPROVADA.

No julgamento do Recurso Extraordinário 167.137-8/TO (*Diário da Justiça*, 25-11-1994), entendeu a 2ª TURMA DO SUPREMO TRIBUNAL FEDERAL pela DESNECESSIDADE DE QUALIFICAÇÃO FORMAL, ou seja, pela desnecessidade de COMPROVAÇÃO DE TÍTULOS E DIPLOMAS UNIVERSITÁRIOS, porém, por outro lado, a "NECESSIDADE DE UM MÍNIMO DE PERTINÊNCIA ENTRE AS QUALIDADES INTELECTUAIS DOS NOMEADOS E O OFÍCIO A DESEMPENHAR".

O MINISTRO PAULO BROSSARD afirmou a DESNECESSIDADE DE "DIPLOMAS", salientando, porém, que:

> "O notório saber exigido pela norma do inciso III do artigo 235 das Disposições Constitucionais Gerais e o notório conhecimento pelo inciso III, do § 1º, do artigo 73, da Constituição, estão diretamente relacionados com as áreas do conhecimento específico, necessário ao exercício das funções dos membros dos Tribunais de Contas [...]. O problema para mim não está na falta de diploma, até porque há diplomas e diplomas, como há faculdades e faculdades, universidades e universidades. Tivemos brasileiros eminentíssimos que não tinham o pergaminho. De Evaristo da Veiga a Machado de Assis, de Quintino Bocaiuva a Carlos Lacerda, de Capistrano de Abreu a Érico Veríssimo. NÃO É A FALTA DE DIPLOMA dos nomeados para o Tribunal de Contas do Tocantins que me impressiona [...]. É que deve haver um mínimo de pertinência entre as qualidades intelectuais dos nomeados e o ofício a desempenhar".

O entendimento pela absoluta desnecessidade de "DIPLOMA" foi corroborado no julgamento da Ação Originária nº 476-4/RR (*Diário da Justiça* de 5-11-1999), tendo constado na EMENTA:

> "AÇÃO ORIGINÁRIA. CONSTITUCIONAL. TRIBUNAL DE CONTAS ESTADUAL. CONSELHEIROS. NOMEAÇÃO. QUALIFICAÇÃO PROFISSIONAL FORMAL. NOTÓRIO SABER. A qualificação profissional formal não é requisito à nomeação de Conselheiro de Tribunal de Contas Estadual. O requisito notório saber é pressuposto subjetivo a ser analisado pelo Governador do Estado, a seu juízo discricionário."

Ambos os precedentes judiciais são paradigmáticos e concordaram em AFASTAR A EXIGÊNCIA DE QUALIFICAÇÃO PROFISSIONAL FORMAL ("diploma") e atentar para a NECESSIDADE DE NOTÓRIO CONHECIMENTO, porém ressaltando o precedente posterior (AO – 476), julgado pelo PLENÁRIO DO SUPREMO TRIBUNAL FEDERAL, competir àquele que escolher (Governador do Estado) ou eleger (Assembleia Legislativa) a análise da presença do mesmo, sem possibilidade de revisão judicial, salvo em hipóteses teratológicas.

O Plenário de nossa SUPREMA CORTE foi UNÂNIME em relação aos dois primeiros entendimentos, que igualmente haviam sido fixados pela 2ª Turma, em julgamento anterior: (a) DESNECESSIDADE DA EXIGÊNCIA DE COMPETÊNCIA ANUNCIADA, consistente em qualificação formal, ou seja, na comprovação de títulos e diplomas de universidade; (b) NECESSIDADE DA EXIGÊNCIA DE COMPETÊNCIA COMPROVADA, consistente no exercício de uma atividade que determinou a notória competência, por exercício de funções conexas com as atribuições exercidas pelo Tribunal de Contas.

Somente em relação ao terceiro entendimento – IMPOSSIBILIDADE DO PODER JUDICIÁRIO VALORAR O MÉRITO DA ANÁLISE DO GOVERNADOR DO ESTADO QUANTO À PRESENÇA DA COMPETÊNCIA COMPROVADA, ou quando for a hipótese, da Assembleia Legislativa –, a decisão do PLENÁRIO foi por maioria, afastando o entendimento anterior decidido pela 2ª Turma.

Como destacado pelo MINISTRO NELSON JOBIM (AO – 476):

> "Um longo debate se travou, na Assembleia Nacional Constituinte, em relação à diferença fundamental entre competência comprovada e competência anunciada. Os títulos e diplomas de universidade anunciam uma virtual competência, não afirmam uma competência existente, ou seja, temos a distinção fundamental entre os diplomas informando que poderá ser competente e o exercício de uma atividade que determinou notória competência. Penso que é importante narrar, a título de ilustração, que, quando assumi o Ministério da Justiça, em janeiro de 1995, tomei a liberdade de nomear um engenheiro eletrotécnico para Vice-Ministro da Justiça. Qual a pertinência do título de engenheiro com o personagem que eu nomeava? Com isso quero mostrar, inicialmente, no caso específico – PORQUE DIPLOMA NÃO SE EXIGE, NEM TITULAÇÃO DE BACHAREL EM DIREITO –, que não há que se falar em qualificação formal. Assim, há que se falar de notórios conhecimentos jurídicos, contábeis, econômicos e financeiros ou de administração pública. É uma disjuntiva [...] para mim, é IRRELEVANTE O FATO DE TER UM TÍTULO QUE FORMALMENTE É IMPERTINENTE EM RELAÇÃO À FUNÇÃO DESENVOLVIDA [...]. Vejam, Srs. Ministros, AFASTADA QUE SEJA A EXIGÊNCIA DESSE TÍTULO, POR EXPRESSA DISPOSIÇÃO CONSTITUCIONAL, NA NOMEAÇÃO DOS MINISTROS DO TRIBUNAL DE CONTAS, qual foi a solução que se encontrou na Assembleia Constituinte pra reduzir a descrição avaliativa? Um dado objetivo, qual seja, o de se exigir 'mais de dez anos de exercício de função ou de efetiva atividade profissional que exija os conhecimentos mencionados no inciso anterior'" (STF, AO – 476-4/RR, p. 52).

Após debates com o MINISTRO NÉRI DA SILVEIRA, concluiu em relação a esse tópico o MINISTRO NELSON JOBIM:

> "V. Exa., com isso, está concordando em afastar a qualificação formal e NADA DE TÍTULOS OU NÃO TÍTULOS."

Por fim, o MINISTRO NELSON JOBIM concluiu, também, pela impossibilidade do Poder Judiciário reanalisar a presença do NOTÓRIO CONHECIMENTO apontado pelo Governador ou pela Assembleia, ao escolherem o novo membro do Tribunal de Contas, uma vez que:

> "Nessa hipótese, não me posso furtar à circunstância de que, no Supremo Tribunal Federal, para tentarmos nos capacitar a avaliar a comprovada idoneidade e notório saber jurídico, teríamos que submeter a uma sabatina os personagens aqui referidos. É excepcionalíssima a situação. O juízo, bem ou mal, equivocado ou não, é do Governador. O juízo da comprovada idoneidade e notório saber jurídico são regras norteadoras da ação do Governador, salvo se fizesse alguma coisa absolutamente desarrazoada no sentido de nomear um oligofrênico ou alguém menor de idade. Mas, fora do excepcional, da teratologia, no que se refere ao juízo discricionário do Governador, não teríamos – a meu juízo – essa possibilidade."

Os posicionamentos do MINISTRO NELSON JOBIM em relação à necessidade de notório saber na área de conhecimento, porém com DESNECESSIDADE DE "DIPLOMA", foram seguidos por todos os Ministros, inclusive por aqueles – como os MINISTROS MARCO AURÉLIO, SEPÚLVEDA PERTENCE e CARLOS VELLOSO – que entenderam ser possível ao SUPREMO TRIBUNAL FEDERAL valorar a escolha do Governador.

Salientou o MINISTRO OCTÁVIO GALLOTTI:

> "o art. 73, § 1º, inciso II da Constituição não estabelece uma qualificação de índole formal para a nomeação dos Ministros do Tribunal de Contas da União".

Igualmente, entendeu o MINISTRO NÉRI DA SILVEIRA pela desnecessidade de qualificação formal ("diploma"), afirmando:

> "entendo que o núcleo daquela decisão se pode compreender pelo estabelecimento de um mínimo de pertinência entre as qualificações pessoais e a experiência profissional dos nomeados, diante das funções que devam desempenhar".

Em relação ao SIGNIFICADO DO NOTÓRIO CONHECIMENTO, mesmo o MINISTRO MARCO AURÉLIO, vencido no tocante ao controle judicial quanto a escolha do Governador, NÃO EXIGIU A PRESENÇA DE QUALIFICAÇÃO FORMAL, porém a necessidade de relação entre as funções a serem exercidas pelo futuro Conselheiro e seu notório saber:

> "Atente-se para as razões que levaram a egrégia Segunda Turma, a uma só voz, a concluir pela necessidade de o notório saber possuir alguma relação com as ciências próprias dos atos dos tribunais de conta – jurídica, contábil, econômica, financeira e administrativa. Nisso a Turma sopesou a sintonia entre os dispositivos, salientando

inexistiram motivos para, em relação aos novos Estados, cuja organização, por isso mesmo, estaria a merecer maior rigor por parte do legislador constituinte, viessem as nomeações a ser norteadas, no tocante ao notório saber, por critérios subjetivos, decorrentes da concepção que fizesse o Governador eleito".

O mesmo entendimento, no sentido da DESNECESSIDADE DE QUALIFICAÇÃO FORMAL, ficou claro no voto do MINISTRO SEPÚLVEDA PERTENCE, que acompanhou a divergência do MINISTRO MARCO AURÉLIO no tocante à possibilidade de análise judicial dos fundamentos do "notório conhecimento", ao afirmar que:

> "na medida em que não se está caminhando para a exigência de titulação formal, em que medida haveria nos autos – estamos no juízo de devolução plena, no recurso ordinário, numa apelação de que conhecemos pela letra 'n' – elementos que nos permitissem um juízo positivo ou negativo deste mínimo de pertinência, de conexão entre o conhecimento dos escolhidos e a função".

Por fim, apesar de exigir um maior rigor na análise dos requisitos constitucionais, concordou o MINISTRO CARLOS VELLOSO com a DESNECESSIDADE DE QUALIFICAÇÃO FORMAL ("diploma"):

> "Na minha opinião, não obstante reconhecer que há muitos incompetentes com diploma, certo é que não se pode ignorar a presunção que é gerada pela habilitação formal, pelo diploma de um curso superior. O que deve ficar claro é isto: sem um diploma de habilitação num dos setores do conhecimento indicados no inc. III do § 1º do art. 73 da Constituição – direito, contabilidade, economia, administração pública – a afirmativa no sentido de que, não obstante SEM O DIPLOMA, o individuo tem um mínimo de conhecimento em tais setores, constituiria exceção".

O posicionamento pacificado pelo SUPREMO TRIBUNAL FEDERAL nos Acórdãos paradigmáticos (AO – 476-4/RR e RE 167.137/TO) – DA NECESSIDADE DE NOTÓRIOS CONHECIMENTOS, ANALISADOS PELO ÓRGÃO COMPETENTE (GOVERNADOR OU ASSEMBLEIA LEGISLATIVA), INDEPENDENTEMENTE DE QUALIFICAÇÃO FORMAL – apresenta-se substancialmente análogo à presente hipótese tratada nessa Consulta Jurídica, por referirem-se à interpretação dos requisitos previstos no art. 73, § 1º, III, da Constituição Federal, para nomeação de membros do Tribunal de Contas, e constitui precedente absolutamente seguro em virtude de sua *ratio decidendi*, devendo, portanto, ser aplicado aos casos idênticos.

Importante ressaltar que, na organização constitucional dos Poderes Republicanos, as funções típicas do Poder Legislativo, exercidas pelos parlamentares, são *legislar* e *fiscalizar*, tendo ambas, portanto, o mesmo grau de importância para o bom funcionamento da máquina estatal.

Tanto em nível federal, quanto em nível estadual, as normas constitucionais disciplinam o exercício das funções de *legislar* e *fiscalizar* do Poder Legislativo, estabelecendo regras de processo legislativo, para que – na hipótese da presente consulta – a Assembleia Legislativa do Paraná elabore as normas jurídicas, e também competências para fiscalização contábil, financeira, orçamentária, operacional e patrimonial do Poder Executivo e de toda a Administração.

Conforme ressaltado pelo SUPREMO TRIBUNAL FEDERAL, o controle e fiscalização da administração pública são funções precípuas do Poder Legislativo, pois:

> "é irrecusável, de outro lado, que o poder de investigar constitui uma das mais expressivas funções institucionais do Legislativo. A fiscalização dos atos do Poder Executivo traduz, na dimensão em que se projetam as múltiplas competências constitucionais do Legislativo, atribuição inerente à própria essência da instituição parlamentar" (trecho do voto do Min. CELSO DE MELLO – *RTJ* 163/626).

A Constituição do Estado do Paraná, em seu art. 53, prevê a competência da Assembleia Legislativa para dispor, entre outras matérias, sobre plano plurianual e orçamentos anuais; diretrizes orçamentárias; tributos, arrecadação e distribuição de rendas; dívida pública, abertura e operações de crédito; servidores públicos da Administração direta, autárquica e fundacional, seu regime jurídico, organização do Tribunal de Contas.

Igualmente, compete à Assembleia Legislativa paranaense a realização de fiscalização contábil, financeira, orçamentária, operacional e patrimonial do Estado e das entidades da Administração direta e indireta, quanto a legalidade, legitimidade, economicidade, aplicação das subvenções e renúncia de receitas, que serão exercidas pela Assembleia Legislativa, mediante controle externo e pelo sistema de controle interno de cada Poder.

Observe-se que, no exercício de suas graves missões, compete à Assembleia Legislativa a realização do controle externo (art. 75 da Constituição Estadual), e, para tanto, contará com o auxílio do Tribunal de Contas do Estado, o que, porém, não afasta a competência política terminativa para, por exemplo, apreciação das contas do Chefe do Poder Executivo estadual, como bem salientado pelo SUPERIOR TRIBUNAL DE JUSTIÇA:

> "Mandado de Segurança. Governador de Estado. Prestação de contas. Parecer prévio do TCE. Natureza. Julgamento da Assembleia Legislativa. Impedimento pelo Judiciário. Impossibilidade. Inexistência de alternatividade de pedidos. Nulidade de ato irrealizado. Declaração inadmissível. 1. Sendo peça opinativa, o parecer prévio do Tribunal de Contas Estadual não vincula o pronunciamento posterior da Assembleia Legislativa, cujo exercício da competência constitucional não pode ser impedido pelo Judiciário. 2. Entendimento contrário implica em contrariedade ao princípio da independência dos Poderes. 3. É inconfundível a natureza técnica do parecer prévio do TCE com o julgamento político da Assembleia Legislativa Estadual. 4. Indeferido o pedido de nulidade do parecer do TCE, inconcebível que o julgador se manifeste sobre a validade de ato futuro, e não realizado, da Assembleia Legislativa, para declará-lo nulo" (STJ – 2ª T. – RMS nº 2.6220/BA – Rel. Min. PEÇANHA MARTINS. *Diário da Justiça*, Seção I, 10 jun. 1996).

Durante sua atuação parlamentar, o parlamentar acumulou extensa experiência em diversas áreas de atuação, especialmente na área administrativa e econômica-financeira--orçamentária, pois foi Titular de inúmeras Comissões importantes da Casa Legislativa e, EM VIRTUDE DE SUA NOTÓRIA EXPERIÊNCIA ADMINISTRATIVA, foi eleito por seus pares para o cargo de direção na Assembleia Legislativa.

O referido cargo, tipicamente de administração da Assembleia Legislativa, tem entre outras importantes atribuições, conforme estabelece o regimento interno:

> Art. 23 São atribuições do 1º Secretário:
>
> I – fazer a chamada dos Deputados, nos casos previstos neste Regimento;
>
> II – proceder à leitura da matéria que constar no Expediente;
>
> III – despachar toda a matéria do Expediente;
>
> IV – receber, mandar fazer e assinar a correspondência oficial da Assembleia, exceto aquela constante do inciso XXII do art. 20 deste Regimento;
>
> V – receber, igualmente, as representações, convites, petições e memoriais dirigidos à Assembleia;
>
> VI – fazer recolher e guardar em boa ordem as proposições de iniciativa da Mesa, para apresentá-las oportunamente;
>
> VII – assinar, depois do Presidente, as Atas das sessões, bem como todas as Resoluções da Assembleia;
>
> VIII – contar os Deputados em verificação de votação;
>
> IX – inspecionar os trabalhos da Secretaria, fazer observar o seu regulamento, interpretá-lo e fiscalizar as suas despesas;
>
> X – providenciar para que sejam entregues aos Deputados, à medida que forem chegando no recinto, os exemplares do Diário da Assembleia e os avulsos impressos da matéria da Ordem do Dia;
>
> XI – tomar nota das discussões e votações da Assembleia em todos os papéis sujeitos à sua guarda, autenticando-os com sua assinatura;
>
> XII – mandar passar as certidões e entregar os documentos que estiverem na Secretaria, mediante requerimento dos interessados;
>
> XIII – sobrepor emendas aos projetos recebidos, quando for o caso.

Igualmente, a análise do Decreto Legislativo nº 52/1984, que organiza o funcionamento dos serviços da Secretária da Assembleia Legislativa do Estado do Paraná, sob a superintendência do 1º Secretário, DEMONSTRA QUE O DEPUTADO FOI ELEITO POR TER MAIS DE 20 ANOS DE EXPERIÊNCIA E CONHECIMENTOS ADMINISTRATIVOS NOTÓRIOS E NECESSÁRIOS À ADMINISTRAÇÃO DO PODER LEGISLATIVO PARANAENSE, uma vez que ao 1º Secretário compete, entre outras:

> Art. 7º Ao 1º Secretário, além de suas atribuições regimentais, compete, especificamente, supervisionar os TRABALHOS DA ADMINISTRAÇÃO, interpretando e fazendo obedecer as disposições deste Decreto:
>
> I – Autorizar a abertura de licitações, homologá-las e celebrar contratos, podendo delegar esta atribuição ao Diretor Geral;
>
> II – Autorizar a lavratura de Decretos Legislativos.

Não bastasse isso, o 1º Secretário é componente da COMISSÃO EXECUTIVA, órgão da estrutura administrativa da Assembleia Legislativa, com competências administrativas, entre outras, para nomear, contratar, demitir e aposentar servidores; para autorizar procedimentos de tomada de preços e concorrência pública para compras, serviços e obras; para aprovar o orçamento programa e analítico da Assembleia Legislativa e para julgar procedimentos de tomada de preços e concorrência pública.

É patente, pois, que no cargo de Deputado Estadual, exercido há mais de 20 anos, acumulou a experiência administrativa e os notórios conhecimentos necessários para ser eleito pelos demais Deputados estaduais ao cargo de 1º Secretário da Assembleia Legislativa; mesma experiência e notórios conhecimentos exigidos para o exercício do cargo de Conselheiro do Tribunal de Contas do Paraná.

Sem olvidar a presença de conhecimentos jurídicos, econômicos, financeiros e contábeis presentes na longa trajetória pública do Deputado, conforme já analisado, é PATENTE A EXISTÊNCIA DE NOTÓRIOS CONHECIMENTOS DE ADMINISTRAÇÃO PÚBLICA, não restando dúvidas sobre o irrestrito cumprimento do requisito constitucional na presente hipótese (GANDRA MARTINS, Ives; BASTOS, Celso Ribeiro. *Comentários à Constituição do Brasil*. São Paulo: Saraiva, 1997. v. 4, t. II, p. 116; JACOBY FERNANDES, Jorge Ulisses. *Tribunais de Contas do Brasil* – jurisdição e competência. Belo Horizonte: Fórum, 2003. p. 585-588), principalmente porque tais conhecimentos foram obtidos no exercício de atividade político-administrativa, de grande contribuição para a composição do Tribunal (DEUS BARBOSA, Raissa Maria Rezende de. *Os Tribunais de Contas e a moralidade administrativa*. Belo Horizonte: Fórum, 2010. p. 122).

Observe-se que, conforme bem definido pelo MINISTRO NELSON JOBIM, se exige a presença de notórios conhecimentos em um desses ramos da ciência, pois:

> "aqui, há que se falar de notórios conhecimentos jurídicos, contábeis, econômicos e financeiros ou de administração pública. É UMA DISJUNTIVA. Não se exige dos Ministros do Tribunal de Contas da União a conjugação de conhecimentos jurídicos, contábeis, econômicos e financeiros ou de administração pública, nessas condições, estariam sendo exigidos conhecimentos maiores que os dos Ministros do Supremo Tribunal Federal" (STF, AO – 476-4/RR, p. 52-53).

Portanto, apreciando os argumentos principais e fatos determinantes de ambas as decisões de nossa CORTE SUPREMA, bem como seus motivos e conclusões, é possível indicar posicionamento constitucional pacificado pelo SUPREMO TRIBUNAL FEDERAL pela INEXIGIBILIDADE DE QUALIFICAÇÃO FORMAL ("DIPLOMA") PARA O CARGO DE CONSELHEIRO DE TRIBUNAL DE CONTAS, e que deve ser seguido pelos demais órgãos da Administração em virtude dos Princípios da Razoabilidade, Segurança Jurídica e Proteção da Confiança dos administrados (LEVI, Edward H. The nature of judicial reasoning. *The University of Chicago Law Review*, v. 32, nº 3, Spring 1965, p. 400; SCHAEUR, Frederick F. *Playing by the rules*: a philosophical examination of rule-based decision-making in law and in life. Oxford-New York: Clarendon. p. 183; SIMPSON, A. *The ratio decidendi of a case and the doctrine of binding precedent*, p. 156-159; KERPEL, Ana Laura Magaloni. *El precedente constitucional en el sistema judicial norteamericano*. Madrid: McGraw-Hill, 2001. p. 83).

Seria ABSOLUTAMENTE DESPROVIDO DE RAZOABILIDADE entender que candidato com NOTÓRIOS CONHECIMENTOS DE ADMINISTRAÇÃO PÚBLICA, pois detentor de mandatos eletivos na própria Assembleia Legislativa, tendo atuado nas diversas comissões supracitadas e estando no exercício da 1ª Secretaria do Poder Legislativo, apesar de possuidor dos requisitos exigidos pelo SUPREMO TRIBUNAL FEDERAL para cumprimento do art. 73, § 1º, III, da Constituição Federal, não estaria apto a preencher os mesmos requisitos estabelecidos pelo art. 77, § 1º, III, da Constituição do Estado do Paraná: "notórios conhecimentos jurídicos, econômicos, financeiros, contábeis ou de administração pública".

Portanto, não encontra respaldo no PRINCÍPIO DA RAZOABILIDADE qualquer interpretação que afaste o cumprimento do requisito previsto no inciso III do § 1º do art. 73 da Constituição do Estado do Paraná, por aquele que tem comprovado o "EXERCÍCIO DE UMA ATIVIDADE QUE DETERMINOU NOTÓRIA COMPETÊNCIA", tão somente pela ausência de um diploma que não tem a força de, por si só, garantir que alguém "poderá ser competente", como bem ilustrado no trecho de voto já transcrito do DD. MINISTRO NELSON JOBIM (AO – 476).

O PRINCÍPIO DA RAZOABILIDADE é aquele que exige Proporcionalidade, Justiça e Adequação entre os meios utilizados pelo Poder Público, no exercício de suas atividades – na hipótese, ESCOLHA DE MEMBRO DO TRIBUNAL DE CONTAS DO ESTADO –, e os fins por ela almejados – RESPEITO AOS REQUISITOS CONSTITUCIONAIS –, levando-se em conta critérios racionais e coerentes (cf. BUCCI, Maria Paula Dallari. O princípio da razoabilidade em apoio à legalidade. *Cadernos de Direito Constitucional e Ciência Política*. São Paulo: Revista dos Tribunais, ano 4, nº 16, p. 173, jul./set. 1996; BANDEIRA DE MELLO, Celso Antônio, Regulamentação profissional: princípio da razoabilidade. *Revista de Direito Administrativo*. v. 204, p. 333 ss., abr./jun. 1996).

Conforme destacado por JOSÉ EDUARDO MARTINS CARDOSO (Princípios constitucionais da administração pública (de acordo com a emenda constitucional nº 19/98). *Os 10 anos da Constituição Federal*. São Paulo: Atlas, 1998. p. 182), sob a óptica da Administração Pública, o PRINCÍPIO DA RAZOABILIDADE pode ser definido como o princípio que determina aos Poderes Públicos "o dever de atuar em plena conformidade com critérios racionais, sensatos e coerentes".

O que se espera da interpretação do art. 73, § 1º, III, da Constituição do Estado do Paraná, na presente hipótese, é uma COERÊNCIA LÓGICA entre a exigência constitucional estadual e o posicionamento pacífico do SUPREMO TRIBUNAL FEDERAL em exigir a "competência comprovada", absolutamente presente no currículo do Deputado Plauto Miro Guimarães Filho, em face de sua atuação parlamentar de 22 (vinte e dois) anos, entre os anos de 1991 até a presente data.

Na presente hipótese, portanto, ESTANDO PRESENTE A "EXPERIÊNCIA COMPROVADA", seria absurda a exigência de "titulação formal", em contrariedade aos textos expressos das Constituições Federal e Estadual, bem como à interpretação constitucional de nossa CORTE SUPREMA, pois configuraria o tratamento excessivo (*ubermassig*) e inadequado (*unangemessen*) vedado pela RAZOABILIDADE e, consequentemente, de FLAGRANTE INCONSTITUCIONALIDADE e ILEGALIDADE.

## RESPOSTAS AOS QUESITOS

QUESITO 1 – O ordenamento jurídico brasileiro, ao estabelecer para a investidura ao cargo de Conselheiro do Tribunal de Contas do Estado o requisito de notórios conhecimentos jurídicos, econômicos, financeiros, contábeis ou de administração pública, exige a presença de qualificação formal, consistente em diploma de curso superior?

RESPOSTA: O ordenamento jurídico brasileiro exige para a investidura ao cargo de Conselheiro do Tribunal de Contas do Estado a presença alternativa de notórios conhecimentos jurídicos, econômicos, financeiros, contábeis ou de administração pública, adquiridos nos últimos 10 (dez) anos, por serem diretamente relacionados com as áreas de atuação da Corte de Contas. Trata-se da denominada "competência comprovada" para o exercício da função, ou seja, aquela adquirida pelo exercício de atividades conexas às necessárias para o cargo pretendido, cujas funções guardem pertinência entre as qualidades intelectuais do nomeado e o ofício a desempenhar, sem a exigência de titulação formal (diploma em curso superior) em qualquer dessas áreas.

QUESITO 2 – Quem é a autoridade competente para analisar a presença dos requisitos constitucionalmente exigidos para o cargo de Conselheiro do Tribunal de Contas do Estado?

RESPOSTA: O requisito do "notório conhecimento" é pressuposto subjetivo para a nomeação ao cargo de Conselheiro do Tribunal de Contas do Estado e deve ser analisado, de maneira discricionária, pelo órgão responsável pela escolha do futuro membro da Corte de Contas, ou seja, pela Assembleia Legislativa ou pelo Governador do Estado, dependendo da hipótese. Na presente hipótese, a escolha da vaga é constitucionalmente deferida à Assembleia Legislativa, que deverá livre e com discricionariedade analisar a presença do pressuposto subjetivo dos candidatos. No caso do Deputado, o reconhecimento da presença de "notórios conhecimentos de administração" já foi atestado pela própria Assembleia Legislativa, que, em face de sua atuação parlamentar durante 20 (vinte) anos, o elegeu para a Sessão Legislativa passada como 1º Secretário, cargo pelo qual foi reeleito para a atual Sessão Legislativa.

QUESITO 3 – É possível a revisão judicial na análise do mérito do requisito de notórios conhecimentos jurídicos, econômicos, financeiros, contábeis ou de administração pública realizada pelo Governador do Estado ou pela Assembleia Legislativa?

RESPOSTA: Não é possível. O Supremo Tribunal Federal definiu que o juízo da comprovada idoneidade e notório saber jurídico, bem como dos notórios conhecimentos, são regras norteadoras da opção discricionária do órgão competente, na presente hipótese, da Assembleia Legislativa, não sendo possível revisão judicial do mérito da escolha, salvo em casos teratológicos. Como bem proclamou nossa Corte Suprema, "o juízo, bem ou mal, equivocado ou não" é do órgão constitucionalmente competente para realizar a escolha do futuro Conselheiro do Tribunal de Contas do Estado.

# Sistema remuneratório e teto salarial do funcionalismo público. Servidor da ativa e proventos de aposentadoria ou pensão por morte

# 12

O presente estudo foi apresentado na forma de *Parecer Jurídico* com solicitação de análise de importante questão constitucional referente ao sistema remuneratório dos servidores públicos, e, em especial, sobre a aplicação do teto salarial do funcionalismo público nas hipóteses de acumulação remunerada de vencimentos de servidor da ativa ou proventos de servidor aposentado com pensão por morte ou vencimentos de cargo em comissão constitucionalmente acumulável.

Os Consulentes nos apresentam o seguinte quesito a ser analisado e respondido:

QUESITO ÚNICO – É possível, nos termos do § 11 do art. 40 da Constituição da República Federativa do Brasil, a percepção conjunta de (a) proventos de aposentadoria e remuneração de cargo público em comissão, (b) pensão por morte e outras espécies de remuneração do servidor público; observando-se sobre qualquer dessas espécies remuneratórias, individual e separadamente, o teto máximo previsto no inciso XI do art. 37 da Constituição da República Federativa do Brasil?

A questão central a presente consulta se refere à interpretação teleológica do texto constitucional, em especial das Emendas Constitucionais nºs 19/1989, 20/1998 e 41/2003, pois sendo constitucionalmente possível a percepção conjunta de proventos de aposentadoria e remuneração de cargo público em comissão; bem como a percepção conjunta de pensão por morte e outras espécies de remuneração do servidor público, indaga-se se seria legítima a aplicação sobre qualquer dessas espécies remuneratórias, individual e separadamente, do teto máximo previsto no inciso XI do art. 37 da Constituição da República Federativa do Brasil; ou, diferentemente, se o limite do teto salarial aplicar-se-ia à somatória das remunerações.

A Emenda Constitucional nº 19/1998 criou, para as hipóteses possíveis de cumulação de cargos públicos, uma limitação salarial, ao determinar que a remuneração e o subsídio, decorrentes da cumulação dos ocupantes de cargos, funções e empregos públicos da administração direta, autárquica e fundacional, dos membros de qualquer dos Poderes da União, dos Estados, do Distrito Federal e dos Municípios, dos detentores de mandato eletivo e dos demais agentes políticos e os proventos, pensões ou outra espécie remuneratória, incluídas as vantagens pessoais ou de qualquer outra natureza, não poderão exceder o subsídio mensal, em espécie, dos Ministros do Supremo Tribunal Federal.

A interpretação do inciso XI do art. 37 (*"percebidos cumulativamente ou não, incluídas as vantagens pessoais ou de qualquer outra natureza"*), bem como do § 11 do art. 40 (*"Aplica--se o limite fixado no art. 37, XI, à soma total dos proventos de inatividade, inclusive quando decorrentes da acumulação de cargos ou empregos públicos, bem como de outras atividades sujeitas a contribuição para o regime geral de previdência social, e ao montante resultante da adição de proventos de inatividade com remuneração de cargo acumulável na forma desta Constituição, cargo em comissão declarado em lei de livre nomeação e exoneração, e de cargo eletivo"*), ambos da Constituição da República Federativa do Brasil, não pode ser feita sem compatibilizar-se com as demais previsões constitucionais – em especial a norma de seu inciso IV do art. 1º, que traz como um dos fundamentos da República os VALORES SOCIAIS DO TRABALHO, que, obviamente, prevê remuneração pelo serviço público prestado, o PRINCÍPIO DA IGUALDADE, consagrado no *caput* do art. 5º e a norma do art. 37, XV, que consagra a regra da irredutibilidade – garantindo-se coerência dos diversos dispositivos do texto normativo, a fim de conceder-lhe efetividade geral (método lógico), buscando a finalidade da norma, ou seja, pretendendo alcançar os valores por ela enunciados (método teleológico), sempre dentro de uma análise do conteúdo da norma dentro da ideia de unidade do ordenamento jurídico, uma vez que os diversos preceitos convivem de maneira harmônica dentro de um sistema constitucional (método sistemático).

Caso contrário, restringindo-se somente à mera literalidade da norma, o intérprete estaria ignorando a necessidade da *hermenêutica* como *"teoria científica da arte de interpretar"* (MAXIMILIANO, Carlos. *Hermenêutica e aplicação do direito*. Rio de Janeiro: Forense, 1988. p. 1) com a finalidade de integração do sistema normativo, e como apontado por VICENTE RÁO:

> "tendo por objetivo investigar e coordenar por modo sistemático os princípios científicos e leis decorrentes, que disciplinam a apuração do conteúdo, do sentido e dos fins das normas jurídicas e a restauração do conceito orgânico do direito" (*O direito e a vida dos direitos*. São Paulo: Max Limonad, 1952. v. 2, p. 542).

Se levarmos em conta somente o método gramatical ou literal para interpretar o inciso XI do art. 37 e o § 11 do art. 40, ambos da Constituição Federal, ignorando todos os demais métodos interpretativos, a possibilidade constitucional de cumulação, conforme já verificada, somada à obrigatoriedade de respeito ao teto salarial referente ao subsídio do Ministro do Supremo Tribunal Federal, GERARÁ DISTORÇÕES ABSURDAS DE TRABALHO NÃO REMUNERADO E DE TRATAMENTO ABSOLUTAMENTE DESIGUAL A SITUAÇÕES SEMELHANTES.

Nas hipóteses tratadas na presente consulta, ao permitir, EXCEPCIONAL e TRANSITORIAMENTE – pois jamais haverá a possibilidade de acumulação de duas aposentadorias excedentes a teto salarial –, que servidores aposentados pudessem acumular remuneradamente cargos em comissão ou funções de confiança, como expressamente autoriza o § 11 do art. 40 da Constituição Federal, logicamente o texto constitucional não pretendeu desvalorizar o trabalho, obrigando o servidor público inativo a trabalhar sem remuneração ou por uma remuneração limitada e, consequentemente, menor do que todos os seus colegas que exerçam exatamente as mesmas funções; mesmo porque o trabalho – quando não voluntário por opção – sem remuneração é TRABALHO ESCRAVO, abolido pela Lei nº 3.353, de 13 de maio de 1888, quando a Princesa Isabel declarou extinta a escravidão no Brasil (*"A Princesa Imperial Regente, em nome de Sua Magestade o Imperador, o senhor*

D. Pedro II faz saber a todos os súditos do Império que a Assembléia Geral decretou e Ela sancionou a Lei seguinte: Art 1º É declarada extinta desde a data desta lei a escravidão no Brasil. Art 2º Revogam-se as disposições em contrário"); e trabalhos idênticos com remunerações diferentes constituem flagrante desrespeito ao PRINCÍPIO DA IGUALDADE.

Essas distorções, que ferem a interpretação lógico-sistemática do texto constitucional, já foram afastadas pelo SUPREMO TRIBUNAL FEDERAL, em duas hipóteses, e pelo próprio CONSELHO NACIONAL DE JUSTIÇA, no âmbito do Poder Judiciário, porém aplicável à espécie, em três outras hipóteses análogas; bem como pelo TRIBUNAL DE CONTAS DA UNIÃO em situação idêntica, e cujos argumentos não diferem, na essência hermenêutica, da presente consulta.

A primeira distorção trazida pela mera interpretação literal da impossibilidade de remuneração acima do teto salarial e afastada, tanto pelo SUPREMO TRIBUNAL FEDERAL, quanto pelo CONSELHO NACIONAL DE JUSTIÇA, diz respeito à possibilidade de acumulação remunerada de cargos de Ministro do Supremo Tribunal Federal e Ministro do Tribunal Superior Eleitoral (QUESTÃO ELEITORAL).

Em sessão administrativa, o SUPREMO TRIBUNAL FEDERAL fixou, por unanimidade, a inaplicabilidade do limite estabelecido pelo inciso XI do art. 37, com a redação dada pela EC nº 41/2005 (*teto salarial*), para fins de cumulação das remunerações de Ministro do STF e do TSE.

Conforme destacado no voto condutor do então MINISTRO PRESIDENTE MAURÍCIO CORRÊA, nessas hipóteses:

> "a Constituição Federal, desde sua redação primitiva, não apenas autorizou, mas determinou que houvesse a acumulação dos cargos de Ministros do STF e do TSE. A letra 'a' do inciso I do artigo 119 estabelece que comporão o Tribunal Superior Eleitoral três Ministros do Supremo Tribunal Federal. Trata-se, assim, de regra permissiva de acumulação e, mais do que isso, imperativo constitucional para que se opere o exercício concomitante dos cargos, daí resultando inviável que outra norma de igual hierarquia impeça, ainda que indiretamente, a incidência e aplicação da previsão constitucional. É fato que a Emenda não está a vedar, de forma direta, a mencionada acumulação. Nos exatos termos em que colocada, porém, o exercício simultâneo de cargos ficará obstado de forma reflexa, a exigir, desde logo, interpretação conforme à Constituição, de modo a harmonizar, efetivamente, seus comandos. Não é possível aceitar que uma norma autorize e determine a acumulação e outra venha a proibi-la, total ou parcialmente. É inadmissível aqui conflito de normas constitucionais que ostentam igual hierarquia, e por isso mesmo reclama se faça uma ponderação simétrica de seus valores. Invoco a práxis da interpretação harmônica e teleológica do texto constitucional para concluir que, na situação particular da acumulação dos cargos de Ministros do Supremo Tribunal Federal e do Tribunal Superior Eleitoral, autorizada e mesmo determinada pelo artigo 119 da Constituição, não se aplica a cumulação das remunerações para fixação do teto ou, em outras palavras, as remunerações respectivas, para fins da aplicação do inciso XI do artigo 37, que deverão, nesse caso específico, ser consideradas isoladamente. Somente estarão sujeitas à redução se, em uma ou outra situação, *per se*, ultrapassar o limite fixado pela EC 41/03. É claro que tal raciocínio se aplica, por decorrência lógica, a todas as situações de composição da Justiça Eleitoral"

(voto do Min. MAURÍCIO CORRÊA – Ata da Primeira Sessão Administrativa do Supremo Tribunal Federal, do ano de 2004, realizada em 5 de fevereiro de 2004).

Esse mesmo entendimento foi consagrado pelo CONSELHO NACIONAL DE JUSTIÇA, no art. 8º, III, *d*, da Resolução CNJ nº 13/2006.

A segunda distorção trazida, igualmente, pela mera interpretação literal da impossibilidade de remuneração acima do teto salarial e afastada pelo CONSELHO NACIONAL DE JUSTIÇA, no âmbito da Magistratura, diz respeito à exclusão da incidência do teto remuneratório constitucional das verbas permanentes referentes a remuneração ou proventos decorrentes do exercício do magistério, em face de regra específica do art. 95, parágrafo único, I, da Constituição Federal (Resolução CNJ nº 13, de 21 de março de 2006, em seu art. 8º, II, *a*); que, igualmente, existe similarmente para os demais servidores públicos com a previsão expressa do inciso XVI, *b*, do art. 37.

Teríamos, novamente, a distorção já analisada, ou seja, a existência de trabalho sem remuneração ou por remuneração menor do que a de todos aqueles que praticassem as mesmas funções.

A terceira distorção, da mesma forma trazida pela mera interpretação literal da impossibilidade de remuneração acima do teto salarial, desde que, porém, respeitado individualmente e separadamente o teto salarial para cada uma das remunerações, e, igualmente, afastada pelo TRIBUNAL DE CONTAS DA UNIÃO, no âmbito dos servidores públicos federais e pelo CONSELHO NACIONAL DE JUSTIÇA, por unanimidade, para toda a Magistratura – tanto Magistrados quanto servidores –, diz respeito, especificamente, a um dos objetos da presente consulta, ou seja, possibilidade de percepção conjunta de pensão por morte e outras espécies de remuneração do servidor público, observando-se sobre qualquer dessas espécies remuneratórias, individual e separadamente, o teto máximo previsto no inciso XI do art. 37 da Constituição da República Federativa do Brasil.

Conforme se verifica na EMENTA no julgamento do Pedido de Providência (PP/CNJ) nº 445, RELATOR CONSELHEIRO DOUGLAS ALENCAR RODRIGUES:

> "2. ADMINISTRAÇÃO PÚBLICA. REGIME PREVIDENCIÁRIO. PERCEPÇÃO CONJUNTA, POR MAGISTRADO OU SERVIDOR, DE PENSÃO E REMUNERAÇÃO, SUBSÍDIO OU PROVENTO. HIPÓTESE EXCEPCIONAL QUE NÃO SE SUBMETE À DISCIPLINA INSCRITA NO INCISO XI DO ART. 37 DA CF. Diante da natureza contributiva do regime previdenciário da Administração Pública (art. 40 da CF), a pensão por morte regularmente instituída constitui direito legítimo do beneficiário, pouco importando a existência concomitante ou pregressa de vínculo funcional entre este e a Administração Pública. Deve, por isso, ser preservada a percepção simultânea de pensão, com outras espécies remuneratórias, observando-se, contudo, sobre qualquer dessas espécies remuneratórias, o texto máximo previsto no Texto Constitucional (art. 37, inciso XI)".

À oportunidade, foi destacado pelo CONSELHEIRO RELATOR DOUGLAS ALENCAR RODRIGUES que:

> "diante da natureza contributiva do regime previdenciário da Administração Pública (art. 40 da CF), a pensão por morte regularmente instituída constitui direito

legítimo do beneficiário, pouco importando a existência concomitante ou pregressa de vínculo funcional entre este e a Administração Pública. Deve, por isso, ser preservada a percepção simultânea de pensão com outras espécies remuneratórias, observando-se, contudo, sobre qualquer dessas espécies remuneratórias, o teto máximo previsto no Texto Constitucional (art. 37, inciso XI)".

No mesmo sentido, entendimento do TRIBUNAL DE CONTAS DA UNIÃO (Acórdão nº 2.079/2005), que baseado: (a) no caráter contributivo do regime previdenciário do servidor público; (b) no tratamento unipessoal dado pela Constituição Federal às situações previdenciárias de servidores públicos; (c) na equivocada possibilidade de interpretação literal isolada do inciso XI do art. 37 e do § 11 do art. 40, ambos da Constituição Federal, em relação às pensões, que acabariam resultando em absurda distorção e restrição a direito legitimamente instituído, DECIDIU PELA POSSIBILIDADE de recebimento da somatória de proventos de pensão (benefício instituído por determinado servidor) com remuneração da atividade (de outro servidor) ou do somatório de proventos de pensão (benefício instituído por determinado servidor) com proventos de aposentadoria (em razão do exercício de cargo público por outro servidor), aplicando-se, sobre qualquer dessas espécies remuneratórias, individual e separadamente, o teto máximo previsto no inciso XI do art. 37 da Constituição da República Federativa do Brasil.

Conforme se verifica no Acórdão nº 2.079/2005, do TRIBUNAL DE CONTAS DA UNIÃO, relatado pelo MINISTRO UBIRATAN AGUIAR:

> "9. Retomando as considerações acerca dos fatos geradores das parcelas a serem acumuladas, nos termos da Consulta do Ministro Presidente do Tribunal Superior do Trabalho, cabe mencionar que os benefícios decorrentes da seguridade social do servidor, na forma definida pela Constituição Federal e pela Lei nº 8.112/90, aposentadoria e pensão, observam a lógica do regime contributivo. Cada servidor, mediante desconto mensal para a seguridade social, conforme parâmetros fixados em lei, contribui para o fundo, genericamente falando, que, no futuro arcará com os desembolsos decorrentes do pagamento de sua aposentadoria ou da pensão de seus beneficiários. O fato gerador do direito à pensão é a morte do segurado. Já no caso da remuneração e da aposentadoria é o exercício do cargo público e o preenchimento dos requisitos definidos para a inatividade. Nesse sentido, a cada servidor são assegurados esses benefícios.
> 
> 10. Não há, portanto, que se confundir servidores distintos, detentores de direitos distintos, constitucional e legalmente garantidos. A cada um, individualmente, aplicam-se todos os dispositivos relacionados à acumulação de cargos e ao teto de remuneração, em especial quando se fala daqueles de natureza restritiva. Todavia, não é plausível querer extrapolar essas restrições para o somatório dos direitos individuais. A prevalecer essa tese, estaríamos restringindo direitos que a Constituição Federal não restringiu.
> 
> [...]
> 
> 15. O beneficiário da pensão não receberá melhor tratamento do que o instituidor. Da relação estabelecida em vida pelo instituidor com o Estado resulta o direito do beneficiário à pensão, cujo valor submete-se ao teto constitucional. De outra relação, constituída por outro servidor com o Estado, resulta o direito à remuneração,

quando na atividade. A cada uma das relações constituídas aplica-se, isoladamente, o teto constitucional. Ademais, esse entendimento não pretende excluir as pensões do teto, até mesmo porque, com a edição da Emenda Constitucional nº 20/98, o provento de pensão passou a constar expressamente do limite estabelecido no art. 37, inciso XI, da Constituição Federal.

[...]

20. Ademais, em se tratando de regime acima de tudo contributivo, interpretação distinta, mais que proteger os cofres públicos estaria, de fato, ocasionando enriquecimento sem causa da União, uma vez que as contribuições de toda uma vida laboral, cujo objetivo do instituidor foi amparar a si ou a seus dependentes na hora devida, passará a ser apropriada pelo Estado. Defendo, sim, o estado de direito, mas não o abuso do direito estatal".

Não há, portanto, dúvidas, em face do caráter contributivo dos benefícios (art. 40, *caput*, da Constituição Federal), que o teto salarial constitucionalmente previsto no inciso XI do art. 37 e referido no § 11 do art. 40 se aplica à soma dos valores percebidos pelos instituidores individualmente, mas não para a soma de valores percebidos de instituidores distintos, ou seja, é constitucionalmente legítima a percepção conjunta de pensão por morte e outras espécies de remuneração do servidor público, observando-se sobre qualquer dessas espécies remuneratórias, individual e separadamente, o teto máximo previsto no texto constitucional.

A quarta distorção, também criada pela mera interpretação literal da impossibilidade de remuneração acima do teto salarial e afastada pelo SUPREMO TRIBUNAL FEDERAL, em face da garantia da irredutibilidade de vencimentos foi julgada no recente Mandado de Segurança nº 24.875-1/DF, Rel. MINISTRO SEPÚLVEDA PERTENCE, encerrado em 11 de maio de 2006.

Nesse julgamento, a maioria de nossa SUPREMA CORTE entendeu que determinada vantagem pecuniária, prevista pelo art. 184, III, da Lei nº 1.711/1952, havia sido estendida aos magistrados, e, consequentemente, recebida pela LOMAN, não podendo, portanto, ser subtraída.

Conforme destacado pelo MINISTRO SEPÚLVEDA PERTENCE:

"a garantia da irredutibilidade de vencimentos – ousei afirmá-lo, com o respaldo da maioria do Tribunal – é, sim, modalidade qualificada de direito adquirido e, de qualquer sorte, conteúdo de normas constitucionais específicas, no que toca à magistratura, repisando textos constitucionais anteriores, que a Lei Fundamental vigente estendeu a todos os servidores públicos. Desse modo – não obstante o dogma de que o agente público não tem direito adquirido ao seu anterior regime jurídico de remuneração – há, no particular, um ponto indiscutível: é intangível a irredutibilidade do montante integral dela. [...] Estou, portanto, em que a irredutibilidade – hoje, universalizada – de vencimentos e salários é substantiva garantia constitucional oponível às emendas constitucionais mesmas. Trata-se de garantia individual erigida pela própria Constituição que, como tal, a doutrina amplamente majoritária reputa inilidível por emenda constitucional", concluindo que "esse o quadro, tenho como certo o direito dos impetrantes – sob o pálio da garantia da irredutibilidade de vencimentos –, a continuar percebendo o acréscimo sobre os proventos – no quanto recebido anteriormente à EC 41/03 – até que o seu montante seja coberto pelo subsídio fixado em lei para o Ministro do Supremo Tribunal Federal".

O citado Mandado de Segurança aplica-se integralmente à presente consulta, por se tratar de irredutibilidade de rendimentos de vantagem pecuniária constitucionalmente permitida (somatória de proventos de aposentadoria e remuneração de cargo em comissão e somatória de pensão com proventos de aposentadoria ou remuneração de cargo na ativa), de maneira a impedir o decesso remuneratório, conforme destacado pelo MINISTRO RICARDO LEWANDOWSKI:

> "a conciliação das situações dos impetrantes com a nova ordem constitucional, então, há de fazer-se sob o prisma da irredutibilidade de vencimentos, tradicional garantia dos magistrados – estendida pelo STF também aos proventos (MS 21.659-DF, Tribunal Pleno, Rel. Min. EROS GRAU, *DJU* 03.02.2006; RE 262.673, 1ª Turma, Rel. Min. MARCO AURÉLIO, *DJU* 24.2.2006; RE 468.076-ED, 2ª Turma, Rel. Min. CELSO DE MELLO, *DJU* 31.3.2006; RE 293.578-PR, 1ª Turma, Rel. Min. ILMAR GALVÃO, *DJU* 29.11.2002; RE 185.255, 1ª Turma, Rel. Min. SYDNEY SANCHES, *DJU* 19.9.1997) –, que repele a ideia de decesso remuneratório. Nessa linha, o Supremo tem decidido que o valor nominal da remuneração percebida pelo servidor, sob a égide de determinado plexo normativo, não pode sofrer diminuição, sob pena de vulnerar situação juridicamente estável, imune à alteração legislativa posterior".

As quatro hipóteses analisadas – e que demonstram o erro em se utilizar isoladamente a mera interpretação literal do texto constitucional – levaram em conta que a interpretação constitucional deve ser realizada de maneira a evitar contradições entre suas normas (método da unidade da constituição), sendo impositiva e primordial a análise sistêmica do texto magno, pois, como salienta CANOTILHO, o intérprete deve "considerar a constituição na sua globalidade e procurar harmonizar os espaços de tensão existentes entre as normas constitucionais a concretizar" (*Direito constitucional e teoria da Constituição*. 2. ed. Coimbra: Almedina, 1998), não podendo ignorar a interdependência e complementaridade das normas constitucionais, que não poderão, nos lembra GARCÍA DE ENTERRÌA, ser interpretadas isoladamente (*Reflexiones sobre la ley e los princípios generales del derecho*. Madri: Civitas, 1996. p. 30).

As limitações propostas não só desrespeitam frontalmente a REGRA DA IRREDUTIBILIDADE DOS VENCIMENTOS DOS SERVIDORES PÚBLICOS, pois haveria claro decesso remuneratório, como também acabam por autorizar o TRABALHO GRATUITO COMPULSORIAMENTE, com patente DESRESPEITO A UM DOS FUNDAMENTOS DA REPÚBLICA – "O VALOR SOCIAL DO TRABALHO", previsto no inciso IV do art. 1º do texto constitucional, ou, ainda, em outras hipóteses, autorizam a realização do mesmo trabalho com remuneração menor de um dos servidores do que os demais exercentes das mesmas funções, com flagrante inobservância dos PRINCÍPIO DA IGUALDADE.

Na hipótese de ferimento à REGRA DA IRREDUTIBILIDADE, lembremo-nos do alcance dado a essa garantia constitucional pelo SUPREMO TRIBUNAL FEDERAL, que já estabeleceu tratar-se de cláusula que "veda a redução do que se tem" (*RTJ* 104/808).

Dessa forma, como salientado pelo MINISTRO CELSO DE MELLO:

"o Supremo Tribunal Federal, tendo presente a concreta abrangência desse postulado fundamental, enfatizou que '[...] a garantia constitucional de irredutibilidade de vencimentos [...] torna intangível o direito que já nasceu e que não pode ser suprimido [...]' (*RTJ* 118/300, Rel. Min. CARLOS MADEIRA), pois, afinal, a garantia da irredutibilidade incide sobre aquilo que, a título de vencimentos, o servidor já vinha percebendo (*RTJ* 112/768, Rel. Min. ALFREDO BUZAID). Cumpre ter presente, neste ponto, a sempre relembrada decisão desta Suprema Corte, em período no qual a garantia em causa somente dizia respeito aos membros do Poder Judiciário, na qual se assentou, concernentemente ao tema em debate, que 'O que a irredutibilidade veda é a diminuição, por lei posterior, dos vencimentos que o juiz, em exercício antes de sua vigência, estivesse recebendo' (*RTJ* 45/353, 355, Rel. Min. EVANDRO LINS). Esse entendimento impõe-se enfatizar tem sido reiterado em diversos pronunciamentos dessa Corte Suprema, nos quais, por mais de uma vez, já se proclamou que a garantia constitucional da irredutibilidade de vencimentos proíbe que o estipêndio funcional seja reduzido ou afetado, por ato do Poder Público, em seu valor nominal (*RTJ* 105/671, 675, Rel. Min. SOARES MUÑOZ)" (STF, Pleno, Adin nº 1.396-3/SC, medida liminar, Rel. Min. CELSO DE MELLO, *Diário da Justiça*, Seção I, 2 fev. 1996).

Não nos esqueçamos da advertência feita por CELSO BASTOS de que: "a utilização da lei (*acrescentaríamos, lei ou espécie normativa*) em caráter retroativo, em muitos casos, repugna porque fere situações jurídicas que já tinham por consolidadas no tempo, e esta é uma das fontes principais da segurança do homem na terra".

Ora, a SEGURANÇA JURÍDICA às garantias constitucionais deve ser aplicada à irredutibilidade de vencimentos, que constituiu cláusula essencial e imprescindível para o bom exercício das funções dos servidores públicos, conforme afirma o TRIBUNAL CONSTITUCIONAL FEDERAL ALEMÃO, ao definir o denominado *princípio tradicional* do funcionalismo público:

"o princípio tradicional em concreto deve ser, pelo contrário, apreciado em seu significado para a instituição do funcionalismo público num Estado livre, democrático e social de direito. Disto depende de que modo e em que extensão deve tal princípio ser observado. O funcionalismo público somente pode realizar a função a ele incumbida, de assegurar uma Administração Pública estável e com isso compor um fator estabilizador em face das forças políticas que configuram a vida estatal, quando é protegido jurídica e economicamente" (Decisão do Primeiro Senado do Tribunal Constitucional Federal Alemão, de 11 de junho de 1958 – 1 BvR 1/52, 45/52 – *Cinquenta anos de Jurisprudência do Tribunal Constitucional Alemão*. Coletânea Original Jürgen Schwabe. Organização e Introdução: Leonardo Martins. Konrad-Adenauer-Stiftung, p. 877).

Na hipótese de ferimento ao PRINCÍPIO DA IGUALDADE poderíamos chegar ao seguinte absurdo, apontado no referido julgamento do TRIBUNAL DE CONTAS DA UNIÃO:

"11. Tomemos como exemplo marido e mulher, ambos servidores públicos, percebendo remunerações próximas ao teto. Quando na atividade, a cada um se aplicam as restrições anteriormente mencionadas. As respectivas remunerações devem observar o teto constitucional. Só são permitidas as acumulações de cargos que a Constituição Federal considera legais. Portanto, no exercício do cargo público, ou a desfrutar a aposentadoria, a cada um será permitido receber a remuneração/provento, ou o somatório de remunerações/proventos de cargos legalmente acumuláveis, até o limite fixado no art. 37, inciso XI, da Constituição Federal. Qual o fundamento, portanto, para concluir que, na hipótese de um dos dois vir a falecer, passando o outro a ser beneficiário de pensão, nos termos da lei, estaria criada uma nova situação em que seriam desconsiderados os fatos geradores da remuneração/provento a que cada um tem direito? Não encontro amparo legal para prosseguir em tal linha de raciocínio, pois não se trata de verificação de renda familiar em face do teto constitucional. Caso contrário, ESTARÍAMOS ADMITINDO A HIPÓTESE ABSURDA DE SER MAIS VANTAJOSO AO BENEFICIÁRIO DA PENSÃO EXONERAR-SE DE SEU CARGO".

Essa forma diferenciada de tratamento geraria DESIGUALDADE, sendo que o tratamento isonômico se impõe como absolutamente necessário, sob pena de desvirtuamento das normas constitucionais e do próprio tratamento normativo dado ao regime remuneratório e previdenciário e frontal desrespeito ao FUNDAMENTO REPUBLICANO DA VALORAÇÃO DO TRABALHO (CF, art. 1º, IV), ao PRINCÍPIO DA IGUALDADE (CF, art. 5º, *caput*) e à GARANTIA DA IRREDUTIBILIDADE DE VENCIMENTOS (CF, art. 37, XV).

## RESPOSTA AO QUESITO

QUESITO ÚNICO: É possível, nos termos do § 11 do art. 40 da Constituição da República Federativa do Brasil, a percepção conjunta de (a) proventos de aposentadoria e remuneração de cargo público em comissão, (b) pensão por morte e outras espécies de remuneração do servidor público; observando-se sobre qualquer dessas espécies remuneratórias, individual e separadamente, o teto máximo previsto no inciso XI do art. 37 da Constituição da República Federativa do Brasil?

RESPOSTA: Concluímos que o texto constitucional e, em especial para a presente consulta, o inciso XI do art. 37 e o § 11 do art. 40, ambos da Constituição Federal, não pode ser interpretado de maneira isolada e meramente literal, sob pena de, ao utilizar-se unicamente o método gramatical, acarretar-se sérias contradições com importantes previsões do texto magno. A hermenêutica constitucional exige a interpretação teleológica da Constituição Federal, com observância não somente ao inciso XI do art. 37, mas também, e, especialmente, aos arts. 1º, inciso IV (Valor Social do Trabalho como Fundamento da República), 5º, *caput* (Princípio da Igualdade), e 37, inciso XV (irredutibilidade de vencimentos), evitando-se eventuais contradições entre essas normas, com a análise sistêmica do texto constitucional, que deve ser concretizado de forma harmônica, interdependente e complementar. Dessa forma, as hipóteses analisadas são constitucionalmente legítimas, autorizando-se a percepção conjunta de: (a) proventos de aposentadoria e remuneração de cargo público em comissão; (b) pensão por morte e outras espécies de remuneração do servidor público, sempre se observando sobre qualquer dessas espécies remuneratórias, individual e separadamente, o teto máximo previsto no inciso XI do art. 37 da Constituição da República Federativa do Brasil.

# Supremo Tribunal Federal e prerrogativa de foro (AP 470)

# 13

O presente estudo foi apresentado na forma de *Parecer Jurídico* para análise de questões constitucionais nos autos da Ação Penal nº 470, ajuizada pelo Excelentíssimo Procurador-Geral da República perante o EGRÉGIO SUPREMO TRIBUNAL FEDERAL.

O estudo deveria conter a ampla análise das características, abrangência e aplicação da competência penal originária do SUPREMO TRIBUNAL FEDERAL, bem como de sua possibilidade ou não de ampliação pela legislação ordinária. Solicitou-se, ainda, a análise da aplicabilidade ou não das regras processuais penais ordinárias (conexão e continência) em face da previsão constitucional de prerrogativa de foro em razão de função (CF, art. 102, I, *b* e *c*) e dos Princípios do Juiz Natural e do Devido Processo Legal.

Foram apresentados os seguintes quesitos a serem analisados:

QUESITO 1 – É possível ao legislador ordinário ampliar as competências originárias do Supremo Tribunal Federal?

QUESITO 2 – É possível a ampliação das competências originárias do Supremo Tribunal Federal com base na Teoria dos Poderes Implícitos?

QUESITO 3 – É possível a ampliação das competências penais originárias do Supremo Tribunal Federal com base em interpretação de legislação ordinária já existente (regras legais de conexão e continência), permitindo que a Corte processe e julgue réus não previstos no art. 102, inciso I, *b* e *c*, da Constituição Federal?

QUESITO 4 – A Súmula 704 do Supremo Tribunal Federal ("não viola as garantias do juiz natural, da ampla defesa e do devido processo legal a atração por continência ou conexão do processo do co-réu ao foro por prerrogativa de função de um dos denunciados") se aplica em relação às competências penais originárias da Corte?

(I) EXCEPCIONALIDADE E TAXATIVIDADE DAS COMPETÊNCIAS ORIGINÁRIAS DO SUPREMO TRIBUNAL FEDERAL – IMPOSSIBILIDADE DE AMPLIAÇÃO PELA LEGISLAÇÃO ORDINÁRIA

A definição de competências penais originárias do SUPREMO TRIBUNAL FEDERAL é consubstanciada nas alíneas *b* e *c* do inciso I do art. 102 da Constituição da República Federativa do Brasil; seguindo tradição em nosso Direito Constitucional na previsão de competência de nossa mais alta CORTE para o processo e julgamento das infrações penais comuns de altas autoridades da República, na denominada "prerrogativa de foro em razão da função", ou, simplesmente, "foro privilegiado".

A excepcionalidade das competências originárias do SUPREMO TRIBUNAL FEDERAL exige previsão expressa e taxativa do texto constitucional, conforme princípio tradicional de distribuição de competências jurisdicionais nascido com o próprio constitucionalismo norte-americano em 1787.

A previsão de competências originárias das SUPREMAS CORTES, taxativamente previstas pelos textos constitucionais, nasceu conjuntamente com a ideia de Supremacia Jurisdicional por meio do controle de constitucionalidade, ambas sendo firmadas no célebre caso *Marbury v. Madison* (1 Cranch 137 – 1803), em histórica decisão da Suprema Corte americana, relatada por seu *Chief Justice* JOHN MARSHALL, que envolvia não só conflitos jurídicos, mas também políticos, pois a Suprema Corte era composta majoritariamente de federalistas, enquanto o Congresso e o Executivo estavam sob o controle dos republicanos, que jamais aceitariam uma intervenção direta do Judiciário nos negócios políticos do Executivo (Cf. a respeito: ABRAHAM, Henry J. A Corte Suprema no evolutivo processo político. In: Vários autores. *Ensaios sobre a Constituição dos Estados Unidos*. Rio de Janeiro: Forense Universitária, 1978. p. 93; COOLEY, Thomas. *Princípios gerais de direito constitucional dos Estados Unidos da América do Norte*. 2. ed. São Paulo: Revista dos Tribunais, 1982. p. 142; BAUM, Lawrence. *A Suprema Corte americana*. Rio de Janeiro: Forense Universitária, 1987. p. 132).

Marbury havia sido nomeado em 1801, nos termos da lei, para o cargo de juiz de paz no Distrito de Columbia, pelo então Presidente da República John Adams, do Partido Federalista, que se encontrava nos últimos dias de seu mandato.

Ocorre, porém, que não houve tempo hábil para que fosse dada a posse ao já nomeado Marbury, antes que assumisse a Presidência da República o republicano Thomas Jefferson. Este, ao assumir, determinou que seu Secretário de Estado, Madison, negasse posse a Marbury, que, por sua vez, em virtude dessa ilegalidade, requereu à Suprema Corte um *mandamus*, para que o Secretário de Estado Madison fosse obrigado a dar-lhe posse.

Marshall, de forma hábil, tratou o caso pelo ângulo da competência constitucional originária da Suprema Corte Americana (HALL, Kermit L. *The Oxford guide to United States Supreme Courts decisions*. New York: Oxford University Press, 1999. p. 173; SWISHER, Carl Brent. *Decisões históricas da Corte Suprema*. Rio de Janeiro: Forense, 1962. p. 10-14; SCHWARTZ, Bernard. *Direito constitucional americano*. Rio de Janeiro: Forense, 1966. p. 257), analisando a incompatibilidade da Lei Judiciária de 1789, que autorizava o Tribunal a expedir mandados para remediar erros ilegais do Executivo, e a própria Constituição, que em seu artigo III, seção 2, disciplinava a competência originária da Corte.

Como declarou o *CHIEF JUSTICE* MARSHALL, em *Marbury v. Madison* (1 Cranch 137, 1803), único caso em que sua Corte teve a oportunidade de aplicar o controle jurisdicional de constitucionalidade,

> "a questão de que uma lei em choque com a Constituição possa transformar-se em Direito do País é profundamente interessante para os Estados Unidos e, felizmente, não tão confusa quanto a proporção de seu interesse. Parece apenas necessário reconhecer certos princípios considerados há muito como bem estabelecidos, para decidir. Que o povo tem um Direito originário de estabelecer, para seu futuro

governo, tais princípios, que, em sua opinião, provavelmente melhor conduzirão à sua felicidade, é a base sobre a qual toda a estrutura americana tem sido erigida. O exercício desse Direito original demanda um enorme esforço; não pode nem deve ele ser frequentemente repetido. Os princípios, portanto, assim estabelecidos, são considerados fundamentais; e como autoridade da qual promanam é suprema e raramente pode agir, são designados para ser permanentes. Essa vontade original e suprema organiza o governo e determina aos diversos departamentos seus respectivos poderes. Pode parar aqui ou estabelecer certos limites que não devem ser transcendidos por aqueles departamentos. O Governo dos Estados Unidos segue a última ideia. Os poderes do Legislativo são definidos e limitados e seus limites não podem ser controvertidos ou enfraquecidos; a Constituição é escrita. Qual o propósito de serem os poderes limitados e aqueles limites consignados por escrito, se puderem, a qualquer tempo, ser ultrapassados por limites considerados como restritos? A distinção entre um governo com poderes limitados ou ilimitados é abolida, se aqueles limites não contiverem as pessoas sobre as quais são impostos, e se leis proibidas e leis permitidas forem de igual obrigação. É uma proposição demasiadamente clara para ser contestada, a de que a Constituição controla qualquer ato legislativo em choque consigo, ou que o Legislativo possa alterar a Constituição por lei ordinária. Entre estas alternativas, não há meio termo".

MARSHALL prosseguiu em sua fundamentação, afirmando que:

"a Constituição é um chefe superior, do Direito, imutável por meios ordinários, ou estará num mesmo nível com as leis ordinárias e, como as outras, poderá ser alterada quando o Legislativo quiser. Se a primeira parte da alternativa é verdadeira, então a lei legislativa contrária à Constituição não é Direito; se a última parte é certo, então as Constituições escritas são tentativas absurdas, por parte do povo, de limitar um poder, por sua própria natureza ilimitado. Certamente, todos os que têm fundado Constituições escritas contemplam-nas como formadoras do Direito fundamental e supremo da Nação, consequentemente, abraçam a teoria de que cada governo deve aceitar que uma lei ordinária em conflito com a Constituição é inoperante. Essa teoria é essencialmente uma à Constituição escrita e deve, portanto, ser considerada por essa Corte como um dos princípios fundamentais de nossa sociedade. Não devemos, portanto, perdê-lo de vista em posteriores considerações desse assunto. Se uma lei ordinária inconstitucional for revogada, sua invalidade, todavia, vai às Cortes, e obriga-as a dar-lhe efeito? Ou, em outras palavras, embora não constitua Direito, será uma norma tão operativa quanto se fosse Direito? Isso seria anular, de fato, o que foi estabelecido na doutrina; pareceria, à primeira vista, um absurdo demasiadamente grosseiro para que se insista nele. Receberá, entretanto, uma consideração mais atenta. É da competência especial, bem como o dever do Poder Judiciário, dizer o que é o Direito. Aqueles que aplicam a regra a casos particulares devem, necessariamente, expor e interpretar aquela regra. Se duas leis entram em conflito, os tribunais devem decidir sobre a aplicação de cada uma".

Após a explanação sobre a Supremacia da Ordem Constitucional, apontou o *CHIEF JUSTICE* MARSHALL que:

"se uma lei opuser-se à Constituição e se ambas, a lei e a Constituição aplicam-se a um caso particular, de modo que a Corte deva decidir aquele caso conforme a lei, desrespeitando a Constituição ou respeitá-la, recusando a lei, a Corte deve determinar qual dessas regras em conflito governa o caso; isto é da própria essência do dever judiciário. Se, então, os tribunais quiserem respeitar a Constituição, e esta for superior a qualquer lei ordinária do Congresso, a Constituição, e não tal lei ordinária deve governar o caso ao qual ambas se aplicam. Aqueles, portanto, que controvertem o princípio de que a Constituição deve ser considerada na Corte, como um Direito supremo, são levados à necessidade de provar o fato de que os tribunais devem fechar seus olhos sobre a Constituição e ver apenas a lei. Essa doutrina subvertia o próprio fundamento de todas as constituições escritas. Ela declararia que uma lei que, segundo os princípios e a teoria de nosso Governo for inteiramente nula, seria ainda, na prática, perfeitamente obrigatória. Declararia que se o Legislativo fizer o que é expressamente proibido, tal ato, todavia, apesar da proibição, será em verdade válido. Estaria dando ao Legislativo uma onipotência prática e real, com o mesmo alento com que professa a restrição de seus poderes dentro de limites escritos. É prescrever limites e declarar que aqueles limites podem ser ultrapassados por prazer. Que ela, pois, reduz ao nada o que temos considerado como de maior aperfeiçoamento em instituições políticas, uma Constituição escrita, seria por si só suficiente, na América, onde as constituições escritas têm sido olhadas com tanta reverência, para rejeitar a construção".

Após inúmeras importantes observações, o *CHIEF JUSTICE* MARSHALL concluiu que estava terminantemente proibido ao Poder Legislativo ampliar, por meio de legislação ordinária, as competências originárias da CORTE SUPREMA, em face de sua previsão taxativa no texto constitucional; consequentemente, apesar de a SUPREMA CORTE ter entendido ser ilegal a conduta do Secretário de Estado Madison, entendeu, preliminar e prejudicialmente, que carecia de competência para emitir o mandado requerido, uma vez que as competências da Suprema Corte estariam taxativamente previstas pela Constituição, não podendo o Congresso Nacional, por meio da Lei Judiciária de 1789, ampliá-las.

Esse posicionamento – previsão constitucional taxativa das competências originárias da CORTE SUPREMA – tem mais de 200 anos no Direito Constitucional norte-americano e mais de 115 anos na doutrina e jurisprudência nacionais, pois, igualmente, foi consagrado no Brasil desde nossos primeiros passos republicanos (*RTJ* 43/129, *RTJ* 44/563, *RTJ* 50/72, *RTJ* 53/776), uma vez que o SUPREMO TRIBUNAL FEDERAL, que nasceu republicano com a Constituição de 1891 e com a função precípua de defender a Constituição em face, principalmente, do Poder Legislativo, por meio da revisão da constitucionalidade das leis, jamais admitiu que o Congresso Nacional pudesse alterar suas competências originárias por legislação ordinária (AFONSO ARINOS. *Curso de direito constitucional brasileiro*. Rio de Janeiro: Forense, 1960. p. 98), pois, como salientado por nossa CORTE SUPREMA, seu "complexo de atribuições jurisdicionais de extração essencialmente constitucional, não comporta a possibilidade de extensão, que extravasem os rígidos limites fixados em *numerus clausus* pelo rol exaustivo inscrito no art. 102, I, da Carta Política" (STF – Petição nº 1.026-4/DF – Rel. Min. CELSO DE MELLO, *Diário da Justiça*, Seção I, 31 maio 1995, p. 15855. No mesmo sentido: *RTJ* 43/129; *RTJ* 44/563; *RTJ* 50/72; *RTJ* 53/776).

No exercício de suas competências originárias, que extravasam as tradicionais competências de TRIBUNAIS ou CORTES CONSTITUCIONAIS, o SUPREMO TRIBUNAL FEDERAL analisará a questão em única instância, desde que haja expressa e taxativa previsão constitucional; devendo processar e julgar originariamente os casos em que os Direitos Fundamentais das mais altas autoridades da República estiverem sob ameaça ou concreta violação, ou quando essas autoridades estiverem violando direitos fundamentais dos indivíduos, entre eles (CF, art. 102, I, *b* e *c*).

O SUPREMO TRIBUNAL FEDERAL possui, portanto, a seguinte competência penal originária:

> "Art. 102. Compete ao Supremo Tribunal Federal, precipuamente, a guarda da Constituição, cabendo-lhe:
>
> I – processar e julgar, originariamente:
>
> [...]
>
> b) nas infrações penais comuns, o Presidente da República, o Vice-Presidente da República, os membros do Congresso Nacional, seus próprios Ministros e o Procurador-Geral da República;
>
> c) nas infrações penais comuns e nos crimes de responsabilidade, os Ministros de Estado e os Comandantes da Marinha, do Exército e da Aeronáutica, ressalvado o disposto no artigo 52, I, os membros dos Tribunais Superiores, os do Tribunal de Contas da União e os chefes de missão diplomática de caráter permanente".

As autoridades descritas no art. 102, I, *b* e *c*, da Carta Magna somente poderão ser processadas e julgadas, nas infrações penais comuns, pelo SUPREMO TRIBUNAL FEDERAL.

A abrangência desta prerrogativa constitucional de foro das mais altas autoridades da República relaciona-se com a locução "*crimes comuns*", prevista no art. 53, § 4º, e art. 102, inciso I, *b*, ambos da Constituição Federal, cuja definição o SUPREMO TRIBUNAL FEDERAL – há muito tempo (*RTJ* 33/590, HC 69.344-RJ, Rel. Min. NÉRI DA SILVEIRA; *RTJ* 63/1, Pet. 673-RJ, Rel. Min. CELSO DE MELLO; Inq. 496-DF, Rel. Min. ILMAR GALVÃO; *RTJ* 91/423, Reclamação nº 511-9-Paraíba, Rel. Min. CELSO DE MELLO, *Diário da Justiça* nº 202, 24 out. 1994, p. 28.668) – já determinou abranger todas as modalidades de infrações penais estendendo-se aos delitos eleitorais, alcançando, até mesmo, os crimes contra a vida e as próprias contravenções penais.

A definição de competência em relação à prerrogativa de foro em razão da função rege-se, porém, pela regra da atualidade do cargo/mandato, ou seja, tratando-se de crime comum praticado por detentores de foro privilegiado na vigência do cargo/mandato, seja ou não relacionado com o exercício das funções, enquanto durar o cargo/mandato, a competência será do SUPREMO TRIBUNAL FEDERAL.

Encerrado o exercício do cargo/mandato e, consequentemente, cessada a prerrogativa de foro, não mais subsistirá a competência de nossa CORTE SUPREMA para o processo e julgamento, uma vez que o próprio TRIBUNAL, por unanimidade, cancelou sua Súmula 394 ("Cometido o crime durante o exercício funcional, prevalece a competência especial por prerrogativa de função, ainda que o inquérito ou a ação penal sejam iniciados após a cessação daquele exercício"), por entender que:

"o art. 102, I, *b*, da CF – que estabelece a competência do STF para processar e julgar originariamente, nas infrações penais comuns, o Presidente da República, o Vice-Presidente, os membros do Congresso Nacional, seus próprios Ministros e o Procurador-Geral da República – não alcança aquelas pessoas que não mais exerçam mandato ou cargo" (STF – Pleno – Inquérito nº 687/SP – questão de ordem – Rel. Min. SYDNEY SANCHES; STF – Pleno – Inquérito nº 881/MT – questão de ordem – Rel. Min. SYDNEY SANCHES; STF – Pleno – Ações Penais nºs 313/DF, 315/DF, 319/DF, 656/AC – questão de ordem – Rel. MOREIRA ALVES, 25-8-1999 – todos no *Informativo STF* nº 159. Conferir, ainda, nesse mesmo sentido: STF – Inquérito nº 1.461-3/AL – Rel. Min. SEPÚLVEDA PERTENCE, *Diário da Justiça*, Seção I, 8 set. 1999, p. 24; STF – Pleno – Ação Penal nº 313-8/DF – questão de ordem – Rel. Min. MOREIRA ALVES, *Diário da Justiça*, Seção I, 9 set. 1999, capa; STF – Pleno – Ação Penal nº 315-4/DF – questão de ordem – Rel. Min. MOREIRA ALVES, *Diário da Justiça*, Seção I, 9 set. 1999, p. 2; STF – Pleno – Ação Penal nº 319-7/DF – questão de ordem – Rel. Min. MOREIRA ALVES, *Diário da Justiça*, Seção I, 9 set. 1999, p. 2; STF – Inquérito nº 656-4/AC – questão de ordem – Rel. Min. MOREIRA ALVES, *Diário da Justiça*, Seção I, 9 set. 1999, p. 2; STF – Inquérito nº 881-8/MT – questão de ordem – Rel. Min. MOREIRA ALVES, *Diário da Justiça*, Seção I, 9 set. 1999, p. 2).

O SUPREMO TRIBUNAL FEDERAL decidiu que não mais ocorreria a perpetuação de sua competência para o processo e julgamento dos crimes comuns praticados pelas autoridades previstas no art. 102, I, *b* e *c*, quando cessarem seus mandatos/cargos, deixando de ter aplicação a regra da contemporaneidade da infração penal comum com o exercício do mandato/cargo e, consequentemente, os autos passaram a ser remetidos à Justiça de 1º grau (nesse sentido, conferir: STF – Inquérito nº 2.252-7/DF – Rel. Min. CELSO DE MELLO, *Diário da Justiça*, Seção I, 25 maio 2006, p. 8; STF – Inquérito nº 2.277/DF – questão de ordem – Rel. Min. MARCO AURÉLIO, decisão: 24-5-2006, *Informativo STF* nº 428).

As razões que levaram a SUPREMA CORTE ao cancelamento da Súmula 394 foram trazidas no voto condutor do MINISTRO RELATOR SYDNEY SANCHES, que expôs, ao analisar os efeitos da referida Súmula:

> "Mas não se pode negar, por outro lado, que são eles trabalhosíssimos, exigindo dos Relatores que atuem como verdadeiros Juízes de 1º grau, à busca de uma instrução que propicie as garantias que justificaram a Súmula 394. Penso que, a esta altura, se deva chegar a uma solução oposta a ela, ao menos como um primeiro passo da Corte para se aliviar das competências não expressas na Constituição, mas que ela própria se atribuiu, ao interpretá-la ampliativamente e, às vezes, até, generosamente, sem paralelo no Direito comparado. Se não se chegar a esse entendimento, dia virá em que o Tribunal não terá condições de cuidar das competências explícitas, com o mínimo de eficiência, de eficácia e de celeridade, que se deve exigir das decisões de uma Suprema Corte. Os riscos, para a Nação, disso decorrentes, não podem ser subestimados e, a meu ver, hão de ser elevados em grande conta, no presente julgamento" (Trecho do voto do Min. SYDNEY SANCHES, na questão de ordem do Inquérito nº 687/SP – *Informativo STF* nº 159).

Dessa forma, não mais foi admitida a perpetuação da competência do SUPREMO TRIBUNAL FEDERAL para o processo e julgamento dos crimes comuns praticados pelas autoridades previstas no art. 102, I, *b* e *c*, quando cessarem seus cargos/mandatos.

O Congresso Nacional, ignorando a interpretação dada ao art. 102, I, *b* e *c*, da Constituição Federal pelo SUPREMO TRIBUNAL FEDERAL, editou a Lei nº 10.628, de 24 de dezembro de 2002, alterando a redação do art. 84 do Código de Processo Penal (§§ 1º e 2º); e estabelecendo não só que a ação de improbidade deveria ser proposta perante o tribunal competente para processar e julgar criminalmente o funcionário ou autoridade na hipótese de prerrogativa de foro em razão do exercício de função pública, mas também que essa competência especial por prerrogativa de função, tanto penal quanto por improbidade administrativa, deveria prevalecer ainda que o inquérito ou a ação se iniciassem após a cessação do exercício da função pública (§ 2º do art. 84 do CPP), revigorando a antiga regra da contemporaneidade fato/mandato prevista na Súmula 394 do STF.

Essa extensão de competência ao SUPREMO TRIBUNAL FEDERAL para o processo e julgamento de ações penais e ações de improbidade administrativa feriu frontalmente a definição taxativa de competências da CORTE SUPREMA prevista no art. 102, I, *b*, da Constituição Federal, usurpando sua função de "guardião e intérprete da Constituição" e, consequentemente, foi declarada inconstitucional (STF – Pleno – Adin nº 2797/DF e Adin nº 2860/DF, Rel. Min. SEPÚLVEDA PERTENCE, decisão: 15-9-2005 – *Informativo STF* nº 401, p. 1), pois como afirmou em relação à SUPREMA CORTE AMERICANA o *JUDGE* HUGHES (Charles E. Hughes foi nomeado para a Suprema Corte americana em 1910, pelo Presidente William H. Taft, tendo exercido seu mister até o ano de 1916), "a Constituição é o que o juiz diz que ela é".

O SUPREMO TRIBUNAL FEDERAL, portanto, declarou inconstitucional a Lei nº 10.628/2002, em relação ao § 1º do art. 84 do Código de Processo Penal, tendo sido ressaltado pelo RELATOR-MINISTRO SEPÚLVEDA PERTENCE,

> "por considerar que o mesmo, além de ter feito interpretação autêntica da Carta Magna, o que seria reservado à norma de hierarquia constitucional, teria usurpado a competência do STF como guardião da Constituição Federal ao inverter a leitura por ele já feita de norma constitucional, o que, se admitido, implicaria sujeitar a interpretação constitucional do STF ao referendo do legislador ordinário" (STF – Pleno – Adin nº 2797/DF e Adin nº 2860/DF, Rel. Min. SEPÚLVEDA PERTENCE, decisão: 15-9-2005 – *Informativo STF* nº 401, p. 1).

Igualmente, a nova regra trazida pela Lei nº 10.628, de 24 de dezembro de 2002, ao estabelecer, no § 1º do art. 84 do CPP, que a ação de improbidade administrativa deveria ser proposta perante o tribunal competente, para processar e julgar criminalmente o funcionário ou autoridade na hipótese de prerrogativa de foro em razão do exercício de função pública, estava, em relação ao SUPREMO TRIBUNAL FEDERAL, estendendo o foro privilegiado penal, previsto no art. 102, I, *b* e *c*, da Constituição Federal, também para as hipóteses de prática de atos de improbidade administrativa; ampliando, por lei ordinária, as competências originárias da CORTE.

Nos termos da nova regulamentação, o SUPREMO TRIBUNAL FEDERAL passaria a ser competente para o processo e julgamento das ações de improbidade administrativa praticadas por todos os detentores de foro penal privilegiado, em clara extensão do alcance do art. 102, I, *b* e *c*, da Carta Magna.

Ocorre, porém, que o SUPREMO TRIBUNAL FEDERAL, interpretando suas competências originárias previstas no art. 102, já havia estabelecido que somente pudesse processar e julgar, originariamente, as hipóteses previstas no texto constitucional, e entre elas não se encontrava a hipótese de improbidade administrativa de altas autoridades da República, ou ainda o julgamento da ação popular de Parlamentares, Ministros de Estado ou do próprio Presidente da República, por não estarem na esfera das atribuições jurisdicionais originárias de nossa CORTE SUPREMA (Pet. 296-2, Rel. Min. CÉLIO BORJA, *DJU*, de 10 nov. 1988; Pet. 352-7, Rel. Min. SYDNEY SANCHES, *DJU*, de 9 jun. 1989; Pet. 431-1, Rel. Min. NÉRI DA SILVEIRA, *DJU*, de 10 ago. 1990; Pet. 487-6, Rel. Min. MARCO AURÉLIO, *DJU*, de 20 jun. 91; Pet. 682-MS, Rel. Min. CELSO DE MELLO, *DJU*, de 9 fev. 1993; *Informativo STF* nº 73 – Pet. 1282-RJ, Rel. SYDNEY SANCHES; Pet. 129-0, Rel. Min. MOREIRA ALVES, *DJU*, de 25 fev. 1985).

Assim, apesar de a Constituição Federal prever a competência originária do SUPREMO TRIBUNAL FEDERAL para os feitos criminais e mandados de segurança em relação às diversas autoridades, em relação às demais ações propostas, inclusive ações civis públicas (STF – Pleno – Agravo regimental em petição nº 693-4/SP – Rel. Min. ILMAR GALVÃO) e ações por ato de improbidade, carecia o PRETÓRIO EXCELSO de competência, por falta de previsão especifica do rol taxativo do art. 102 da Carta Magna, como destacado pela CORTE:

> "como a alegação de improbidade administrativa concerne à atuação do acusado como Prefeito Municipal, observadas as formalidades legais atinentes à espécie, competente para propor a ação de improbidade administrativa é o Representante do Ministério Público Estadual, com atribuição específica, ou a Prefeitura de Acaraú (art. 17 da Lei 8.429). Obviamente, o Supremo Tribunal Federal não é o órgão competente para conhecer, inicialmente, de ação de improbidade administrativa, ainda que proposta contra quem detenha atualmente o mandato de Deputado Federal" (STF – Inquérito nº 1202-5/CE – Rel. Min. CARLOS VELLOSO, *Diário da Justiça*, Seção I, 4 mar. 1997, p. 4.800).

Em face disso, foi, igualmente, declarada a inconstitucionalidade em relação ao § 2º do art. 84 do CPP, entendendo o SUPREMO TRIBUNAL FEDERAL que:

> "esse parágrafo veiculou duas regras: a que estende a competência especial por prerrogativa de função para inquérito e ação penais à ação de improbidade administrativa e a que manda aplicar, em relação à mesma ação de improbidade, a previsão do § 1º do citado artigo. Esta última regra, segundo o relator, estaria atingida por arrastamento pela declaração de inconstitucionalidade já proferida. E a primeira implicaria declaração de competência originária não prevista no rol taxativo da Constituição Federal. Ressaltou que a ação de improbidade administrativa é de natureza civil, conforme se depreende do § 4º do art. 37 da CF e que o STF jamais entendeu ser competente para o conhecimento de ações civis, por ato de ofício, ajuizadas contra as autoridades para cujo processo penal o seria" (STF – Pleno – Adin nº 2797/DF e Adin nº 2860/DF, Rel. Min. SEPÚLVEDA PERTENCE, decisão: 15-9-2005 – *Informativo STF* nº 401, p. 1).

Em relação à incompetência do SUPREMO TRIBUNAL FEDERAL para o processo e julgamento de ações populares contra os detentores de foro penal privilegiado, nossa CORTE reiterou seu clássico posicionamento, após a declaração de inconstitucionalidade da Lei nº 10.628/2002 (STF – Pets. nºs 3.033-8/SP, 3.047-8/DF, 3.278-1/MA, 3.337-0/SC – Rel. Min. CELSO DE MELLO, *Diário da Justiça,* Seção I, 6 out. 2005, p. 13 e 14; STF – Recls. nºs 2.227-7/DF, 2.746-5/SC, 2.766-0/RN, 2.870-4/MG – Rel. Min. CELSO DE MELLO, *Diário da Justiça,* Seção I, 3 out. 2005, p. 9 e 10).

Eventuais alterações dessas regras, prevendo competência originária do Supremo Tribunal Federal para processo e julgamento de ações de improbidade administrativa, bem como prorrogação da prerrogativa de foro após o final do cargo/mandato, seja no cível, seja no criminal, somente poderão ocorrer com expressa alteração constitucional, por meio de Emendas à Constituição, uma vez que o próprio PRETÓRIO EXCELSO somente admite, e ainda excepcionalmente, a alteração de suas competências originárias pelo legislador constituinte derivado (a respeito dessa possibilidade, conferir análise pelo STF da EC nº 22/1999, que transferiu o processo e julgamento de *habeas corpus* contra ato de coação derivado de decisão colegiada de TRF ou Tribunais Estaduais do Supremo Tribunal Federal para o Superior Tribunal de Justiça (STF – 2ª T. – HC nº 78.416/RJ – questão de ordem – Rel. Min. MAURÍCIO CORRÊA, decisão: 22-3-1999; STF – 1ª T. – HC nº 78.756-6/SP – Rel. Min. SEPÚLVEDA PERTENCE, *Diário da Justiça,* Seção I, 29 de março 1999, p. 21), sendo absolutamente vedado ao legislador ordinário ampliar as suas competências originárias.

Parece-nos que o próprio Congresso Nacional verificou essa obrigatoriedade, pois, demonstrando a necessidade de alteração constitucional, o Senado Federal aprovou o Parecer nº 1.748, e, posteriormente, em dois turnos, a Proposta de Emenda à Constituição nº 29, de 2000 (nº 96, de 1999, na Câmara dos Deputados), constante da Emenda nº 240, da Comissão de Constituição, Justiça e Cidadania, enviando o texto à Câmara dos Deputados, para nova análise e eventual aprovação em dois turnos, pelo quórum qualificado de 3/5. No texto aprovado, estende-se o mesmo foro criminal especial por prerrogativa de função, previsto constitucionalmente às diversas autoridades, às ações de improbidade administrativa (criação do art. 97-A).

(II) EXCEPCIONALIDADE E TAXATIVIDADE DAS COMPETÊNCIAS ORIGINÁRIAS DO SUPREMO TRIBUNAL FEDERAL – IMPOSSIBILIDADE DE AMPLIAÇÃO PELA APLICAÇÃO DA TEORIA DOS PODERES IMPLÍCITOS

As competências originárias do SUPREMO TRIBUNAL FEDERAL são expressas e taxativamente previstas pela Constituição Federal, não se admitindo ampliação pelo legislador ordinário, nem tampouco com base em supostas competências originárias implícitas.

Observe-se que inexistem competências originárias implícitas no texto constitucional, tendo sido fixado desde logo, em relação às competências originárias da CORTE SUPREMA AMERICANA, assim como do SUPREMO TRIBUNAL FEDERAL, não ser possível a aplicação da Teoria dos Poderes Implícitos, também criada pela CORTE AMERICANA, pois se encontram em rol taxativamente descrito no texto constitucional, diversamente do que ocorreu com o artigo II da Constituição norte-americana, que, ao prever os poderes e funções presidenciais, foi a norma mais indefinida do texto, deixando de estabelecer todos os poderes presidenciais de antemão, permitindo, assim, como salientado por Edward

Corwin, maior liberdade para o jogo de forças políticas (*El poder ejecutivo*. Buenos Aires: Editorial Bibliográfica Argentina, 1959. p. 42 ss.).

A análise dos poderes presidenciais tem início na interpretação do artigo II, § 1º, ao prever que o "Poder Executivo deve ser investido no Presidente dos Estados Unidos da América".

A Convenção Constitucional norte-americana estipulou genericamente que a competência mais importante do Presidente da República é sua responsabilidade de impor a lei.

A própria Constituição de 1787 previu ao Chefe do Executivo a obrigação de "cuidar para que as leis sejam fielmente executadas", delegando ao Presidente a responsabilidade de forçar o cumprimento das leis dos Estados Unidos (LEARNED, Henry. *The president's cabinet*: studies in the origin, formation and structure of an american institution. New Haven: Yale University Press, 1912. p. 380).

Para tanto, na história do presidencialismo, o Congresso Nacional americano vem, historicamente, como apontado por THOMAS COOLEY, adicionando poderes por meio de medidas que capacitam o Chefe do Executivo a agir rápida e vigorosamente (*The general principles of constitutional law in the United States of America*. 3. ed. Boston: Little, Brown and Company, 1898. p. 121).

Essa autoridade do Presidente como chefe oficial de imposição das leis dos Estados Unidos foi ainda mais efetivada por decisões da Corte Suprema, que apesar de apontar a ausência de lei específica que autorizasse o Presidente a nomear o Procurador-Geral, como garantidor maior da aplicação da lei, entendeu que esse poder era decorrente da função presidencial de exigir e garantir o fiel cumprimento da legislação norte-americana (FINCHER, Ernest Barksdale. *The president of the United States*. New York: Abelard-Schuman, 1955. p. 72 ss.), pois, como ressaltado por Wilson Woodrow,

> "no aspecto Constitucional de executivo legal não se pode supor isolado o Presidente. Não pode ele executar leis. A execução quotidiana delas há de competir aos diversos departamentos executivos e ao numeroso corpo de funcionários federais espalhados em todo o país, no que diz respeito aos deveres estritamente executivos do seu cargo, pode-se dizer o Presidente administra a presidência conjuntamente com os membros do gabinete, como o presidente de uma comissão" (*O presidente dos Estados Unidos*. Rio de Janeiro: Jacintho Ribeiro dos Santos, 1917. p. 23).

Após isso, com base na análise da decisão da Corte Suprema americana no caso *Myers v. Estados Unidos* (US 272 – 52, 118), envolvendo o Diretor dos Correios de Oregon (1926), a enumeração do artigo II foi interpretada com a finalidade de trazer um novo caminho para uma completa revolução no sistema presidencial americano, ao possibilitar a conversão do governo nacional, de governo de atribuições taxativas, em governo de atribuições genericamente previstas no texto constitucional, estabelecendo o Poder Executivo como essencial no governo e conferindo ao Presidente da República poderes mais amplos.

Como salientado por PEDRO CARLOS BACELAR DE VASCONCELOS (*A separação dos poderes na constituição americana*. Coimbra: Coimbra Editora, 1994. p. 28),

> "a não referência da outorga do Poder Executivo a um elenco específico de competências, ao contrário do que se passa com o Congresso, foi interpretada por

Alexander Hamilton no sentido da não restrição do Executivo às atribuições explícitas, segundo ele incidentais, das seções 2 e 3 do art. II. Estaríamos antes perante o reconhecimento de uma competência genérica de poderes implícitos – *inherent powers* – do Executivo, apenas sujeitos às proibições e limites estruturais da Constituição. Esta tese mantém atualidade e foi sobretudo influente no domínio das relações externas".

Nessa decisão, a CORTE SUPREMA aceitou a ideia original dos federalistas, defendida diretamente por Hamilton, e concluiu que o Chefe do Poder Executivo Federal poderia exercitar o poder originário de fontes não enumeradas, contanto que não proibidas pelo texto constitucional, diversamente do que ocorre no âmbito da distribuição de competências legislativas e das competências originárias da própria Corte, tendo afirmado o Tribunal que

> "o Poder Executivo foi concedido em termos gerais, fortalecido por termos específicos onde a ênfase foi considerada apropriada, e foi limitado por expressões diretas onde a limitação foi necessária.
>
> O poder do Presidente de obrigar e garantir o cumprimento da lei do país, de administrar ou de conduzir os negócios do governo, e de nomear e demitir seus assessores diretos, responsáveis por cumprir suas ordens, deriva diretamente da previsão constitucional que lhe garante a *autoridade executiva*" (FINCHER, Ernest Barksdale. *The president of the United States*. New York: Abelard-Schuman, 1955. p. 87).

Autorizou-se, portanto, a possibilidade de aplicação para o Órgão Executivo da Teoria dos Poderes Implícitos – *inherent powers* –, pela qual, no exercício de sua missão constitucional enumerada, o órgão executivo deveria dispor de todas as funções necessárias, ainda que implícitas, desde que não expressamente limitadas (*Myers v. Estados Unidos* – US 272 – 52, 118), consagrando-se, dessa forma, o reconhecimento de competências executivas genéricas e implícitas que possibilitem o exercício de sua missão constitucional, apenas sujeitas às proibições e aos limites estruturais da Constituição Federal.

Em relação às competências originárias da CORTE SUPREMA, não será possível a utilização da Teoria dos Poderes Implícitos, pois o texto constitucional expressa e taxativamente estabelece um rol específico de competências originárias.

Conforme analisado anteriormente, em *Marbury v. Madison* (1 Cranch 137 – 1803), o *CHIEF JUSTICE* MARSHALL, após afirmar que "a Constituição é um chefe superior, do Direito, imutável por meios ordinários, ou estará num mesmo nível com as leis ordinárias e, como as outras, poderá ser alterada quando o Legislativo quiser", e que "certamente, todos os que têm fundado Constituições escritas contemplam-nas como formadoras do Direito fundamental e supremo da Nação, consequentemente, abraçam a teoria de que cada governo deve aceitar que uma lei ordinária em conflito com a Constituição é inoperante", concluiu que estava terminantemente proibido ao Poder Legislativo ampliar, por meio de legislação ordinária, as competências originárias da CORTE SUPREMA, em face de sua previsão taxativa no texto constitucional.

A mesma conclusão é inteiramente aplicável ao SUPREMO TRIBUNAL FEDERAL, cujo rol de competências originárias é expresso e taxativamente previsto no texto de nossa CARTA MAGNA, sendo pacífico o posicionamento do SUPREMO TRIBUNAL FEDERAL sobre a impossibilidade de ampliação do rol taxativo de suas competências constitucionais originárias por LEGISLAÇÃO ORDINÁRIA, bem como não sendo possível a aplicação da TEORIA DOS PODERES IMPLÍCITOS – *inherent powers*.

(III) EXCEPCIONALIDADE E TAXATIVIDADE DAS COMPETÊNCIAS ORIGINÁRIAS DO SUPREMO TRIBUNAL FEDERAL – IMPOSSIBILIDADE DE AMPLIAÇÃO INDIRETA E REFLEXA PELA APLICAÇÃO DE REGRAS PREVISTAS NA LEGISLAÇÃO ORDINÁRIA (CONEXÃO E CONTINÊNCIA) – INAPLICABILIDADE DA SÚMULA 704

Tendo o SUPREMO TRIBUNAL FEDERAL pacificado a impossibilidade de ampliação do rol expresso e taxativo de suas competências constitucionais originárias por legislação ordinária, não guarda lógica e razoabilidade a possibilidade de se permitir essa ampliação por aplicação interpretativa de lei ordinária já existente, ou seja, NÃO SE PODE EDITAR, MAS SE PODE APROVEITAR LEI JÁ EDITADA.

Dessa forma, não encontra respaldo no PRINCÍPIO DA RAZOABILIDADE qualquer interpretação da legislação ordinária que, visando garantir maior alcance a institutos infraconstitucionais (como na espécie conexão e continência), acabe por permitir que, de maneira reflexa, o rol taxativo de autoridades submetidas à competência penal originária da CORTE SUPREMA possa ser ampliado sem qualquer limitação por simples lei ordinária.

O PRINCÍPIO DA RAZOABILIDADE pode ser definido como aquele que exige Proporcionalidade, Justiça e Adequação entre os meios utilizados pelo Poder Público, no exercício de suas atividades – na hipótese, ATIVIDADE JURISDICIONAL –, e os fins por ela almejados, levando-se em conta critérios racionais e coerentes (cf. BUCCI, Maria Paula Dallari. O princípio da razoabilidade em apoio à legalidade. *Cadernos de Direito Constitucional e Ciência Política*. São Paulo: Revista dos Tribunais, ano 4, nº 16, p. 173, jul./set. 1996; MELLO, Celso Antônio Bandeira de. Regulamentação profissional: princípio da razoabilidade. *Revista de Direito Administrativo*, v. 204, p. 333 ss., abr./jun. 1996).

Conforme destacado por JOSÉ EDUARDO MARTINS CARDOSO (Princípios constitucionais da administração pública (de acordo com a emenda constitucional nº 19/98). *Os 10 anos da Constituição Federal*. São Paulo: Atlas, 1998. p. 182), sob a óptica da Administração Pública, o PRINCÍPIO DA RAZOABILIDADE pode ser definido como o princípio que determina aos Poderes Públicos "o dever de atuar em plena conformidade com critérios racionais, sensatos e coerentes, fundamentados nas concepções sociais dominantes".

O que se espera do SUPREMO TRIBUNAL FEDERAL, na presente hipótese, é uma COERÊNCIA LÓGICA entre O PACÍFICO POSICIONAMENTO SECULAR DA IMPOSSIBILIDADE DE AMPLIAÇÃO DE SUAS COMPETÊNCIAS ORIGINÁRIAS POR LEGISLAÇÃO ORDINÁRIA e A IMPOSSIBILIDADE DE APLICAÇÃO DAS REGRAS DO CÓDIGO DE PROCESSO PENAL (CONEXÃO E CONTINÊNCIA) AO ART. 102, I, *b* e *c*, DA CONSTITUIÇÃO FEDERAL (FORO PRIVILEGIADO), pois, como apontado por AUGUSTIN GORDILLO (*Princípios gerais do direito público*. São Paulo: Revista dos Tribunais, 1977. p. 183), a decisão do Poder Público será sempre ilegítima, desde que sem racionalidade, mesmo que não transgrida explicitamente norma concreta e expressa, ou ainda, no dizer de ROBERTO DROMI (*Derecho administrativo*. 6. ed. Buenos Aires: Ciudad Argentina, 1997. p. 36), a razoabilidade engloba a prudência, a proporção, a indiscriminação, a proteção, a proporcionalidade, a causalidade, em suma, a não arbitrariedade.

Como apontar racionalidade, proporção e causalidade entre entendimentos tão díspares, que em um primeiro momento NÃO PERMITEM que seja editada legislação ordinária que, expressa e diretamente, amplie as competências originárias do SUPREMO TRIBUNAL FEDERAL, que, porém, em um segundo momento, acabam por PERMITIR que implícita e reflexamente legislação ordinária já existente acabe por ampliar as citadas competências originárias?

Não é prudente, protetivo e não abusivo esse entendimento contraditório, pois acaba por conceder ao Poder Legislativo enorme discricionariedade para reflexamente dispor sobre as competências originárias do SUPREMO TRIBUNAL FEDERAL, como melhor lhe aprouver, bastando para tanto que amplie as hipóteses legais de conexão e continência, mesmo que de maneira inadequada e excessiva.

Tanto a edição de legislação ordinária que expressa e diretamente amplie as competências originárias de nossa CORTE SUPREMA, quanto a aplicação de legislação ordinária já existente que implícita e reflexamente acabe por ampliá-la, são inconstitucionais.

A RAZOABILIDADE, portanto, deve ser utilizada como parâmetro para se evitarem os tratamentos excessivos (*ubermassig*), inadequados (*unangemessen*), buscando-se sempre no caso concreto o tratamento necessariamente exigível (*erforderlich, unerlablich, unbedingt notwendig*).

Na presente hipótese, portanto, o tratamento exigível, adequado e não excessivo exige a integral aplicação do entendimento pacífico do SUPREMO TRIBUNAL FEDERAL pela inconstitucionalidade da ampliação de suas competências originárias por lei ordinária, também em relação às normas ordinárias já existentes.

A taxatividade do rol de competências constitucionais originárias do SUPREMO TRIBUNAL FEDERAL é absoluta, não havendo possibilidades de ampliação direta e expressa por meio de edição de lei ordinária, ou mesmo indireta e reflexa, pela aplicação da Teoria dos Poderes Implícitos ou interpretação de lei ordinária já existente.

Sob essa exegese deve ser analisada a impossibilidade da aplicação das regras legais de conexão e continência previstas no Código de Processo Penal à previsão de foro privilegiado (CF, art. 102, I, *b* e *c*), uma vez que estaríamos de forma inconstitucional ampliando as competências originárias do SUPREMO TRIBUNAL FEDERAL.

Em que pese a decisão proferida em questão de ordem, nos autos do Inquérito 2245-QO/MG, em 6 de dezembro de 2006, onde, por maioria de votos, decidiu o Plenário do SUPREMO TRIBUNAL FEDERAL pelo não desmembramento do inquérito policial, é importante ressaltar que sua fundamentação foi baseada na questão de adoção do critério subjetivo ou objetivo previsto no art. 80 do Código de Processo Penal, como se verifica em sua Ementa:

> "QUESTÃO DE ORDEM. INQUÉRITO. DESMEMBRAMENTO. ARTIGO 80 DO CPP. CRITÉRIO SUBJETIVO AFASTADO. CRITÉRIO OBJETIVO. INADEQUAÇÃO AO CASO CONCRETO. MANUTENÇÃO INTEGRAL DO INQUÉRITO SOB JULGAMENTO DA CORTE. Rejeitada a proposta de adoção do critério subjetivo para o desmembramento do inquérito, nos termos do artigo 80 do CPP, resta o critério objetivo, que, por sua vez, é desprovido de utilidade no caso concreto, em face da complexidade do feito. Inquérito não desmembrado. Questão de ordem resolvida

no sentido da permanência, sob a jurisdição do Supremo Tribunal Federal, de todas as pessoas denunciadas".

Posteriormente, no momento do recebimento da Denúncia, em sessão realizada pelo Plenário em 28 de agosto de 2007, o SUPREMO TRIBUNAL FEDERAL, em preliminar, decidiu que:

> "PRIMEIRA PRELIMINAR. INCOMPETÊNCIA. FORO POR PRERROGATIVA DE FUNÇÃO. DESEMEMBRAMENTO. INDEFERIDO PELO PLENO. PRECLUSÃO. Rejeitada a preliminar de incompetência do STF para julgar a acusação formulada contra os 34 (trinta e quatro) acusados que não gozam de prerrogativa de foro. Matéria preclusa, tendo em vista que na sessão plenária realizada no dia 06/12/06 decidiu-se, por votação majoritária, pela necessidade de manter-se um processo único, a tramitar perante o Supremo Tribunal Federal".

Ocorre, porém, que tanto na sessão Plenária do dia 6 de dezembro de 2006, quanto na sessão Plenária de 28 de agosto de 2007, o SUPREMO TRIBUNAL FEDERAL analisou juridicamente a questão sob a ótica do Direito Processual Penal, ou seja, aplicação dos critérios subjetivo ou objetivo ao caso concreto, não tendo ocorrido análise frontal da questão sob o ângulo constitucional, ou seja, sobre a inconstitucionalidade de ampliação das competências constitucionais da CORTE SUPREMA por norma legal (conexão e continência).

A necessidade de análise, pelo PLENÁRIO DA CORTE, da inconstitucionalidade de ampliação das competências constitucionais da CORTE SUPREMA por norma legal (conexão e continência) se torna imprescindível quando vários pronunciamentos posteriores da CORTE demonstram que 8 (oito) dos atuais Ministros (MINISTROS CELSO DE MELLO, MARCO AURÉLIO, GILMAR MENDES, CEZAR PELUSO, CARLOS BRITTO, JOAQUIM BARBOSA, RICARDO LEWANDOWSKI e CÁRMEN LÚCIA) já se manifestaram, EM DECISÕES POSTERIORES À QUESTÃO DE ORDEM DO INQUÉRITO 2245-QO/MG, pelo desmembramento de inquérito, em casos semelhantes, em face da taxatividade constitucional das competências originárias do STF, e os 2 (dois) outros Ministros (MINISTROS DIAS TOFFOLI e LUIZ FUX) ainda não tiveram possibilidade de se manifestar sobre o assunto, conforme verificamos abaixo.

Em 20 de junho de 2007, por unanimidade, o Plenário da CORTE SUPREMA entendeu não ser possível o remembramento de inquérito policial, afirmando que:

> "INQUÉRITO – REMEMBRAMENTO – ACUSADOS SEM PRERROGATIVA DE FORO – CONEXÃO – CONTINÊNCIA – SUPREMO. Não concorre a indispensável relevância da causa de pedir do remembramento de inquérito, presente a competência do Supremo definida na Constituição Federal, considerada a disciplina legal da conexão e da continência".

Participaram do julgamento oito dos atuais membros do Supremo Tribunal Federal: MINISTROS MARCO AURÉLIO, ELLEN GRACIE (Presidente), SEPÚLVEDA PERTENCE, CELSO DE MELLO, GILMAR MENDES, CEZAR PELUSO, CARLOS BRITTO, JOAQUIM BARBOSA, EROS GRAU, RICARDO LEWANDOWSKI e CÁRMEN LÚCIA.

A 1ª Turma do SUPREMO TRIBUNAL FEDERAL, em 12 de agosto de 2008, proclamou a impossibilidade de ampliação do rol taxativo de competências constitucionais originárias da Corte por aplicação da legislação ordinária, em especial, das regras de conexão e continência, proclamando:

> "COMPETÊNCIA – PRERROGATIVA DE FORO – NATUREZA DA DISCIPLINA. A competência por prerrogativa de foro é de Direito estrito, não se podendo, considerada conexão ou continência, estendê-la a ponto de alcançar o inquérito ou ação penal relativos a cidadão comum" (STF, 1ª T., Rel. Min. MARCO AURÉLIO, *DJe*-187, publicado em 3 de outubro de 2008).

Importante destacar que o MINISTRO RELATOR MARCO AURÉLIO afirmou em seu voto que:

> "Não abro exceção, já disse inclusive em Plenário. Não posso conceber que uma norma instrumental comum alusiva à continência e à conexão modifique a situação, altere a Carta da República, tão mal amada, quanto à competência do Tribunal, seja do Superior Tribunal ou do Supremo. Por isso é que estou, agora no julgamento de fundo, determinando do desmembramento. A possibilidade de decisões conflitantes em relação a co-réus é própria do sistema e pode ser corrigida, pode ser afastada mediante a interposição de recurso pelo Ministério Público".

No julgamento, participaram RICARDO LEWANDOWSKI, CÁRMEN LÚCIA e MENEZES DIREITO.

Nesse mesmo sentido, em 19 de agosto de 2008, a 1ª TURMA DO SUPREMO TRIBUNAL FEDERAL decidiu por unanimidade que:

> "COMPETÊNCIA PENAL – PRERROGATIVA DE FORO – EXTENSÃO – CO-RÉUS – IMPROPRIEDADE. A competência do Superior Tribunal de Justiça está delimitada na Constituição Federal, não sofrendo alteração considerados institutos processuais comuns – a conexão e a continência. Precedentes do Plenário: *Habeas Corpus* nº 91.273-7/RJ, acórdão divulgado no Diário da Justiça Eletrônico de 31 de janeiro de 2008, *Habeas Corpus* nº 89.056-3/MS, acórdão veiculado no Diário da Justiça Eletrônico de 2 de outubro de 2008, ambos de minha relatoria, e Inquérito nº 1.720-5/RJ, acórdão publicado no Diário da Justiça de 14 de dezembro de 2001, relatado pelo Ministro Sepúlveda Pertence" (HC 89083/MS – Mato Grosso, *DJe*-025, divulgado em 6 de fevereiro de 2009).

Na oportunidade, o MINISTRO RELATOR MARCO AURÉLIO afirmou que:

> "Valho-me do que tenho sustentado no Plenário no sentido de legislação instrumental referente à continência e à conexão não poder alterar competência fixada na Carta Federal: [...] As normas definidoras da competência do Supremo são de Direito estrito. Cabe ao Tribunal o respeito irrestrito ao artigo 102 da Constituição Federal. Sob o ângulo das infrações penais comuns, cumpre-lhe processar e julgar originariamente o Presidente e o Vice-Presidente da República, os membros do Congresso Nacional, os próprios ministros que o integram e o Procurador-Geral

da República, mostrando-se mais abrangente a competência, a alcançar infrações penais comuns e crimes de responsabilidade, considerados os ministros de Estado, os comandantes da Marinha, do Exército e da Aeronáutica, ressalvado o disposto no artigo 52, inciso I, da Carta da República, os membros dos Tribunais Superiores, os do Tribunal de Contas da União e os chefes de missão diplomática de caráter permanente – alíneas 'b' e 'c' do inciso I do artigo 102 da Constituição Federal.

Então, forçoso é concluir que, em se tratando do curso de inquérito voltado à persecução criminal, embrião da ação a ser proposta pelo Ministério Público, a tramitação sob a direção desta Corte, presentes atos de constrição, pressupõe o envolvimento de autoridade detentora da prerrogativa de foro, de autoridade referida nas citadas alíneas 'b' e 'c'. Descabe interpretar o Código de Processo Penal conferindo-lhe alcance que, em última análise, tendo em conta os institutos da conexão ou continência, acabe por alterar os parâmetros constitucionais definidores da competência do Supremo. Argumento de ordem prática, da necessidade de evitar-se, mediante a reunião de ações penais, decisões conflitantes não se sobrepõe à competência funcional estabelecida em normas de envergadura maior, de envergadura insuplantável como são as contidas na Lei Fundamental. O argumento calcado no pragmatismo pode mesmo ser refutado considerado a boa política judiciária, isso se fosse possível colocar em segundo plano a ordem natural das coisas, tal como contemplada no arcabouço normativo envolvido na espécie.

O Supremo, hoje, encontra-se inviabilizado ante sobrecarga invencível de processos. Então, os plúrimos, a revelarem ações penais ajuizadas contra diversos cidadãos viriam a emperrar, ainda mais, a máquina existente, projetando para as calendas gregas o desfecho almejado. A problemática do tratamento igualitário – e cada processo possui peculiaridades próprias, elementos probatórios individualizados – não é definitiva, ante a recorribilidade prevista pela ordem jurídica e, até mesmo, a existência da ação constitucional do *habeas corpus*. Em síntese, somente devem tramitar sob a direção do Supremo os inquéritos que envolvam detentores de prerrogativa de foro, detentores do direito de, ajuizada a ação penal, virem a ser julgados por ele, procedendo-se ao desdobramento conforme ocorrido na espécie".

Nesse julgamento unânime, participaram os Ministros CARLOS BRITTO, RICARDO LEWANDOWSKI, CÁRMEN LÚCIA e MENEZES DIREITO.

A presente hipótese, portanto, é substancialmente análoga aos vários pronunciamentos do SUPREMO TRIBUNAL FEDEDAL, em especial de 8 de seus atuais MINISTROS, devendo levar a própria CORTE ao mesmo resultado, ao apreciar comparativamente os argumentos principais dos casos concretos, bem como seus motivos, afastando eventuais distinções consideradas razoáveis e idôneas para a conservação de ambos (LEVI, Edward H. The nature of judicial reasoning. *The University of Chicago Law Review*, v. 32, nº 3, Spring 1965, p. 400); e, escolhendo os fatos determinantes e convertendo-os em hipótese abstrata e geral (SCHAEUR, Frederick F. *Playing by the rules*: a philosophical examination of rule-based decision-making in law and in life. Oxford-New York: Clarendon, 2010. p. 183; SIMPSON, A. *The ratio decidendi of a case and the doctrine of binding precedent*, p. 156-159), para, então, concluir pela plena inconstitucionalidade de ampliação das competências constitucionais originárias (foro privilegiado) do SUPREMO TRIBUNAL

FEDERAL por norma legal (conexão e continência); bem como por fiel observância ao Princípio da Razoabilidade.

Ressalte-se, por fim, a inaplicabilidade, na presente hipótese, da Súmula 704 do STF ("não viola as garantias do juiz natural, da ampla defesa e do devido processo legal a atração por continência ou conexão do processo do corréu ao foro por prerrogativa de função de um dos denunciados"), uma vez que:

a)  Não se refere às competências constitucionais originárias do SUPREMO TRIBUNAL FEDERAL, como flagrantemente perceptível ao analisarmos os precedentes desse enunciado;

b)  Em relação às competências constitucionais originárias do SUPREMO TRIBUNAL FEDERAL, na hipótese, o denominado "foro privilegiado", 8 (OITO) dos atuais MINISTROS já se manifestaram em casos ANÁLOGOS e POSTERIORES, conforme verificado, pela impossibilidade de ampliação por normas legais e os outros 2 (DOIS) atuais MINISTROS não tiveram possibilidade de manifestação; o que demonstra o entendimento da própria CORTE pela inaplicabilidade da Súmula 704 à presente hipótese.

Dessa forma, está caracterizada a RAZOABILIDADE de afastamento da referida Súmula, que apresenta peculiaridades diversas da hipótese analisada, pois, para aplicação automática de um precedente, é necessário, como salienta ANA LAURA MAGALONI KERPEL, "formular uma regra geral, aplicável a um litígio similar, implica dotar de certa generalidade os fatos que deram origem à disputa" (*El precedente constitucional en el sistema judicial norteamericano*. Madrid: McGraw-Hill, 2001. p. 83), o que não ocorre no caso em questão.

(IV) PROTEÇÃO DOS DIREITOS HUMANOS. PRINCÍPIO HERMENÊUTICO BÁSICO DE APLICAÇÃO DA NORMA MAIS FAVORÁVEL À PESSOA HUMANA. INCIDÊNCIA DAS GARANTIAS DO JUIZ NATURAL E DO DEVIDO PROCESSO LEGAL ("DIREITO DE RECORRER")

As garantias fundamentais ao Devido Processo Legal e ao Juiz Natural, diferentemente do que ocorria nos textos constitucionais anteriores, foram incorporadas ao texto da Constituição brasileira de 1988.

A imparcialidade do Judiciário e a segurança do povo contra o arbítrio estatal encontram no Devido Processo Legal e no Princípio do Juiz Natural, proclamados nos incisos LV, XXXVII e LIII do art. 5º da Constituição Federal, suas garantias indispensáveis.

Como consagrado pelo SUPREMO TRIBUNAL FEDERAL:

> "O princípio da naturalidade do Juízo – que traduz significativa conquista do processo penal liberal, essencialmente fundado em bases democráticas – atua como fator de limitação dos poderes persecutórios do Estado e representa importante garantia de imparcialidade dos juízes e tribunais" (STF – 1ª T. – HC nº 69.601/SP – Rel. Min. CELSO DE MELLO, *Diário da Justiça*, Seção I, 18 dez. 1992, p. 24.377).

O Juiz Natural é somente aquele integrado no Poder Judiciário, com todas as garantias institucionais e pessoais previstas na Constituição Federal, devendo ser interpretado em sua plenitude, de forma a não só proibir a criação de Tribunais ou juízos de exceção, como também exigir respeito absoluto às regras objetivas de determinação de competência, para que não sejam afetadas a independência e a imparcialidade do órgão julgador.

Nesse mesmo sentido, decidiu o TRIBUNAL CONSTITUCIONAL FEDERAL ALEMÃO:

"O mandamento 'ninguém será privado de seu juiz natural', bem como ocorre com a garantia da independência dos órgãos judiciários, deve impedir intervenções de órgãos incompetentes na administração da Justiça e protege a confiança dos postulantes e da sociedade na imparcialidade e objetividade dos tribunais: a proibição dos tribunais de exceção, historicamente vinculada a isso, tem a função de atuar contra o desrespeito sutil a esse mandamento. Como esses dispositivos em sua essência concretizam o princípio do Estado de Direito no âmbito da constituição (organização) judiciária, elas já foram introduzidas na maioria das Constituições estaduais alemãs do século XIX, dando-lhes, assim, a dignidade de norma constitucional. O art. 105 da Constituição de Weimar deu prosseguimento a esse legado. À medida que os princípios do Estado de Direito e Separação de Poderes se foram aprimorando, também as prescrições relativas ao juiz natural foram sendo aperfeiçoadas. A lei de organização judiciária, os códigos de processo e os planos de distribuição das causas (definidos nas *Geschäftsordnungen* – regimentos internos) dos tribunais determinavam sua competência territorial e material (o sistema de), a distribuição das causas, bem como a composição dos departamentos individualizados, câmaras e senados. Se originalmente a determinação 'ninguém será privado de seu juiz natural' era dirigida sobretudo para fora, principalmente contra qualquer tipo de 'justiça de exceção' (*Kabinettsjustiz*), hoje seu alcance de proteção estendeu-se também à garantia de que ninguém poderá ser privado do juiz legalmente previsto para sua causa por medidas tomadas dentro da organização judiciária" (Decisão – *Urteil* – do Primeiro Senado de 20 de março de 1956 – 1 BvR 479/55 – *Cinquenta anos de Jurisprudência do Tribunal Constitucional Federal Alemão*. Coletânea Original: Jürgen Schwabe. Organização e Introdução: Leonardo Martins. Konrad-Adenauer-Stiftung – Programa Estado de Derecho para Sudamérica, p. 900-901).

A garantia do Devido Processo Legal configura dupla proteção ao indivíduo, atuando tanto no âmbito material de proteção ao direito de liberdade e propriedade quanto no âmbito formal, ao assegurar-lhe paridade total de condições com o Estado-persecutor e plenitude de defesa, visando salvaguardar a liberdade individual e impedir o arbítrio do Estado.

Como salientado pelo SUPREMO TRIBUNAL FEDERAL:

"A submissão de uma pessoa à jurisdição penal do Estado coloca em evidência a relação de polaridade conflitante que se estabelece entre a pretensão punitiva do Poder Público e o resguardo à intangibilidade do *jus libertatis* titularizado pelo réu. A persecução penal rege-se, enquanto atividade estatal juridicamente vinculada, por padrões normativos, que, consagrados pela Constituição e pelas leis, traduzem limitações significativas ao poder do Estado. Por isso mesmo, o processo penal só pode ser concebido – e assim deve ser visto – como instrumento de salvaguarda da liberdade do réu. O processo penal condenatório não é um instrumento de arbítrio do Estado. Ele representa, antes, um poderoso meio de contenção e de delimitação dos poderes de que dispõem os órgãos incumbidos da persecução penal. Ao delinear um círculo de proteção em torno da pessoa do réu – que jamais se presume culpado –, até que sobrevenha irrecorrível sentença que, condicionada por parâmetros ético-jurídicos, impõe ao órgão acusador o ônus integral da prova, ao mesmo tempo em que faculta ao acusado que jamais necessita demonstrar a sua inocência o direito de defender-se e de questionar, criticamente, sob a égide do contraditório, todos os elementos probatórios produzidos pelo MP. A própria exigência de processo judicial representa poderoso fator de inibição do arbítrio estatal e de restrição ao poder de coerção do Estado. A cláusula *nulla poena sine judicio* exprime, no plano do processo penal condenatório, a fórmula de salvaguarda da liberdade individual" (STF – 1ª T. – HC nº 73.338/RJ – Rel. Min. CELSO DE MELLO – *RTJ* 161/264).

O Devido Processo Legal tem como corolários a Ampla Defesa e o Contraditório, que deverão ser assegurados a todos os litigantes.

Por Ampla Defesa entende-se o asseguramento que é dado ao réu de condições que lhe possibilitem trazer para o processo todos os elementos tendentes a esclarecer a verdade (direito à defesa técnica, à publicidade do processo, à citação, à produção ampla de provas, de ser processado e julgado pelo juiz competente, aos recursos previstos em lei, à decisão imutável, à revisão criminal) ou mesmo de calar-se, se entender necessário, enquanto o Contraditório é a própria exteriorização da ampla defesa, impondo a condução dialética do processo (*par conditio*), pois a todo ato produzido caberá igual direito da outra parte de opor-se-lhe ou de dar-lhe a versão que lhe convenha, ou, ainda, de fornecer uma interpretação jurídica diversa daquela feita pelo autor.

Nesse sentido, decidiu o TRIBUNAL CONSTITUCIONAL FEDERAL ALEMÃO, ao referir-se ao Princípio do Contraditório no âmbito do Devido Processo Legal:

> "O princípio do contraditório, elevado a direito fundamental no Art. 103 GG, é uma consequência do pensamento de Estado de direito para o âmbito do processo judicial [...]. Sua inserção na *Grundgesetz* teve o escopo de tornar impossível abusos em processos judiciais, tais quais aqueles que foram perpetrados sob o regime nacional-socialista, reconstruindo a confiança do povo numa administração imparcial da Justiça" (Decisão – *Beschluss* – do Primeiro Senado de 8 de janeiro de 1959 – 1 BvR 396/53 – *Cinquenta anos de Jurisprudência do Tribunal Constitucional Federal Alemão*. Coletânea Original: Jürgen Schwabe. Organização e Introdução: Leonardo Martins. Konrad-Adenauer-Stiftung – Programa Estado de Derecho para Sudamérica, p. 900-901).

A tutela judicial efetiva supõe o estrito cumprimento pelos órgãos judiciários dos princípios processuais previstos no ordenamento jurídico, em especial o Devido Processo Legal, o Contraditório e a Ampla defesa, incluído o direito a uma dupla instância em relação aos recursos existentes (DIREITO DE RECORRER), pois não são mero conjunto de trâmites burocráticos, mas um rígido sistema de garantias para as partes visando ao asseguramento de justa e imparcial decisão final.

Nesse sentido, decidiu o SUPREMO TRIBUNAL FEDERAL:

"O devido processo legal compreende a existência de normas legais preestabelecidas, exercendo-se o direito de defesa, com os recursos a este inerentes, na forma das leis preexistentes, assim num devido processo legal" (STF – 2ª T. – Agravo em embargos de declaração em Ag. Instr. nº 181.1421/SP – Rel. Min. CARLOS VELLOSO, *Diário da Justiça*, Seção I, 27 mar. 1998, p. 5).

Esse é o mesmo entendimento do TRIBUNAL CONSTITUCIONAL ESPANHOL, ao decidir que o direito fundamental à tutela judicial efetiva compreende também sua eficácia em relação aos recursos existentes:

"Como já decidido pelo Tribunal Constitucional (STC 22/87, FJ 3), as garantias constitucionais do processo são exigidas em todas e em cada uma das fases do mesmo, porque o direito a uma dupla instância supõe o direito de ser ouvido e poder defender-se em ambas, e ver-se privado de fazê-lo em uma, acarreta privação de uma possibilidade legalmente oferecida que é precisamente o poder de defender-se perante Tribunais distintos" (S. 195/90, de 29 de novembro, FJ 5 – MORI, Tomás Gui. JURISPRUDÊNCIA CONSTITUCIONAL ÍNTEGRA 1981-2001, v. 1, Barcelona: Bosch, 2004. p. 512).

"A doutrina reiterada do Tribunal Constitucional entende que o acesso aos recursos legalmente estabelecidos é integrante das manifestações do direito à tutela judicial efetiva, cujos requisitos processuais devem interpretar-se em um sentido mais favorável à sua efetividade" (S. 176/90, de 12 de novembro, FJ 2. No mesmo sentido: FJ 3 do STC 50/90, de 26 de março – MORI, Tomás Gui. JURISPRUDÊNCIA CONSTITUCIONAL ÍNTEGRA 1981-2001, v. 1, Barcelona: Bosch, 2004. p. 511).

"Dado que a tutela judicial que o artigo 24.1 da Constituição Espanhola garante não é meramente formal, mas sim efetiva, o direito aos recursos engloba o direito a utilização e efetividade dos recursos interpostos, de maneira que os órgãos judiciais não podem privar injustificadamente sua utilização" (S. 111/92, de 14 de setembro, FJ 4 – MORI, Tomás Gui. JURISPRUDÊNCIA CONSTITUCIONAL ÍNTEGRA 1981-2001, v. 1, Barcelona: Bosch, 2004. p. 509).

"O direito aos recursos tem parte na tutela judicial efetiva (SSTC 46/84, 110/85, 81/86, 69/87 y 130/87) e estará vulnerado quando se proíba o indivíduo de interpor o recurso por meio de obstáculos indevidos ou por denegação injustificada, não explicitada ou devida a um erro imputável ao órgão judicial" (S. 20/91, de 31 de janeiro, FJ 3 – MORI, Tomás Gui. JURISPRUDÊNCIA CONSTITUCIONAL ÍNTEGRA 1981-2001, v. 1, Barcelona: Bosch, 2004. p. 509).

Importante ressaltar que as garantias do JUIZ COMPETENTE E IMPARCIAL e do DIREITO DE RECURSO A INSTÂNCIA SUPERIOR, quando previsto pelo ordenamento jurídico, estão consagradas em nosso ordenamento jurídico, não só pela previsão expressa do princípio do Juiz Natural e do Devido Processo Legal, Contraditório e Ampla Defesa no texto constitucional, mas também pela Convenção Americana de Direitos Humanos – Pacto de San José da Costa Rica, devidamente incorporada em 1992; que, conforme decidiu o SUPREMO TRIBUNAL FEDERAL, tem *status* supralegal:

"O *status* normativo supralegal dos tratados internacionais de direitos humanos subscritos pelo Brasil torna inaplicável a legislação infraconstitucional com ele conflitante, seja ela anterior ou posterior ao ato de adesão" (STF, Pleno, RE 349703/RS, Rel. Min. CARLOS BRITTO, decisão: 3-12-2008).

Em seu art. 8, o Pacto de San José da Costa Rica prevê, expressamente, o PRINCÍPIO DO JUIZ NATURAL e o DIREITO DE RECORRER:

"Artigo 8. Garantias Judiciais:

1. Toda pessoa terá o direito de ser ouvida, com as devidas garantias e dentro de um prazo razoável, por um juiz ou Tribunal competente, independente e imparcial, estabelecido anteriormente por lei, na apuração de qualquer acusação penal formulada contra ela, ou na determinação de seus direitos e obrigações de caráter civil, trabalhista, fiscal ou de qualquer outra natureza.

2. Toda pessoa acusada de delito tem direito a que se presuma sua inocência enquanto não se comprove legalmente sua culpa. Durante o processo, toda pessoa tem direito, em plena igualdade, às seguintes garantias mínimas:

[...]

h) direito de recorrer da sentença para juiz ou tribunal superior".

Assim sendo, a REGRA prevista pela Constituição brasileira e reforçada pelo Pacto de San José da Costa Rica é a ampla possibilidade de utilização de todos os recursos existentes na legislação (DIREITO DE RECORRER) para garantir a tutela jurisdicional efetiva; enquanto a EXCEÇÃO ocorrerá na hipótese taxativamente prevista de competência constitucional originária do SUPREMO TRIBUNAL FEDERAL ("foro privilegiado"), prevista no art. 102, I, *b* e *c*, aplicáveis somente às autoridades enumeradas em seu texto.

Não será possível, sob pena de grave ferimento à Constituição Federal e à Declaração Americana de Direitos Humanos, APLICAR NORMA LEGISLATIVA ORDINÁRIA (CPP – conexão ou continência) às hipóteses de "foro privilegiado", de maneira a subtrair réus, cuja competência penal originária não seja do SUPREMO TRIBUNAL FEDERAL, de seu JUÍZO NATURAL, sob pena de – além das inconstitucionalidades já citadas – efetivar-se GRAVE RESTRIÇÃO PROTETIVA AOS DIREITOS HUMANOS, referente ao DEVIDO PROCESSO LEGAL, em especial ao DIREITO DE RECORRER.

O próprio SUPREMO TRIBUNAL FEDERAL já consagrou que, no âmbito protetivo dos Direitos Humanos, o princípio hermenêutico básico é a aplicação da norma mais favorável à pessoa humana:

"TRATADOS INTERNACIONAIS DE DIREITOS HUMANOS: AS SUAS RELAÇÕES COM O DIREITO INTERNO BRASILEIRO E A QUESTÃO DE SUA POSIÇÃO HIERÁRQUICA. – A Convenção Americana sobre Direitos Humanos (Art. 7º, nº 7). Caráter subordinante dos tratados internacionais em matéria de direitos humanos e o sistema de proteção dos direitos básicos da pessoa humana. – Relações entre o direito interno brasileiro e as convenções internacionais de direitos humanos (CF, art. 5º e §§ 2º e 3º). Precedentes. – Posição hierárquica dos tratados internacionais de direitos humanos no ordenamento positivo interno do Brasil: natureza constitucional ou caráter de supralegalidade? – Entendimento do Relator, Min. CELSO DE MELLO, que atribui hierarquia constitucional às convenções internacionais em matéria de direitos humanos. A INTERPRETAÇÃO JUDICIAL COMO INSTRUMENTO DE MUTAÇÃO INFORMAL DA CONSTITUIÇÃO. – A questão dos processos informais de mutação constitucional e o papel do Poder Judiciário: a interpretação judicial como instrumento juridicamente idôneo de mudança informal da Constituição. A legitimidade da adequação, mediante interpretação do Poder Judiciário, da própria Constituição da República, se e quando imperioso compatibilizá-la, mediante exegese atualizadora, com as novas exigências, necessidades e transformações resultantes dos processos sociais, econômicos e políticos que caracterizam, em seus múltiplos e complexos aspectos, a sociedade contemporânea. HERMENÊUTICA E DIREITOS HUMANOS: A NORMA MAIS FAVORÁVEL COMO CRITÉRIO QUE DEVE REGER A INTERPRETAÇÃO DO PODER JUDICIÁRIO. – Os magistrados e Tribunais, no exercício de sua atividade interpretativa, especialmente no âmbito dos tratados internacionais de direitos humanos, devem observar um princípio hermenêutico básico (tal como aquele proclamado no Artigo 29 da Convenção Americana de Direitos Humanos), consistente em atribuir primazia à norma que se revele mais favorável à pessoa humana, em ordem a dispensar-lhe a mais ampla proteção jurídica. – O Poder Judiciário, nesse processo hermenêutico que prestigia o critério da norma mais favorável (que tanto pode ser aquela prevista no tratado internacional como a que se acha positivada no próprio direito interno do Estado), deverá extrair a máxima eficácia das declarações internacionais e das proclamações constitucionais de direitos, como forma de viabilizar o acesso dos indivíduos e dos grupos sociais, notadamente os mais vulneráveis, a sistemas institucionalizados de proteção aos direitos fundamentais da pessoa humana, sob pena de a liberdade, a tolerância e o respeito à alteridade humana tornarem-se palavras vãs" (STF – 2ª T. – HC 96772/SP – Rel. Min. CELSO DE MELLO, *DJe*-157, 21-8-2009).

O INTÉRPRETE MAIOR DA CARTA MAGNA deve evitar contradições entre princípios, preceitos e regras estabelecidos em seu texto (Método da Unidade da Constituição), pois, como salienta CANOTILHO, o intérprete deve

"considerar a Constituição na sua globalidade e procurar harmonizar os espaços de tensão existentes entre as normas constitucionais a concretizar" (*Direito constitucional e teoria da Constituição*. 2. ed. Coimbra: Almedina, 1998).

A CORTE SUPREMA deverá, portanto, aplicar a interdependência e complementaridade das normas constitucionais, que não deverão, como nos lembra GARCÍA DE ENTERRÍA, ser interpretadas isoladamente, sob pena de desrespeito à vontade do legislador constituinte (*Reflexiones sobre la ley e los princípios generales del derecho*. Madri: Civitas, 1996. p. 30), sendo impositiva e primordial a análise semântica do texto magno, garantindo àqueles que não possuam o denominado "foro privilegiado" perante o SUPREMO TRIBUNAL FEDERAL, como destacado pelo MINISTRO CELSO DE MELLO, "primazia à norma que se revele mais favorável à pessoa humana, em ordem a dispensar-lhe a mais ampla proteção jurídica", visando a consagração do direito fundamental à tutela judicial efetiva.

A plena compatibilidade do art. 102, I, *b* e *c*, da Constituição Federal (REGRA EXCEPCIONAL DO "FORO PRIVILEGIADO") com os princípios do DEVIDO PROCESSO LEGAL, inclusive o DIREITO DE RECORRER, e do JUIZ NATURAL guardará sua "coerência lógica" (GORDILLO), sua "prudência, proporção, indiscriminação, proteção e não arbitrariedade" (DROMI), com a aplicação de "critérios racionais, sensatos e coerentes" (JOSÉ EDUARDO CARDOSO), que determinem A INCOMPETÊNCIA DO SUPREMO TRIBUNAL FEDERAL para o processo e julgamento de réus que NÃO CONSTEM taxativamente nas previsões constitucionais de suas competências penais originárias.

## RESPOSTAS AOS QUESITOS

QUESITO 1 – É possível ao legislador ordinário ampliar as competências originárias do Supremo Tribunal Federal?

RESPOSTA: As competências originárias do SUPREMO TRIBUNAL FEDERAL são expressas e taxativamente previstas pela Constituição Federal, não se admitindo ampliação pelo legislador ordinário.

QUESITO 2 – É possível a ampliação das competências originárias do Supremo Tribunal Federal com base na Teoria dos Poderes Implícitos?

RESPOSTA: As competências originárias do SUPREMO TRIBUNAL FEDERAL são expressas e taxativamente previstas pela Constituição Federal, não se admitindo ampliação com base em supostas competências originárias implícitas, uma vez que não é possível a aplicação da Teoria dos Poderes Implícitos à nossa Corte Suprema, pois suas competências se encontram em rol taxativamente descrito no texto constitucional.

QUESITO 3 – É possível a ampliação das competências penais originárias do Supremo Tribunal Federal com base em interpretação de legislação ordinária já existente (regras legais de conexão e continência), permitindo que a Corte processe e julgue réus não previstos no art. 102, inciso I, *a* e *b*, da Constituição Federal?

RESPOSTA: As competências originárias do SUPREMO TRIBUNAL FEDERAL, conforme já respondido no Quesito 1, são expressas e taxativamente previstas pela Constituição Federal, não se admitindo, inclusive, por qualquer interpretação da legislação ordinária, que, visando garantir maior alcance a institutos infraconstitucionais (como na espécie, conexão e continência), acabe por permitir, que, de maneira reflexa, o rol taxativo de autoridades submetidas à competência penal originária da Corte Suprema possa ser ampliado.

QUESITO 4 – A Súmula 704 do Supremo Tribunal Federal ("não viola as garantias do juiz natural, da ampla defesa e do devido processo legal a atração por continência ou conexão do processo do co-réu ao foro por prerrogativa de função de um dos denunciados") se aplica em relação às competências penais originárias da Corte?

RESPOSTA: A Súmula 704 não se refere às competências penais originárias do SUPREMO TRIBUNAL FEDERAL, como flagrantemente perceptível ao analisarmos os precedentes desse enunciado, não tendo, portanto, aplicabilidade em relação ao art. 102, I, *a* e *b*, da Constituição Federal. Na hipótese de coautoria em infrações penais de competência originária do Supremo Tribunal Federal, deverá ocorrer o desmembramento em relação àqueles corréus que não possuam "foro privilegiado", aplicando-se o princípio hermenêutico básico na proteção dos Direitos Humanos, qual seja, a aplicação da norma mais favorável à pessoa humana, com ampla incidência das garantias do Juiz Natural e do Devido Processo Legal.

# Titular de mandato eletivo e suplência do Senado Federal

# 14

O presente estudo foi apresentado na forma de *Parecer Jurídico* para análise da constitucionalidade de obtenção de licença do exercício de mandato público eletivo de Vereador perante a Câmara Municipal de São Paulo, para, na qualidade de Suplente de Senador da República, devidamente diplomado pela Justiça Eleitoral em 2010, assumir o exercício das funções parlamentares no Senado Federal em virtude de licença da titular do mandato, para assumir o cargo de Ministra de Estado.

1. O Senado Federal, nos termos do art. 46, compõe-se de representantes dos Estados e do Distrito Federal, eleitos segundo o sistema eleitoral majoritário (modelo inglês ou de *Westminster*), onde será considerado vencedor o candidato que obtiver o maior número de votos, ou seja, como ensinado por GIOVANI SARTORI, nos sistemas majoritários, "o candidato vitorioso é o único a ganhar a eleição [...] a escolha do candidato é canalizada e, por fim, condensada em uma alternativa [...] os sistemas majoritários propõem candidatos individuais" (*Engenharia constitucional*. Brasília: UnB, 1992. p. 15).

2. O sistema majoritário adotado pelo Brasil para eleição do Senado Federal, porém, traz a obrigatoriedade de cada Senador ser eleito com dois suplentes (§ 3º, art. 46, CF).

3. No sistema constitucional eleitoral brasileiro não é possível que o candidato ao Senado Federal registre sua candidatura sem suplentes ou com um único suplente, sendo absolutamente imprescindível a necessidade do registro completo da chapa que disputará a vaga ao Senado Federal, composto por um titular e dois suplentes, conforme decidido pelo TRIBUNAL SUPERIOR ELEITORAL (TSE – CTA nº 1744/DF, j. 2332010, Rel. Min. CÁRMEN LÚCIA, *DJE*, de 1052010, p. 3334).

4. Essa definição jurisprudencial é importante para a consulta realizada pelo Vereador, pois uma vez eleita a chapa registrada ao Senado Federal, o candidato ao cargo de Senador da República efetivamente será diplomado e empossado como tal, enquanto ambos os suplentes serão, nos termos do art. 215 do Código Eleitoral, diplomados na qualidade de suplência (STF, Pleno, MS 27613/ED, Rel. Min. RICARDO LEWANDOWSKI, decisão: 1-7-2010), não sendo titulares de nenhum cargo.

5. A diplomação, porém, torna a condição jurídico-política do titular e dos suplentes, conforme proclama o SUPREMO TRIBUNAL FEDERAL, "ato jurídico perfeito e acabado, somente podendo ser desconstituída nos casos estritamente previstos na legislação eleitoral e na Constituição, resguardados, evidentemente, os princípios do devido processo legal" (STF, MS 30459 MC/DF, Rel. Min. RICARDO LEWANDOWSKI, decisão: 17-3-2011), ou

seja, concede direito à posse e exercício efetivo do mandato para o candidato eleito Senador da República e expectativa de direito aos suplentes, que deverão assumir na hipótese de ausência temporária do titular e sucedê-lo, caso haja vacância definitiva.

6. A diplomação concede a qualidade de Suplente de Senador da República durante os 8 (oito) anos de mandato, mesmo que eventualmente os suplentes precisem assumir o exercício do cargo nas ausências temporárias do titular, pois, como definiu o TRIBUNAL SUPERIOR ELEITORAL, "Suplente não é titular de mandato eletivo", e, consequentemente, não se pode "lançar mão na determinação de seu sentido e alcance, da impropriamente denominada interpretação extensiva, para considerar-se abarcada, na expressão 'titular de mandato eletivo', a figura de quem eventualmente o substituiu" (TSE, Recurso 11.916 – Classe 4ª – Paraná (Almirante Tamandaré) – Rel. Min. TORQUATO JARDIM, decisão: 9-5-1995).

7. Dessa forma, o candidato eleito suplente de Senador da República permanecerá nessa condição jurídica – "SUPLÊNCIA" – desde a sua diplomação até o término do mandato do titular, MESMO QUE DURANTE OS 8 (OITO) ANOS EVENTUALMENTE ASSUMA O EXERCÍCIO DO CARGO NA HIPÓTESE DE VACÂNCIA TEMPORÁRIA.

8. Os suplentes de Senadores, tradicionalmente em nosso Direito Constitucional, não têm mandato público eletivo no Senado Federal.

9. Já sob a égide da Constituição de 1946 e analisando a peculiar condição jurídica do "suplente", o MINISTRO MÁRIO GUIMARÃES apontou a inexistência de mandato do suplente, ensinando que:

> "o mandato começa quando o deputado presta seu compromisso, e isso o suplente não faz, de modo que não tem propriamente um mandato [...] Mandato, no sentido eleitoral, não existe. Existe, porém, uma expectativa de mandato (STF, Pleno, MS 2342/DF, decisão: 28-10-53)."

10. O voto do MINISTRO RELATOR HAHNEMANN GUIMARÃES completou esse raciocínio, apontando que "tem o suplente o direito atual de ser o substituto do senador, com quem foi eleito" (STF, Pleno, MS 2342/DF, decisão: 28-10-1953).

11. Igualmente, na vigência da atual Constituição Federal de 1988, conforme destacado pelo MINISTRO RICARDO LEWANDOWSKI:

> "aos suplentes, como se sabe, é vedado apresentar projetos de lei, participar de deliberações, concorrer a cargos da Mesa Diretora ou das Comissões Permanentes e Temporárias, não percebendo qualquer remuneração ou ajuda de custo antes de assumirem o cargo. Em síntese, eles não fazem jus às prerrogativas inerentes ao cargo enquanto o titular encontrar-se em exercício. Os suplentes, como tais, possuem mera expectativa de direito, o de substituir, eventualmente, o senador com o qual foram eleitos. A diplomação dos suplentes cumpre notar, constitui mera formalidade anterior e necessária à eventual investidura no cargo, nos termos dos arts. 4º e 5º do Regimento Interno do Senado, não se concluindo daí que se lhes aplique, automaticamente, o Estatuto dos Congressistas" (STF, Pleno, AgRg no Inq. 2.453-8/MS, *DJ* de 29-6-2007).

12. O suplente de Senador da República, portanto, NÃO É TITULAR DE MANDATO PÚBLICO ELETIVO, pois, como apontado pelo MINISTRO CELSO DE MELLO – ao analisar recentemente (4 de setembro de 2012) a condição político-jurídica do suplente –, não pertence a "qualquer das Casas que compõe o Congresso Nacional", e, por "ostentar essa específica condição que lhe confere mera expectativa de direito", ao suplente não é possível a extensão das prerrogativas e das incompatibilidades dos detentores de mandato parlamentar, concluindo o DECANO de nossa CORTE SUPREMA:

> "Cabe registrar, neste ponto, que o suplente, em sua posição de substituto eventual do congressista, não goza – enquanto permanecer nessa condição – das prerrogativas constitucionais deferidas ao titular do mandato legislativo, tanto quanto não se lhe estendem as incompatibilidades que, previstas no texto da Carta Política (CF, art. 54), incidem, apenas, sobre aqueles que estão no desempenho do ofício parlamentar. Na realidade, os direitos inerentes à suplência abrangem, unicamente, (a) o direito de substituição, em caso de impedimento, e (b) o direito de sucessão, na hipótese de vaga. Antes de ocorrido o fato gerador da convocação, quer em caráter permanente (resultante do surgimento de vaga), quer em caráter temporário (decorrente da existência de situação configuradora de impedimento), o suplente dispõe de mera expectativa de direito, não lhe assistindo, por isso mesmo, qualquer outra prerrogativa de ordem parlamentar, pois – não custa enfatizar – o suplente, enquanto tal, não se qualifica como membro do Poder Legislativo" (STF, Inq. 3525/SP, Rel. Min. CELSO DE MELLO, *DJe*-174, 4-9-2012).

13. Não tendo a "SUPLÊNCIA" natureza jurídica de mandato público eletivo, não se lhe aplicam as prerrogativas e incompatibilidades dos detentores de mandatos parlamentares, e, em especial para a presente consulta, não se lhe aplica a vedação prevista no art. 54, inciso II, *d*, da Constituição Federal ("Art. 54. Os deputados e Senadores não poderão: II – desde a posse: (d) ser titulares de mais de um cargo ou mandato público eletivo"), pois, como já decidiu o SUPREMO TRIBUNAL FEDERAL:

> "as restrições constitucionais inerentes ao exercício do mandato parlamentar não se estendem ao suplente" (STF, Pleno, MS 21266/DF, Rel. Min. CÉLIO BORJA, *DJ* 22-10-1993, p. 22.243).

14. A INEXISTÊNCIA DE MANDATO PÚBLICO ELETIVO por parte do suplente de Senador, exigida para gerar a incompatibilidade prevista no art. 54, II, *d*, da CF, não sofre qualquer alteração se, no curso do mandato de oito anos, o Senador da República se licenciar por qualquer motivo, visto que a condição jurídica do suplente não será alterada.

15. O SUPLENTE NÃO SERÁ DIPLOMADO SENADOR DA REPÚBLICA!

16. O SUPLENTE NÃO ADQUIRIRÁ MANDATO PÚBLICO ELETIVO AO SUBSTITUIR TEMPORARIAMENTE O TITULAR DO CARGO, mantendo-se válida a diplomação como suplente de Senador da República, porém, passará a exercer momentaneamente a função parlamentar no Senado Federal, a partir da qual os suplentes passarão a ostentar todas as garantias e prerrogativas parlamentares, em virtude de estarem substituindo o titular do cargo (STF, Pleno, RE 120.133/MG, Rel. Min. MAURÍCIO CORRÊA; STF, Pleno, MS 21.239/DF, Rel. Min. SEPÚLVEDA PERTENCE).

17. Esse entendimento é corroborado por PINTO FERREIRA, que nos ensinou que, nas convocações temporárias, o suplente:

> "não sucede, mas somente substitui o titular. Enquanto suplente, não é membro do Poder Legislativo, tendo mera expectativa de direito quanto à titularidade" (*Comentários à Constituição brasileira*. São Paulo: Saraiva, 3. v., p. 41).

18. Nesse mesmo sentido, conforme já decidido pelo TRIBUNAL REGIONAL ELEITORAL DO PARANÁ,

> "o suplente, embora eleito, não tem mandato, em relação ao qual mantém-se em posição expectante. Pode vir a se tornar dele detentor, se o titular vier a perdê-lo, em razão de cassação, renúncia ou morte. Com o simples afastamento temporário o titular não perde o mandato; de modo que o suplente, ao substituí-lo, não o adquire", para concluir que a substituição do mandato pelo suplente não o faz titular do cargo (TRE/PR, Recurso Eleitoral 1900 – Classe 2ª – Rel. Dr. MANOEL MUNHOZ, decisão: 24-2-1994).

19. O SUPLENTE DE SENADOR, na vacância temporária do titular, CONTINUARÁ SUPLENTE DE SENADOR, porém INVESTIDO DE FUNÇÃO PARLAMENTAR EM SUBSTITUIÇÃO AO TITULAR DO CARGO, NÃO ADQUIRINDO CARGO PARLAMENTAR (mandato público eletivo).

20. Assim sendo, titular de mandato público eletivo de vereador que, nos termos constitucionais e legais, foi eleito e diplomado suplente de Senador da República poderá acumular durante os oito anos de mandato do titular (Senador da República) o MANDATO PÚBLICO ELETIVO DE VEREADOR e a SUPLÊNCIA DE SENADOR, que NÃO É MANDATO PÚBLICO ELETIVO, mas sim mera expectativa de Direito.

21. Não ocorrerá hipótese de acumulação da titularidade de mais de um mandato público eletivo em qualquer nível, como proíbem tanto o art. 54, inciso II, *d*, da Constituição Federal, quanto o art. 17, inciso II, *d*, da Lei Orgânica do Município de São Paulo.

22. A Constituição Federal, assim como a Lei Orgânica do Município, proíbe a ACUMULAÇÃO DE MANDATOS PÚBLICOS ELETIVOS (*RT* 636/81), o que não ocorre na presente hipótese, pois a condição jurídico-política da SUPLÊNCIA DE SENADOR, que permanece integralmente mesmo nas substituições temporárias, NÃO CONFIGURA NOVO MANDATO PÚBLICO ELETIVO.

23. Porém, obviamente, que NÃO SERÁ POSSÍVEL A SIMULTANEIDADE DO EFETIVO EXERCÍCIO DO MANDATO PÚBLICO ELETIVO DE VEREADOR COM O EXERCÍCIO DA SUPLÊNCIA NO SENADO FEDERAL, nas hipóteses de vacância temporária do cargo de Senador da República.

24. Nesse caso, será obrigatório ao Suplente de Senador o afastamento temporário do exercício de seu mandato de Vereador municipal, mediante licença nos termos previstos na respectiva Lei Orgânica Municipal.

25. A Lei Orgânica Municipal de São Paulo estabelece em seu art. 20, inciso III, a possibilidade de o vereador licenciar-se para "DESEMPENHAR MISSÕES TEMPORÁRIAS DE INTERESSE DO MUNICÍPIO", hipótese que se adequa corretamente à importância de

membro da Câmara Municipal de São Paulo assumir temporariamente as altas funções parlamentares no Senado Federal.

26. Por fim, é importante ressaltar que há precedentes da Câmara Municipal de São Paulo em situações absolutamente análogas, onde houve concessão de licença a vereadores para o exercício temporário das funções parlamentares como suplente de Senador e suplente de Deputado Federal.

27. Conforme destacado em parecer datado de 29 de agosto de 1989, do Professor Pedro Dallari, então membro da Comissão de Constituição e Justiça da Câmara Municipal, sobre pedido de licença do vereador Marcos Mendonça para assumir como suplente do Senador da República Mário Covas, em face de sua ausência temporária:

> "Com relação à constitucionalidade da acumulação hipoteticamente aventada pelo Vereador Marços Mendonça, é ela plena e inquestionável. A Constituição Federal, com efeito, veda apenas que Deputados e Senadores, desde a posse, sejam 'titulares de mais de um cargo ou mandato público eletivo'; isto é o que dispõe o art. 54, II, d. No caso em pauta, não há o exercício de dois mandatos públicos eletivos na condição de titular, já que o Vereador Marcos Mendonça manteria, na condição de titular, o mandato de Vereador e exerceria o mandato de Senador tão somente na condição de suplente em exercício [...]. A título de comprovação do entendimento aqui exarado, cabe mencionar a existência de precedente, verificado já sob a égide da nova Constituição Federal. A Câmara dos Deputados, em sua composição atual, registra a figuração, como integrante da bancada paulista, do Deputado Ernesto Gradella, que, sendo atualmente Vereador junto à Câmara Municipal de São José dos Campos, assumiu, na condição de suplente em exercício, a vaga aberta por licença do Deputado Eduardo Jorge, que desempenha as funções de Secretário da Saúde do Município de São Paulo. O Deputado Ernesto Gradella mantém a titularidade do mandato de Vereador, encontrando-se temporariamente licenciado, e desempenha, na condição de suplente em exercício, o mandato de deputado federal".

28. Posteriormente, em 3 de janeiro de 1995, a Câmara Municipal de São Paulo, em hipótese semelhante à tratada na presente consulta, convocou o suplente Gilson Almeida Barreto para assumir as funções parlamentares de Vereador em virtude do Vereador Arnaldo Madeira ter assumido a suplência de Deputado Federal.

29. EM CONCLUSÃO, na situação tratada na presente consulta não incidem os arts. 54, II, d, da Constituição Federal, e 17, II, d, da Lei Orgânica do Município de São Paulo, havendo total possibilidade de manutenção da acumulação do mandato público eletivo de Vereador Municipal com a suplência de Senador da República, mesmo que haja a necessidade do Vereador, nos termos do art. 20, inciso III, da Lei Orgânica Municipal de São Paulo, licenciar-se temporariamente da Câmara Municipal para exercer as funções parlamentares no Senado Federal em virtude de licença da Senadora da República, titular do mandato público eletivo, para assumir o cargo de Ministra de Estado, no Poder Executivo Federal.

|  |  |
|---:|:---|
| *Formato* | 17 x 24 cm |
| *Tipografia* | Charter 10/12 |
| *Papel* | Offset Sun Paper 90 g/m² (miolo) |
|  | Supremo 250 g/m² (capa) |
| *Número de páginas* | 200 |
| *Impressão* | RR Donnelley |